COLEÇÃO
ABERTURA
CULTURAL

Copyright © 2011 by Gertrude Himmelfarb. Todos os direitos reservados.
Copyright da edição brasileira © 2018 É Realizações
Título original: *The Moral Imagination – Jane Austen and George Eliot, Burke and Mill, Disraeli and Churchill, Dickens and Trilling, and Other Political and Literary Eminences*

Editor
Edson Manoel de Oliveira Filho

Produção editorial e projeto gráfico
É Realizações Editora

Capa
Daniel Justi

Diagramação
Nine Design | Mauricio Nisi Gonçalves

Preparação de texto
Mariana Cardoso

Revisão
Geisa Mathias de Oliveira

Reservados todos os direitos desta obra. Proibida toda e qualquer reprodução desta edição por qualquer meio ou forma, seja ela eletrônica ou mecânica, fotocópia, gravação ou qualquer outro meio de reprodução, sem permissão expressa do editor.

CIP-BRASIL. CATALOGAÇÃO NA PUBLICAÇÃO
SINDICATO NACIONAL DOS EDITORES DE LIVROS, RJ

H552i

Himmelfarb, Gertrude, 1922-
    A imaginação moral : Jane Austen e George Eliot, Burke e Stuart Mill, Disraeli e Churchill, Oakeshott e Trilling e outros grandes nomes da política e da literatura / Gertrude Himmelfarb ; tradução Hugo Langone. - 1. ed. - São Paulo : É Realizações, 2018.
    280 p. ; 23 cm. (Abertura cultural)

    Tradução de: Moral imagination : Jane Austen and George Eliot, Burke and Mill, Disraeli and Churchill, Dickens and Trilling, and other political and literary eminences
    ISBN 978-85-8033-336-7

    1. Ciência política - Filosofia. 2. Filosofia moderna. I. Langone, Hugo. II. Título. III. Série.

18-53754   CDD: 190
                                                                            CDU: 1

Meri Gleice Rodrigues de Souza - Bibliotecária CRB-7/6439
09/11/2018 16/11/2018

É Realizações Editora, Livraria e Distribuidora Ltda.
Rua França Pinto, 498 · São Paulo SP · 04016-002
Caixa Postal: 45321 · 04010-970 · Telefax: (5511) 5572 5363
atendimento@erealizacoes.com.br · www.erealizacoes.com.br

Este livro foi reimpresso pela Gráfica Paym em novembro de 2018. Os tipos são da família Sabon Light Std e Frutiger Light. O papel do miolo é o off Lux Cream 70g, e o da capa, cartão Ningbo C2 250g.

A IMAGINAÇÃO MORAL

Jane Austen e George Eliot
Burke e Stuart Mill
Disraeli e Churchill
Oakeshott e Trilling
E Outros Grandes Nomes
da Política e da Literatura

Gertrude Himmelfarb

TRADUÇÃO DE HUGO LANGONE

É Realizações
Editora

Para meu irmão, Milton Himmelfarb

SUMÁRIO

Introdução 9

Capítulo 1 | Edmund Burke: Apologista do Judaísmo? 15

Capítulo 2 | George Eliot: A Sabedoria de Dorothea 25

Capítulo 3 | Jane Austen: A Educação de Emma 39

Capítulo 4 | Charles Dickens: "Um Autor Inferior" 51

Capítulo 5 | Benjamin Disraeli: A Imaginação Tóri 91

Capítulo 6 | John Stuart Mill: O Outro Mill 119

Capítulo 7 | Walter Bagehot: "Uma Natureza Dividida" 149

Capítulo 8 | John Buchan: Um Reconhecimento Extemporâneo 165

Capítulo 9 | Os Knox: Uma Família Perseguida por Deus 189

Capítulo 10 | Michael Oakeshott: A Disposição Conservadora 213

Capítulo 11 | Winston Churchill: "Sem Devaneios, um Grande Homem" .. 235

Capítulo 12 | Lionel Trilling: A Imaginação Moral 261

Índice 273

Introdução

Os historiadores raramente têm a oportunidade de homenagear aqueles sobre quem escrevem. Eles procuram ser objetivos e imparciais; tentam descrever e analisar em lugar de enaltecer ou censurar. Oferece grande prazer, portanto, recordar certos pensadores e escritores notáveis e descobrir que a passagem do tempo os tornou ainda mais memoráveis e admiráveis do que antes se supunha.

Metade dos ensaios deste volume foi redigida recentemente, dois deles datam da década de 1960 e a maioria foi substancialmente revista. Relendo os originais, surpreendi-me ao encontrar tons e temas espantosamente semelhantes no exame de pessoas que possuem caracteres assaz distintos, nascidas em épocas e locais diferentes, dotadas de interesses, ocupações e disposições variados. Eu não deveria surpreender-me. Meu próprio senso histórico foi modelado por alguns desses nomes. Numa feliz coincidência, Edmund Burke, autor que dá início ao volume, inseriu o termo "imaginação moral" no discurso político. Por acaso, foi ele também o tema do primeiro ensaio que vim a publicar. (Não se trata do ensaio que aqui figura; quando, muitos anos depois, acabei por republicar aquele primeiro, coloquei ao lado dele um outro, o qual retificava muito do que antes dissera.) Ao mesmo tempo, Lionel Trilling, foco do último (e também mais recente) ensaio deste volume, popularizou a expressão em nossa época. "Imaginação moral" poderia constar como subtítulo de todos estes ensaios, tal como consta no corpo de vários deles (tanto no original quanto nas versões revistas).¹

Trilling (único americano entre os autores tratados, caso não levemos em conta a nacionalidade da mãe de Winston Churchill) também remonta ao início de minha história pessoal: ele exerceu grande influência intelectual em minha juventude, muito antes de eu sequer cogitar ser historiadora; além disso, veio a tornar-se, muitos anos depois, um amigo querido. Não é por acaso (como diz o clichê) que as figuras históricas que acabei por admirar ostentam um pouco de seu espírito. Ao descrever Walter Bagehot, trouxe à baila "as sutilezas, as complicações e as ambiguidades" que ele via por toda parte, mas não percebi que, na verdade, estava ali ecoando Trilling, empregando palavras que evocavam de modo muito singular sua mente e sua imaginação. Quando eu escrevi que a obra de John Buchan era "hostil à 'imaginação liberal' dominante" (no mesmo sentido em que a de Trilling também era), o filho de Buchan imaginou, equivocadamente, que para mim seu pai estava criticando Trilling, quando na verdade, segundo ele mesmo me garantiu, o que havia ali era uma grande admiração. De modo semelhante, ao escrever sobre Michael Oakeshott, contemporâneo de Trilling e estimado proponente do conservadorismo na Inglaterra, foi-me impossível não iniciar o ensaio com a famosa declaração de Trilling acerca da manifesta ausência do conservadorismo nos Estados Unidos. Ademais, as figuras literárias incluídas neste volume – Jane Austen, George Eliot, Charles Dickens e até mesmo Benjamin Disraeli, quando assume a *persona* do romancista – são exemplos perfeitos do título que Trilling escolheu para

---

¹ Eu mesmo tenho empregado a expressão em minha obra, de modo mais notável como o subtítulo de *Poverty and Compassion: The Moral Imagination of the Late Victorians* (New York, 1991) e, muito antes, no ensaio "Social History and the Moral Imagination", publicado num *Festschrift* a Trilling (*Art, Politics, and Will: Essays in Honor of Lionel Trilling*. New York, Ed. Quentin Anderson, Stephen Donadio e Steven Marcus, 1977).

sua antologia: *The Experience of Literature* [A Experiência da Literatura]; para elas, tal como para Trilling, o romance era mais uma experiência social e moral do que literária ou estética.

Outros nomes que abordo se inter-relacionam de maneiras que fogem à minha intenção consciente. Empregando termos imortalizados por William James, apresento Bagehot como a típica alma "duas vezes nascida" – uma alma complicada e ambivalente, às vezes atormentada e incapaz de ter o comportamento cômodo, confortável e otimista das que "nasceram uma só vez". No entanto, tal expressão se aplica igualmente a outros personagens de que trato: Buchan, os irmãos Knox e até mesmo Dickens. As duas romancistas, Jane Austen e George Eliot, são notavelmente complementares, em especial quando invertemos a ordem cronológica, como fiz, e lemos Eliot antes de Austen. Disraeli e Churchill são menos complementares do que espíritos afins; o primeiro certamente ratificaria o "sem devaneios, um grande homem" com que Churchill é homenageado, ao passo que a iniciação de Churchill na vida política se deu quando, à época de estudante, ele ingressou na Primrose League, batizada em honra a Disraeli (dizia-se que a primavera [*primrose*] fora sua flor predileta). A insistência de Buchan em ser reconhecido como um "tóri" evoca o emprego que Disraeli dava à mesma palavra, por meio da qual fazia questão de se distinguir dos "conservadores" da época. Em contextos um tanto diferentes, Disraeli dá as caras no ensaio sobre Dickens do mesmo modo como Dickens faz no ensaio sobre Disraeli.

"Conservador" é um termo que aparece em vários ensaios; em cada ocasião, porém, ele indica um tipo diferente de conservadorismo. O conservadorismo de Burke não era o de Disraeli, muito menos o de Oakeshott; o de Churchill, por sua vez, foi muito singular, representando uma síntese das ideias e dos sentimentos que refletiam suas experiências próprias. Do mesmo modo, há o grande liberal John Stuart Mill – ou, antes, o "Outro Mill", uma "natureza dividida" tanto quanto Buchan, um liberal que (parafraseando a epígrafe que ele mesmo dedica a Coleridge) não era "um liberal por completo", mas que recordava aos liberais as verdades de que eles se haviam esquecido e que a escola tóri então predominante sequer um dia conhecera.

Por fim, e de modo mais importante, o que há de comum entre os ensaios é o fato de serem todos "reconhecimentos" – que não são "extemporâneos" (até mesmo Buchan reverbera hoje como um espírito nobre, embora profundamente romântico) nem, segundo creio, excessivamente adulatórios; eles apenas reconhecem um sentimento e uma sensibilidade que são tão pertinentes hoje quanto eram outrora.

Embora todos estes ensaios tenham sido revistos – alguns de forma substancial –, eles conservaram seu tom e seu objetivo primitivos. (O ensaio inédito, sobre Mill, é uma mistura de escritos anteriores e de reflexões mais recentes.) Certa feita, ao falar de W. H. Auden, que notoriamente reescrevia os próprios poemas, Louis MacNeice afirmou que "depois de certo tempo, o poeta perde o direito de ter de volta seus poemas acabados".[2] É possível compreender uma reprimenda assim no caso dos poetas, que medem cada um de seus versos, quiçá até cada uma de suas palavras. Aos meus olhos, porém, isso não soa tão relevante aos historiadores e a outros autores menos elevados. Ao resenhar uma compilação de ensaios de Quentin Skinner, certo crítico lamenta que o distinto historiador tenha optado por revisar seus textos, chegando até mesmo a inserir passagens de um artigo posterior num artigo mais antigo. Essa é uma iniciativa "paradoxal", diz o crítico, para um historiador de ideias que tanto enfatizava o significado destas no contexto particular em que foram concebidas; ao realizar tais revisões, ele alterava o significado e o contexto de suas próprias ideias, obscurecendo assim o registro do próprio desenvolvimento

---

[2] Clive James, "On Auden's Death", *As of This Writing: The Essential Essays, 1968-2002*. New York, W. W. Norton & Company, 2003, p. 15. (James aqui parafraseia o comentário de MacNeice.)

intelectual.[3] Quanto a mim, não creio que meu desenvolvimento intelectual possa ser do interesse dos leitores; do mesmo modo, não realizei qualquer revisão que alterasse o significado ou o contexto das ideias examinadas. Meu único objetivo foi fazer jus às ideias de homens e mulheres que enriqueceram a minha vida, a vida de gerações anteriores e, espero, a vida das gerações subsequentes.

---

[3] David Wootton, em resenha à obra de Quentin Skinner, *Visions of Politics*. Cambridge, Cambridge University Press, 2003, publicada no *Times Literary Supplement*, 14 de março de 2003, p. 8-10.

Capítulo 1 | Edmund Burke

APOLOGISTA DO JUDAÍSMO?

Uma das experiências mais comoventes de minha carreira docente deu-se após um debate acerca das *Reflexões sobre a Revolução na França*, de Edmund Burke. Uma aluna veio até mim a fim de explicar que perdera o encontro anterior porque caíra no mesmo dia de um feriado judaico (um feriado pouco observado, do qual já me esqueci), mas que ainda assim pedira emprestado as copiosas notas tomadas por outro aluno. Ela aproveitou a oportunidade para dizer a mim o quanto valorizava o curso e, de modo especial, o quanto se sentira tocada pelo livro de Burke, que lhe proporcionara uma nova compreensão e uma nova apreciação do judaísmo – de *seu* judaísmo, uma forma rigorosa de ortodoxia (tão rigorosa que ela precisara de uma autorização especial para frequentar uma universidade secular).

Confesso que jamais havia encarado Burke como apologista de qualquer forma de judaísmo. Do catolicismo, sim, na França – e também na Inglaterra, segundo Conor Cruise O'Brien, para quem Burke é um criptocatólico, um "jacobita em repouso" cujo ataque aos revolucionários franceses na realidade consistia numa oposição aos ingleses que, de forma ilegítima (ao menos segundo ele), impuseram a ascendência protestante à Irlanda.[1,2] Ninguém, porém, jamais acusou

---

[1] Edmund Burke, *Reflections on the Revolution in France*. New York, Ed. Conor Cruise O'Brien, 1982, p. 38.

[2] Nascido católico, o pai de Burke se convertera ao anglicanismo antes mesmo de o filho nascer, e, desse modo, o menino foi educado como anglicano

Burke de ser criptojudeu. Com efeito, alguns alunos se mostraram perturbados ao lerem, nas *Reflexões*, referências aos "atravessadores judeus" e aos "negocistas e usurários", expressões clássicas de antissemitismo.[3] Eles também notaram que, em sua crítica ao agitador anticatólico Lorde George Gordon, Burke declarou que Gordon era um "prosélito público", herdeiro dos "velhos tesouros da sinagoga, [...] dos antigos juros de trinta peças de prata". E pouco adiantou que Burke sugerisse àquele converso que "meditasse seu Talmude até que assimilasse uma conduta mais adequada à sua linhagem e ao seu ambiente, uma conduta não tão desgraçada à velha religião a que ele se havia convertido".[4] No entanto, a aluna que encontrara em Burke um fundamento para sua fé mostrara-se menos perturbada por esses lapsos. O que a impressionara fora sua defesa da tradição e da religião, tal como da religião *como* tradição. Fora isso o que a tocara, enquanto judia ortodoxa, de maneira tão direta e tão intensa.

De fato, a tradição é um dos principais temas das *Reflexões* – a diferença crucial, segundo Burke, entre a Revolução Francesa e a "Revolução Gloriosa" da Inglaterra, dada um século antes. Se os franceses buscavam criar uma sociedade nova, fundamentada em princípios ditados pela razão, os ingleses, mesmo no meio de sua revolução, tinham procurado conservar o máximo possível de seu passado. Os revolucionários ingleses, explicou ele, desejaram tão somente "preservar as leis e as liberdades *antigas* e indiscutíveis, como aquela constituição *antiga* do governo que é, para nós, a única coisa que assegura a lei e a liberdade". Ao fazer da própria revolução "uma

---

e permaneceu assim. Diz-se que tanto a mãe como a esposa de Burke, muito embora se convertessem ao anglicanismo após se casarem, continuaram praticando o catolicismo em segredo. Suspeitava-se de que o próprio Burke era católico, e ele por vezes chegou a ser caricaturado como jesuíta.

[3] Edmund Burke, op. cit. New York, Dolphin, 1961, p. 60-61. (Ver também p. 67.)

[4] Ibidem, p. 97-98.

herança de nossos antepassados", eles buscaram precedentes "em nossas histórias, nossos registros, nas atas e nos jornais do Parlamento", recuando até aquela "velha carta" – a Magna Carta – e, mais além, até "a fixa lei, ainda mais antiga, do reino". Essa, enfatizou Burke, era a "ascendência", o "patrimônio", o "título hereditário", a "herança transmitida" das liberdades da Inglaterra.[5]

Burke admitia que os juristas ingleses que enalteceram aqueles velhos documentos poderiam ter compreendido equivocadamente certos detalhes. No entanto, isso só tornava sua motivação, sua "poderosa simpatia pela Antiguidade", mais evidente. Além disso, o passado não servia somente para validar a revolução; ele também validava o futuro. "Não olharão para a posteridade aqueles que jamais olharam para seus ancestrais." O próprio passado, ademais, não era fixo e imutável; antes, como a própria revolução demonstrava, tratava-se da única garantia de reforma. "A ideia da herança proporciona um princípio certo de conservação e um princípio certo de transmissão, o que, de modo algum, exclui o princípio de aprimoramento. Ela deixa livre a aquisição, mas assegura aquilo que adquire."[6,7]

Os revolucionários franceses, por sua vez, destruindo do passado tudo o que lhes era possível, também procuravam destruir a mais

---

[5] Ibidem, p. 43-45. Os grifos são de Burke. (Eu modernizei a ortografia.)

[6] Ibidem, p. 44-45.

[7] A ideia de que o princípio de transmissão traz consigo os meios de aprimoramento é claramente agradável ao judeu ortodoxo, cuja reverência pelo Talmude, concreção de séculos de lei oral, só perde para sua reverência pela Bíblia. Pertencesse a uma denominação reformada, minha aluna também ficaria impressionada com alguns indícios de "reformismo" ou "progressivismo" em Burke, como no caso de sua defesa de John Wilkes, expulso da Câmara dos Comuns por uma "intriga" parlamentar que o acusara de ter difamado o rei; ou no caso de sua velha crítica ao governo britânico e à Companhia das Índias Orientais, que para ele governavam debilmente as Índias; ou, ainda, no caso de seu fervoroso apoio às colônias americanas que buscavam alcançar a liberdade e a independência.

venerável de todas as instituições: a Igreja; assim, negavam eles a religião, que era o impulso humano mais basilar. Nós sabemos, declarou Burke, "que o homem é, em virtude de sua natureza, um animal religioso; que o ateísmo se opõe não somente à nossa razão, mas também a nossos instintos; e que ele não pode prevalecer por muito tempo". Caso a Revolução Francesa conseguisse subverter o cristianismo, predizia ele, o vazio seria preenchido por "alguma superstição grosseira, perniciosa e degradante".[8] (Essa predição se concretizou três anos depois, com a inauguração do "culto da razão", e foi arrematada com novos *templos da razão*, um novo calendário, novos festivais e novos santos.)

Do mesmo modo como a religião estava arraigada na natureza humana, pensava Burke, também a Igreja estava arraigada na sociedade. A Igreja, afinal, era uma das instituições que refletiam "os elos racionais e naturais que vinculam, ao divino, a compreensão e as afeições humanas", ajudando a sustentar "aquela maravilhosa estrutura: o *homem*". E o melhor tipo de instituição religiosa era a instituição eclesiástica que integrava o Estado, mas, em virtude de sua propriedade independente, era também independente dele. Uma instituição religiosa assim consagrava tanto a Igreja quanto o Estado. Isso se mostrava especialmente importante num regime parlamentar, uma vez que imbuía os cidadãos livres de um "espanto saudável" e lhes recordava de que não eram completamente livres, de que não passavam, na nação, de "proprietários temporários e usufrutuários" e de que deviam prestar contas ao "único e grande mestre, autor e fundador da sociedade".[9] Além disso, tal instituição não impedia a tolerância de outras religiões. Pelo contrário, diferentemente dos infiéis que toleram outras religiões por negligência ou desprezo, uma instituição como aquela dos ingleses as tolerava por respeito. Os ingleses "protegem com reverência e afeição todas as religiões, uma vez que

---

[8] Edmund Burke, op. cit., p. 104.
[9] Ibidem, p. 106-08.

amam e veneram tanto o grande princípio acerca do qual todas estão de acordo quanto o grande objeto ao qual todas elas se dirigem".[10]

Minha aluna poderia encontrar uma defesa de sua fé em outro lugar. Sem dúvida, seria possível encontrá-la, ou ao menos algo muito semelhante, em Maimônides ou outras autoridades judaicas. Burke, porém, oferecia-lhe uma justificativa mais universal e menos restrita de sua fé, tal como uma compreensão mais refinada da relação entre ela, seu tempo e seu lugar. Ali onde Burke desafiava o Iluminismo que, em nome da razão, ameaçava a religião cristã, ela via a ortodoxia judaica não ameaçada, claro, mas rebaixada pela esclarecida ideologia secular de sua própria época. Do mesmo modo, ali onde ele defendia a ideia de uma Igreja ao mesmo tempo institucional e tolerante, ela reconhecia que uma instituição assim existia *de facto* em sua sociedade predominantemente cristã, mas não menos tolerante – e, com efeito, também na instituição judaica *de jure*, mas igualmente tolerante, em Israel.

Ainda mais importante era o papel que Burke atribuía à tradição tanto no âmbito religioso quanto no social. Burke tem sido criticado por nutrir demasiado respeito pela tradição e pela história e pouco respeito pela razão e pela revelação. Se for esse o caso, trata-se de um problema não tanto para o judaísmo, e sim para o cristianismo. Nenhuma religião é tão presa à tradição e tão centrada na história quanto o judaísmo. E isso é ainda mais intenso no caso do judaísmo ortodoxo. Dos 613 mandamentos prescritos aos judeus devotos, alguns são princípios morais universais que vinculam todos os seres humanos civilizados. Outros, contudo, dizem respeito tão somente ao judaísmo; são estes que o distinguem de todas as outras crenças e povos. Para os judeus não observantes, alguns desses mandamentos parecem arbitrários e irracionais, relíquias de costumes e superstições

---

[10] Ibidem, p. 165.

primitivas. Para o ortodoxo, eles possuem o peso da lei e da moralidade porque trazem a ordem da autoridade – de rabinos que, muito embora não tenham sido divinamente ordenados, são reverenciados – e a sanção da tradição, isto é, de gerações de ancestrais.

Burke também tem sido criticado por ostentar uma visão demasiadamente utilitarista da religião, valorizando-a por ser um instrumento de coesão social e edificação moral em vez de uma experiência pessoal e emocional do espírito. Para o judaísmo, contudo, não há qualquer dicotomia entre a utilidade e a espiritualidade da religião. A observância da lei e a participação na comunidade de adoradores integram de tal modo a fé religiosa que acabam por intensificar, e não diminuir, a experiência espiritual, concedendo-lhe uma profundidade e uma dimensão que de outro modo se fariam ausentes. A ideia de que há algo de espiritualmente redutor ou empobrecedor nessa religião ética, coletiva e "utilitária" (como hostilmente se diz) é por si só resultado do Iluminismo francês, que negava a necessidade de qualquer fundamento transcendental para a moralidade ou para a comunidade porque, segundo se cria, a razão era autoevidente e autossuficiente.

Para a maioria dos leitores das *Reflexões* de Burke, tal como para a maioria de meus alunos, as passagens mais perturbadoras da obra são as que dizem respeito à defesa do "preconceito" e da "superstição". Essas palavras eram tão provocativas na época quanto são hoje – e de modo proposital, visto que Burke as empregava intencionalmente a fim de dramatizar as diferenças existentes entre ele e o Iluminismo francês. Para esse Iluminismo, o preconceito e a superstição maculavam todos aqueles aspectos da vida – os hábitos, os costumes, as convenções, a tradição e a religião – que se faziam ofensivos porque aparentemente violavam o princípio da razão. Segundo Burke, porém, eram precisamente essas qualidades que constituíam, por assim dizer, a graça salvífica da sociedade civilizada e, no final das contas, da própria razão. O preconceito e a superstição, insistia, não eram arbitrários ou irracionais. Pelo contrário, eles existiam em continuidade com a sabedoria e a virtude, trazendo consigo a sabedoria e a virtude "latentes" que haviam sido acumuladas ao longo dos séculos.

Foi no espírito do esclarecimento – mas não daquele que pregava o Iluminismo dos franceses – que Burke estruturou sua defesa do preconceito. A instituição eclesiástica era por si só uma forma dele: "o primeiro de nossos preconceitos; não um preconceito destituído de razão, e sim que envolve uma razão profunda e abrangente".[11] Todas as outras manifestações de preconceito travavam a mesma relação complementar com a razão:

> Receamos que cada homem viva e trabalhe valendo-se apenas de sua reserva particular de razão; suspeitamos de que essa reserva é pequena e de que seria melhor que os indivíduos se beneficiassem do banco e do capital geral das nações e da história. Muitos de nossos homens de reflexão, em lugar de darem fim aos preconceitos gerais, empregam sua sagacidade no intuito de descobrir a sabedoria latente que neles prevalece. Quando encontram o que procuram – e raramente fracassam –, julgam mais sábio dar continuidade ao preconceito, conservando presente a razão, do que lançar fora sua plumagem e nada deixar, exceto a razão pura, pois o preconceito, com sua razão, tem motivos para pôr em prática tal razão, assim como um afeto que a tornará duradoura. O preconceito tem pronta aplicação na emergência; ele faz a mente se empenhar previamente no caminho da sabedoria e da virtude, não permitindo que o homem hesite no momento da decisão, que permaneça cético, desconcertado, indeciso. O preconceito faz da virtude o hábito do homem, e não uma série de atos desconexos. Por meio do preconceito, e tão somente dele, seu dever torna-se parte de sua natureza.[12]

De igual maneira, para Burke a superstição existia em continuidade com a razão e com a religião. Quando excessiva, reconhecia ele, a superstição era um grande mal. Porém, como toda matéria

---

[11] Ibidem, p. 105.
[12] Ibidem, p. 100-01.

moral, era tudo uma questão de gradação, e, em formas moderadas, a superstição era uma virtude. A superstição constituía "a religião das mentes frágeis", a qual tinha de ser tolerada numa mistura com alguma forma de religião; "caso contrário, seriam os espíritos fracos privados de um recurso que se faz necessário aos mais fortes".[13] Ao contrário do que muitos afirmam, Burke não estava dizendo que a superstição – e muito menos a religião – se faz necessária *pour les autres*, para as classes mais baixas. Não era cada homem em particular, e sim o "homem" em geral, que "em virtude da própria constituição" se caracterizava por ser um "animal religioso".[14] E eram todos os homens, tanto os mais fortes quanto os mais fracos, que necessitavam da religião. Com efeito, ao forte ela era ainda mais crucial do que ao fraco, uma vez que os fortes estavam mais expostos à tentação, ao orgulho e à ambição e, portanto, tinham maior necessidade dos "consolos" e das "instruções" religiosas.[15]

Por fim, ainda mais repugnante ao temperamento moderno era o louvor dirigido por Burke a Maria Antonieta. "A história registrará", prometeu ele, o momentoso dia 6 de outubro de 1789, quando "uma horda de bárbaros e de assassinos cruéis" desceu até Versalhes, invadiu o cômodo da rainha, matou o guarda e forçou-a fugir, "quase nua", para o marido, com o qual foi capturada e levada para Paris, deixando para trás um palácio "imerso em sangue, poluído pelo massacre, tomado de membros espalhados e cadáveres mutilados".[16] A essa cena sangrenta se seguiu, no relato de Burke, a rapsódica lembrança da ocasião em que, dezesseis ou dezessete anos antes, vira a rainha, então ainda herdeira, "cintilando como a estrela d'alva, cheia

---

[13] Ibidem, p. 174.
[14] Ibidem, p. 104. (Ver acima, p. 18.)
[15] Ibidem, p. 115.
[16] Ibidem, p. 84.

de vida, esplendor e alegria". Na época, ele mal podia imaginar que viveria para assistir a tão grande desastre acometendo-a numa nação de "homens galantes", "homens de honra". Sem dúvida, dezenas de milhares de espadas deixariam então a bainha a fim de vingá-la. "No entanto", lamentou, "a era da cavalaria já se foi. Tomou seu lugar a era dos sofistas, dos economistas e dos calculantes, e eis que a glória da Europa se extinguiu para sempre."[17]

> "A era da cavalaria já se foi" e, com ela, todos aqueles sentimentos – a honra, a reverência, a lealdade, a galantaria – que não apenas protegiam reis e rainhas, mas também "mantinham vivos, mesmo na própria servidão, o espírito de uma liberdade elevada". Tal era o significado da velha cavalaria nos tempos modernos. "Sem confundir postos, [ela] produzira uma igualdade nobre e a levara a todas as gradações da vida social. Ela [...] transformou reis em companheiros e [...] homens privados em sócios reais, [...] subjugou a ferocidade do orgulho e do poder, [...] obrigou soberanos a se submeterem à suave gargantilha do apreço popular, forçou a autoridade austera a submeter-se à elegância e logrou que o dominante transgressor fosse subjugado pelos bons costumes." Tudo isso, porém, o Iluminismo arruinava.

> Todas as ilusões aprazíveis que tornavam o poder suave e a obediência generosa, que harmonizavam as diferentes nuances da vida e que, por uma doce assimilação, incorporavam à política os sentimentos que embelezam e mitigam a sociedade privada serão dissolvidas por esse império expansivo de luz e razão. Toda a roupagem decente da vida será grosseiramente rasgada. Todas as ideias superpostas, as quais têm seus drapejamentos fornecidos pelo armário de uma imaginação moral, as quais pertencem ao coração e, pelo entendimento, são tidas como necessárias para revestir os defeitos de nossa natureza nua e trêmula, tal como para elevá-la à dignidade em nossa própria estima, serão tratadas como ridículas, absurdas e antiquadas.[18]

---

[17] Ibidem, p. 89.
[18] Ibidem, p. 90.

Foi necessário um espírito audaz e genuíno como o de Burke para que o Iluminismo da época – tal como grande parte da modernidade de hoje – fosse criticado de maneira tão radical. Do mesmo modo, foi necessária uma mente corajosa e madura como a de minha aluna para que nessa crítica transparecesse uma explicação e uma apreciação de sua própria crença, a qual recorre a tudo o que a história e a humanidade oferecem a fim de conservar-se e revigorar-se: às tradições antigas, cujos primórdios se podem ter apagado ao longo dos séculos; às instituições santificadas pelo tempo e pela experiência, unindo as pessoas na existência comum da vida cotidiana; aos preconceitos e às superstições que sinalizam as verdades mais abrangentes da virtude e da sabedoria; e, de modo igualmente importante, à "imaginação moral" que enche de coração, alma e espírito uma fé viva.

Capítulo 2 | George Eliot

A SABEDORIA DE DOROTHEA

George Eliot é uma grande romancista, e, segundo a opinião geral, *Middlemarch* é seu maior romance. O crítico inglês F. R. Leavis, que não hesitava em declarar que romances eram grandes ou não, iniciou *The Great Tradition* com um longo texto sobre a autora, no qual afirma que *Middlemarch* representa o ponto alto de seu "gênio maduro". (*Middlemarch* foi escrito pela "Eliot tardia"; sexto de seus sete romances, a ele seguiu-se *Daniel Deronda*.)

Leavis era também um grande moralista, o que talvez explique o enorme apreço que sentia por Eliot. Ele chegou até mesmo a censurar Henry James, que depreciara Eliot pelos mesmos motivos que, a seus olhos, a tornavam admirável. Ao contrário do que cria a maioria dos romancistas, lamentou James, para Eliot o romance não era um "retrato da vida", e sim uma "fábula moralizada, a palavra final de uma filosofia que se esforçava para ensinar pelo exemplo".[1] Virginia Woolf, por outro lado, que não era tanto uma moralista – na verdade, ela desconfiava profundamente deles, em especial dos moralistas vitorianos –, acabou por se redimir aos olhos de Leavis ao descrever *Middlemarch* como um "livro magnífico que, com todas as suas imperfeições, parece um dos poucos romances ingleses escritos para adultos".[2]

---

[1] F. R. Leavis, *The Great Tradition*. New York, 1954, p. 42, citando Henry James, *Partial Portraits*. (1. ed. 1948.)

[2] Ibidem, p. 50. Ver Virginia Woolf, "George Eliot", *Collected Essays*. New York, 1967, p. 201 (publicado inicialmente em *The Common Reader*, primeiras séries).

Virginia Woolf, por sua vez, citou Lorde Acton – de modo algum um moralista vil –, que considerava Eliot maior que Dante. Ela também poderia ter mencionado o elogio que Acton lhe dirigiu por ser "uma grande professora moral", "uma especialista perfeita na patologia da consciência", alguém que conseguia fazer do ateísmo um rival moral digno do cristianismo.[3] "A senhora não sabe o quanto devo a ela", escreveu Acton a Mary Gladstone após a morte de Eliot. "Entre os dezoito ou vinte autores por que deixei meu espírito ser formado, o nome dela está presente."[4] Se levarmos em consideração os outros autores – filósofos, teólogos, historiadores – que formaram o espírito de um dos homens mais eruditos da época, esse não é um elogio desprezível.

Diante de um encômio como esse, pode parecer estranho colocar como principal questão moral de *Middlemarch* o porquê de Dorothea se casar com Ladislaw. Parece demasiadamente simplista formular essa questão acerca de um livro a que tantos pensadores de peso atribuíram enorme carga moral. Do mesmo modo, é também estranho levantar tal questão acerca de um livro tão elogiado, uma vez que ela sugere a possibilidade de haver uma falta séria em seu próprio âmago. Era assim, com efeito, que as coisas pareciam a certos críticos contemporâneos – para Henry James, por exemplo, o qual objetava que, no meio do livro, após a morte do primeiro marido de Dorothea, a atenção do leitor concentrava-se numa pergunta "relativamente banal" e "levemente factícia": "Ela se casará ou não com Will Ladislaw?".[5]

---

[3] John Emerich Edward Dalberg Acton, *Historical Essays and Studies*. London, Ed. J. N. Figgis e R. V. Laurence, 1908, p. 277; *Selections from the Correspondence of the First Lord Acton*. London, Ed. Figgis e Laurence, 1917, p. 292 (9 de julho de 1885).

[4] Acton, *Letters to Mary Gladstone*. London, Ed. Herbert Paul, 1904, p. 155 (27 de dezembro de 1880).

[5] Henry James em resenha de *Middlemarch* (1873) republicada em George Eliot, *Middlemarch*. New York, Norton Critical Edition, 1977, p. 654.

No prelúdio à obra, Eliot, em manifesta referência à sua heroína, evoca a imagem de Santa Teresa, "cuja natureza ideal e apaixonada exigia uma vida épica", quiçá até o martírio.[6] Como logo descobrimos, no caso de Dorothea, o que se procura satisfazer não é uma vocação religiosa, e sim uma vocação secular, o desejo de levar uma vida que transcenda seus interesses pessoais e a felicidade, uma vida moral decidida e elevada. É por essa razão que a personagem rejeita seu primeiro pretendente, Sir James Chettam, jovem afável, mas irresoluto; ela opta, antes, pelo reverendo Edward Casaubon, parceiro que pouco impressiona e que não lhe é adequado (ele tem mais de 45 anos, enquanto ela não passa dos 18), mas que, a seus olhos, possui a grande vantagem de dedicar-se a uma iniciativa intelectual de respeito, a uma obra que desvelaria uma chave a todas as mitologias. O casamento torna-se trágico antes mesmo da morte precoce de Casaubon (ambos estavam casados há apenas dezoito meses): ele acaba por revelar-se uma espécie de fraude acadêmica, de modo que Dorothea, que esperara encontrar na obra dele sua própria salvação, torna-se espiritual, moral e intelectualmente desolada.

O jovem dr. Lydgate, recém-chegado a Middlemarch, possui uma consciência diferente, mas não menos poderosa, de sua vocação. Ele deseja realizar uma grande descoberta científica (a do "tecido primitivo", que constituiria a base da vida) que servirá não somente à sua comunidade, mas à humanidade – em suas palavras, deseja realizar "um bom trabalhinho para Middlemarch e um enorme trabalho para o mundo".[7] Lydgate parece satisfazer todas as exigências de Dorothea. Muitos dos que leram *Middlemarch* em fascículos, incluindo aí Henry James, esperavam que ela se casasse com Lydgate após a morte de Casaubon. Mesmo hoje Eliot é censurada por isso. Logo depois de uma adaptação do romance ter sido televisionada, uma

---

[6] George Eliot, *Middlemarch*. London, Penguin, 1981, p. 25. Todas as citações adiante foram retiradas dessa edição.

[7] Ibidem, p. 178.

carta publicada na *New York Times Book Review* comentou um artigo anterior redigido pela romancista Mary Gordon, que descrevera *Middlemarch* como um romance "trágico e irônico". A autora da carta recordou que um professor seu utilizara aquelas mesmas palavras anos antes. Ao pedirem-lhe que as explicasse, ele afirmou: "Porque Dorothea foi feita para Lydgate e vice-versa".[8]

Lydgate, é claro, já está casado quando Dorothea enviúva. Trata-se de uma união infeliz, já que Rosamond, sua esposa, é tão frívola quanto Casaubon era pomposo. Esse casamento não precisava ser um impedimento à união de Dorothea e Lydgate. Eliot podia ter usado o parto ou uma epidemia de cólera para matar Rosamond. Ou, então, podia ocasionar o divórcio dela e de Lydgate: à época, divorciar-se era difícil, mas não impossível. Ademais, Dorothea e Lydgate podiam ter travado o tipo de relacionamento extraconjugal que a própria Eliot travara com George Lewes.

Nada disso acontece na trama porque Dorothea não se sente atraída por Lydgate, e sim pelo jovem artista Will Ladislaw. Este, por sua vez, se julgado pelos padrões dela (e em comparação com Lydgate), é um personagem um tanto patético: é "diletante e amador", na descrição de um amigo artista. Ainda que fosse um artista sério, não seria benquisto por Dorothea, a qual confessa que a arte é "uma linguagem que não consigo compreender".[9] De modo ainda mais importante, ele é uma espécie de sensualista e hedonista. "A melhor piedade", diz a ela, "é desfrutar."[10] (Seu flerte com Rosamond por muito pouco não ocasiona sua ruína.) Quando enfim ingressa na carreira política, Ladislaw o faz não na condição de idealista, mas na de pragmatista. Somos levados a crer que ele será um reformador, mas não um reformador zeloso.

---

[8] *New York Times Book Review*, 12 de junho de 1994.
[9] George Eliot, op. cit., 1981, p. 105.
[10] Ibidem, p. 252.

Por que, então, Dorothea se casa com Ladislaw – uma "criatura leve", como o descreveu Henry James – e, em expressão mais incriminadora, um "conquistador barato"?[11] Dorothea é incapaz de explicá-lo sequer à sua irmã. "Você deve ter pena de mim", diz-lhe.[12] A explicação mais óbvia, ao menos para o leitor moderno, está no sexo. Poder-se-ia dizer que Dorothea não satisfazia sua sexualidade com Casaubon; há críticos que encontram no romance indícios de sua impotência. Essa interpretação, porém, traz consigo várias dificuldades. Eliot poderia muito bem expressar essa atração sexual se assim lhe aprouvesse (como fez em *Adam Bede*). Ademais, nada disso explica por que Dorothea escolhe Ladislaw em detrimento de Lydgate, que não é menos atraente. Ainda mais importante é o fato de essa interpretação perverter o tema essencial da obra, privando-a de sua dimensão e sua tensão morais.

Segundo ela mesma, Dorothea se casa com Ladislaw porque o ama e é correspondida. Nesse aspecto, *Middlemarch* é uma típica história de amor vitoriana, na qual a mulher abdica de seus bens para juntar-se ao homem que ama e o homem abdica de sua herança para ganhar o respeito da amada. No entanto, como bem observou Henry James, trata-se igualmente de uma "fábula moralizada". Ladislaw atrai Dorothea porque é moralmente falho, um ser humano imperfeito. São o amor e a fé que ela nutre por ele que o tornam um ser humano melhor, alguém digno tanto dela quanto da sociedade. A missão dele não é elevada; no Parlamento, não será um personagem heroico que buscará transformar a sociedade; será, antes, um reformador sensato e moderado. Parafraseando Lydgate, Ladislaw

---

[11] James (Norton Critical Edition), p. 654. Ver também C. S. Lewis, "Quem Consegue Perdoar Dorothea por Unir-se a uma Vareta de Açúcar como Ladislaw?"; Idem, "A Note on Jane Austen", *Jane Austen: A Collection of Critical Essays*. Englewood Cliffs, N. J., Ed. Ian Watt, 1963, p. 31.

[12] George Eliot, op. cit., 1981, p. 880.

fará "um bom trabalhinho para o campo", e não "um enorme trabalho para o mundo". Ao ajudá-lo a cumprir essa pequena missão, Dorothea redimirá a ele e também a si mesma.

Casar Dorothea e Lydgate, por outro lado, teria sido fácil demais, faltando aí certo drama moral. Lydgate não precisava de redenção; ele sabia exatamente o que queria fazer e era plenamente capaz de cumpri-lo. Ele sequer necessitava do auxílio de uma esposa – bastava que ela não o atrapalhasse, como Rosamond fez. Com Lydgate, não seria preciso resolver tensão moral alguma, ou conflito entre prazer e trabalho; seu prazer era o seu trabalho. Além disso, sua ambição – descobrir a base da vida – era ainda maior que a de Casaubon; sua obra era real e realizável: seu objeto, afinal, era a ciência, e não a mitologia.

A relação entre a busca de Casaubon pela "chave" de todas as mitologias e a busca de Lydgate pelo "tecido único" em que se baseava a vida é óbvia. Certo comentarista assinala uma passagem do romance na qual se insinua que para Eliot a teoria do tecido estava errada; ele reproduz as observações que ela tecera num ensaio em que T. H. Huxley defende a célula em detrimento da teoria do tecido. No entanto, como Huxley ali afirmava, mesmo uma hipótese falsa pode fomentar a ciência. Eliot claramente diferenciava o trabalho profundamente fútil de Casaubon, que ignorava uma geração inteira de pesquisadores alemães, do trabalho de Lydgate, que somente no futuro seria refutado. (A ironia final, aponta o crítico, está no fato de a teoria do tecido ser mais coerente com a bioquímica de hoje do que a teoria da célula.)[13]

Outra variação do enredo, a qual daria origem a um tipo diferente de drama moral, poderia promover um romance ilícito entre Dorothea e Lydgate, uma relação extraconjugal como aquela que travaram Eliot e Lewes. No entanto, também não era isso o que Eliot tinha em

---

[13] W. J. Harvey, "The Intellectual Background of the Novel: Casaubon and Lydgate", *Middlemarch: Critical Approaches to the Novel*. New York, Ed. Barbara Hardy, 1967.

mente, dado que fomentaria – talvez até romanceando e idealizando – um arranjo que ela encarava, em seu próprio caso, como uma necessidade infeliz e lamentável. Algumas feministas veem nela o "modelo" da mulher livre, enaltecendo-a por ter desafiado o exemplo burguês e patriarcal de casamento e por ter vivido com o homem que ela amava sem ter para isso qualquer permissão especial. A escolha desse papel, porém, não foi proposital; Eliot não tinha qualquer alternativa, uma vez que Lewes já era casado e não poderia obter o divórcio. (O divórcio era impossível porque, após gerar três filhos com sua esposa, ele perdoou o caso que ela tivera com seu amigo Thornton Hunt, homem também casado que acabou por lhe dar outros três filhos.)

Embora vivesse com Lewes esse "relacionamento irregular" – para empregarmos a delicada expressão dos vitorianos –, Eliot procurou "regularizá-lo" tornando-o o mais parecido possível com um casamento normal. Assim, os 24 anos que passaram juntos transcorreram em perfeita domesticidade e fidelidade. Ela tratava Lewes como seu "marido" e a si mesma como sua "esposa" – seu *Mill on the Floss* foi dedicado "a meu amado marido, George Henry Lewes". Do mesmo modo, assinava suas cartas como "Marian Lewes" e pedia para que seus amigos a chamassem de "Sra. Lewes", tendo inclusive o prazer de ver a verdadeira Sra. Lewes fazê-lo. (Foi esse um dos motivos que a levaram a adotar o pseudônimo "George Eliot". Ela preferia utilizar o nome de Lewes, mas era pouco provável que conseguisse fazê-lo oficialmente; desse modo, encontrou um meio-termo ao tomar seu prenome e adotar um sobrenome fictício.)[14] Após a morte de Lewes, Eliot se casou com John Cross, desfrutando

---

[14] A interpretação feminista habitual afirma que a mulher cujo livro ostentasse o próprio nome não seria levada a sério. Na realidade, muitas mulheres o fizeram sem nada sofrer: Mary Shelley, Elizabeth Browning, Frances Trollope, Harriet Martineau, Elizabeth Gaskell, Christina Rossetti, Beatrice Webb e dezenas de outras pouco conhecidas hoje, mas bem-sucedidas em seu tempo. Ao longo do século XIX, mais romances foram publicados por mulheres que assinavam com o próprio nome do que por homens.

de todos os adornos de um matrimônio adequado: houve enxoval, cerimônia na igreja e lua de mel. Não, de fato, um relacionamento extraconjugal com Lydgate não era a moral que Eliot desejava comunicar e não era o destino que ela buscava para sua heroína (do mesmo modo como não o buscara para si).

De igual maneira, Dorothea não deveria ser uma Santa Teresa, vivendo o ascetismo e a autoabnegação. A Dorothea madura (não tão velha em idade, mas sim em experiência e sabedoria) alinha-se ao real, mas sem sucumbir ao cinismo ou ao egoísmo. Ela ama Ladislaw mesmo sabendo que, apesar de todas as suas fraquezas, aquele homem é capaz de realizar um "bom trabalhinho", o que para ela é o verdadeiro significado da moralidade. Em certa ocasião, quando ainda casada com Casaubon, Dorothea revela a Ladislaw a crença que lhe serve de sustento: "Ao desejarmos o que é perfeitamente bom mesmo quando não sabemos ao certo do que se trata e não conseguimos fazer o que tencionávamos, passamos a integrar o poder divino em oposição ao mal, ampliando o alcance da luz e estreitando a luta contra as trevas". "Isso é misticismo", objeta Ladislaw, ao que ela diz: "Não. Isso é a minha vida. Eu a descobri e sou incapaz de abandoná-la. Estive sempre em busca de minha religião, desde menininha. Eu costumava rezar tanto... Hoje, quase nunca rezo".[15]

"Hoje, quase nunca rezo." Esse, para Eliot, era o grande problema da moralidade no secularismo moderno. Na ausência da religião, de que modo a moralidade – uma moralidade puramente secular – poderia prevalecer? Tendo perdido sua fé religiosa, Eliot via-se assombrada, a exemplo do que ocorria com muitos de sua geração, por aquilo que em *Middlemarch* ela denomina "caos moral":[16] o medo de que o ceticismo religioso conduza a uma moralidade lassa – ou

---

[15] George Eliot, op. cit., 1981, p. 427.
[16] Ibidem, p. 136.

ao niilismo, o que é pior – e de que a descrença na imortalidade faça a imoralidade triunfar. Recordemos seu famoso comentário. Ao ser perguntada como a moralidade poderia subsistir sem a fé religiosa, ela responde que Deus é "inconcebível" e a imortalidade, "incrível", ao passo que o dever é "peremptório e absoluto".[17]

Eliot jamais explicou o que sustentaria essa ideia secular do dever. Seu romance, contudo, sugere que, caso viesse a substituir a religião, o dever precisaria estar disponível a todos, do mesmo modo como aquela estava; ele deveria representar uma moralidade democrática, por assim dizer: uma moralidade adequada não a heróis, santos ou gênios, e sim às pessoas comuns – não apenas a um Lydgate, que poderia almejar uma grande obra, mas também a um Ladislaw, que a exemplo da maioria dos seres humanos era capaz apenas de uma obra boa. Esse é um "apenas" muito abrangente, visto que, para Eliot, abarcava toda a diferença entre uma sociedade imoral e uma sociedade moral, entre uma sociedade que não conhecia valores superiores ao hedonismo e ao egoísmo e uma sociedade imbuída de altruísmo e sensível ao dever. "Nós, todos nós", escreveu ela numa das frases mais memoráveis de *Middlemarch*, "nascemos na estupidez moral, vendo o mundo como uma teta a alimentar nosso eu supremo."[18] Para superarmos esse estado de "estupidez moral", precisamos nos livrar de nosso egoísmo infantil e nos transformar em adultos moralmente maduros, responsáveis e dóceis. Em Ladislaw, é precisamente esse amadurecimento que testemunhamos, isto é, a chegada da maioridade moral.

Isso nos conduz a um problema ainda mais difícil. Por que Dorothea – que carrega o fardo moral do livro e que, mais do que qualquer outro personagem, alcançara a maturidade moral – precisa encontrar seu objetivo moral na condição de esposa, casando-se

---

[17] Gordon S. Haight, *George Eliot: A Biography*. Oxford, Oxford University Press, 1968, p. 464.
[18] George Eliot, op. cit., 1981, p. 243.

primeiro com Casaubon e depois com Ladislaw, ambos seres moralmente inferiores? Por que ela precisaria sequer se casar? Ou, uma vez assim optando, por que deve desempenhar somente o papel de companheira? Ela é claramente capaz de realizar, sozinha, uma "boa obra", quiçá até uma "grande". No final, isso é insinuado quando ela questiona se "poderia ter feito algo melhor". Seus amigos são mais diretos. Eles "lamentam que uma criatura tão independente e rara fosse assimilada à vida de outra, sendo conhecida em certos círculos apenas como esposa e mãe".[19]

Para alguns dos contemporâneos de Eliot que só conseguiam enxergar a figura da autora por trás de Dorothea, esse pensamento não era menos problemático. Eliot não era apenas a criadora de grandes obras; ela era também um espírito independente. Por que não poderia criar, então, um espírito igualmente independente em Dorothea, isto é, uma mulher que não fosse "assimilada à vida de outra" e não se resumisse a uma "esposa e mãe"? Diante dessa pergunta, Florence Nightingale sugeriu que havia alguém "muito próximo a ela na vida real", alguém que Eliot conhecia pessoalmente e poderia ter tomado como modelo de uma mulher tão independente.[20] Tratava-se de Octavia Hill, reformista habitacional e filantropa vitoriana, cuja irmã se casara com o filho de Lewes. Nightingale, contudo, poderia também ter a si mesma em mente.

Hoje, essa questão se faz ainda mais urgente. Por que Eliot não nos deu uma Dorothea mais adequada às feministas modernas? A resposta simples está no fato de a própria Eliot não ser uma feminista ao estilo moderno. Ela não procurava mostrar como violava as convenções vivendo com Lewes sem se casar com ele; ao contrário, Eliot buscava observá-las tanto quanto possível. Ademais, ela não subscreveu nem mesmo a um dos dogmas mais elementares

---

[19] Ibidem, p. 894.

[20] Rosemary Ashton, *George Eliot: A Life*. London, Penguin Books, 1996, p. 327.

do feminismo: o sufrágio das mulheres. Em 1867, cinco anos antes de *Middlemarch*, um grupo de senhoras que conheciam o interesse de Eliot pela educação feminina (ela fora uma das primeiras apoiadoras do Girton College, de Cambridge, primeira faculdade destinada às mulheres) convidou-a a assinar uma petição em apoio à emenda, proposta por John Stuart Mill, que concederia a todas direitos civis. Eliot recusou-se, explicando que apoiava qualquer reforma que desse aos sexos "benefícios equivalentes [...] na educação e no processo de livre desenvolvimento", mas não acreditava que o voto alcançaria esse objetivo. O fato de as mulheres desfrutarem "do pior quinhão da existência", afirmou, deveria inspirar "uma resignação mais sublime na mulher e uma ternura mais restauradora no homem".[21]

Se essa explicação parece pouco convincente hoje, devemos recordar que outras escritoras de destaque também se opunham ao sufrágio feminino, como Charlotte Brontë, Sra. Gaskell, Elizabeth Barrett Browning, Christina Rossetti e Florence Nightingale, que só emprestou seu nome à causa com grande relutância, após ter sido pessoalmente impelida por Mill. Essas autoras agiram assim por diversos motivos: porque o sufrágio poderia desviar a atenção de questões mais importantes (como a reforma das leis do divórcio e das leis de propriedade); porque a educação feminina deveria preceder o voto; porque a causa solaparia o que, a seus olhos, era o traço singularmente feminino das mulheres; ou, ainda, segundo alguns progressistas, porque as senhoras provavelmente acabariam votando nos conservadores. "Sem dúvida", escreveu uma célebre dona quando, ainda naquele século, a questão fora novamente levantada, "nós necessitamos de certos seres humanos que assistam e orem, que observem e inspirem e, sobretudo, que protejam e amem todos os fracos, ineptos e aflitos? Não haveria um trabalho típico da mulher, tal como há um

---

[21] *The George Eliot Letters*. New Haven, Ed. Gordon S. Haight, IV, 1975, p. 364 (14 de maio de 1867). (1. ed. 1954).

trabalho típico do homem?".[22] Quem assim se expressa é a formidável intelectual socialista Beatrice Webb. Eliot teria pouquíssimos pontos em comum com ela, mas esse certamente seria um deles.

Em *Middlemarch*,[23] não há análise alguma do sufrágio nem de qualquer outro tema manifestadamente feminista.[24] No entanto, não se pode negar que o livro propõe um desafio às feministas modernas. A ideia de que apenas no casamento Dorothea é capaz de encontrar sua felicidade e sua missão moral parece singularmente vitoriana. E isso é verdade. Para os vitorianos, até mesmo para as feministas da época, o casamento e a família constituíam as relações humanas elementares, de modo que os defensores do sufrágio feminino, da educação universitária para as mulheres, da reforma do divórcio, dos direitos de propriedade e do controle de natalidade deviam demonstrar (e assim o faziam, com toda a honestidade) que suas propostas eram compatíveis com o casamento e a família. Como nos mostram pesquisas recentes, as famílias vitorianas estavam longe de ser tão opressivas ou patriarcais como se supunha. Contudo a ideia de família era quase sacrossanta, a exemplo da concepção de que os homens e as mulheres tinham naturezas e virtudes distintas, as quais os vinculavam numa complexa relação de direitos, deveres e, com sorte, amor.

No início do romance, descobrimos que Dorothea nutre uma "concepção infantil de casamento". Ela acha que "o casamento verdadeiramente prazeroso deve ser aquele em que o marido é uma

---

[22] *The Diary of Beatrice Webb*. Cambridge Mass., Eds. Norman e Jeanne MacKenzie, II, 1983, p. 53-54 (25 de julho de 1894).

[23] Na edição original, em quatro volumes, uma passagem em especial poderia servir a uma interpretação feminista. Trata-se da sugestão de que a sociedade era responsável pelos casamentos inadequados e pela dificuldade de educar as mulheres. Quando certo crítico afirmou que essa alusão à "questão feminina" não estava à altura do poder imaginativo do restante da obra, Eliot a suprimiu da edição posterior.

[24] Rosemary Ashton, *George Eliot*, p. 330.

espécie de pai, capaz de ensinar-lhe até mesmo hebraico, caso assim você deseje".[25] Casaubon a demove dessa ideia; não o faz, porém, com relação à ideia do casamento. Ao final do romance, Dorothea encara o casamento como "um grande começo", ainda que carregado de dificuldades. "É ainda o começo do épico doméstico – a conquista gradual ou a perda irreparável daquela união plena que faz dos anos de velhice um clímax e da idade, a colheita de lembranças doces e partilhadas."[26] O casamento dos Lydgate é um fracasso porque Rosamond não compreende a natureza do matrimônio; ela acha que a causa de sua infelicidade é seu marido, quando na verdade os problemas são "as condições do casamento propriamente dito, [...] a autossupressão e a tolerância que ele exige".[27] Dorothea jamais comete esse erro. Mesmo quando extremamente descontente com Casaubon, ela não se rebela contra o matrimônio. "A rebelião permanente", lemos, "a desordem de uma vida sem uma resolução afetuosa e reverente, não lhe era possível."[28, 29, 30]

Amor e reverência: eis a mensagem de *Middlemarch*. Eis também o lema gravado na lápide de Eliot, na abadia de Westminster. Trata-se da citação de uma de suas primeiras histórias, "Janet's Repentance": "A primeira condição da bondade humana é a de haver algo a ser amado; a segunda, a de haver algo a ser reverenciado".[31] Caso julgue difícil aceitar essa mensagem, a feminista moderna preferirá

---

[25] George Eliot, op. cit., 1981, p. 32.

[26] Ibidem, p. 890.

[27] Ibidem, p. 810.

[28] Ibidem, p. 226-27.

[29] Alguns leitores, porém, cometeram esse erro. Virginia Woolf, no ensaio "Women and Fiction", afirmou que tanto em *Middlemarch* quanto em *Jane Eyre* "nós tomamos ciência não somente do caráter da autora [...], mas também da presença de uma mulher – de alguém que ressente o tratamento de seu gênero e advoga seus direitos".

[30] Virginia Woolf, "Women and Fiction", *Collected Essays*, II, p. 144.

[31] Phyllis Rose, *Parallel Lives: Five Victorian Marriages*. New York, 1983, p. 237.

encontrar a moral de *Middlemarch* no fato de ser de Dorothea, e não de Ladislaw, o papel de herói do livro. Com efeito, todas as personagens femininas são, para o bem ou para o mal, mais interessantes e poderosas do que os homens. São as mulheres que fazem os homens se tornarem aquilo que se tornam: cidadãos decentes, dignos e felizes, como Ladislaw e Fred Vincy, ou fracassados amargos, como Lydgate, que, longe de realizar sua grande descoberta científica acerca do fundamento da vida, acaba por contentar-se em escrever um livro sobre a gota – "uma doença", observa Eliot em tom irônico, "que tem a seu lado uma boa dose de prosperidade".[32]

Dorothea não é nenhuma Santa Teresa. É, contudo, uma heroína não valorizada – exceto por Eliot e, assim esperava autora, pelo leitor de *Middlemarch*. As últimas palavras do livro constituem a homenagem de Eliot a Dorothea:

> Seu delicado espírito possuía ainda suas expressões delicadas, embora estas não fossem visíveis a todos. Sua natureza plena [...] se exauria em canais que na terra não ostentavam nenhum nome de respeito. Entretanto o efeito de seu ser sobre aqueles que lhe estavam ao redor era incalculavelmente difuso; afinal, o bem que cresce no mundo depende, em parte, de atos pequenos, e o fato de as coisas não serem tão daninhas conosco como poderiam ser se deve um pouco à quantidade daqueles que viveram fielmente uma vida oculta e que repousam em túmulos não visitados.[33]

Esse não é um fim trágico; não é nem mesmo uma "ironia trágica". É, antes, como a própria Eliot tencionava, um fim eminentemente moral, quiçá até heroico – uma conclusão adequada a um romance que, como afirmou Virginia Woolf, foi escrito "para adultos".

---

[32] George Eliot, op. cit., 1981, p. 893.
[33] Ibidem, p. 896.

Capítulo 3 | Jane Austen

A EDUCAÇÃO DE EMMA

Ler ou reler *Emma* após *Middlemarch* é uma experiência revigorante, talvez em maior grau até do que fazê-lo na ordem cronológica correta. Ler *Emma* primeiro é transformar *Middlemarch* num livro intoleravelmente crítico, didático e moralista, ao mesmo tempo em que faz de *Emma* uma obra frívola, superficial e trivial. A ordem inversa exerce um efeito fermentador sobre ambos os títulos, humanizando *Middlemarch* e moralizando *Emma*.

Na verdade, os dois livros têm muito em comum. Cada qual foi tratado como a maior obra dos romancistas ingleses de seus respectivos séculos (Austen chegou a ser comparada, por Macaulay e outros, a Shakespeare); cada qual é uma obra de maturidade (*Emma* foi o último romance de Austen; *Middlemarch*, o penúltimo de Eliot); e cada qual é, à sua própria maneira, uma fábula moral. Em *Middlemarch*, a mensagem moral faz-se clara e insistente desde a primeira página, preparando-nos para uma heroína como Santa Teresa; ao longo de todo o romance, cada personagem e cada episódio carregam um selo moral estampado em si. Em *Emma*, a lição moral só se revela aos poucos e hesitantemente, sendo mitigada pelo humor e pela ironia. Se *Middlemarch* é uma história de satisfação moral, *Emma* é uma história de educação moral. Além disso, cada uma delas coloca o matrimônio no centro do drama moral: do mesmo modo como, no caso de *Middlemarch*, pergunta-se por que Dorothea se casa com Ladislaw, no caso de *Emma* indaga-se por que o Sr. Knightley se casa com a protagonista.

Nessa questão, os gêneros invertem-se porque Emma é a antítese de Dorothea. "Emma Woodhouse", diz-nos a frase de abertura, "bela, inteligente e rica, dona de um lar confortável e de um bom caráter, parecia reunir em si algumas das melhores graças da existência. Ela vivera quase 21 anos tendo muito pouco com que se afligir ou inquietar." Ao fim da página, lemos que Emma, a dona da casa (sua mãe morrera muito antes), costumava "fazer o que bem lhe aprouvesse", que as coisas eram feitas "do seu modo" e que ela "tendia a ter a si mesma em altíssima conta".[1] Essas qualidades, insinua-se, logo serão exacerbadas com o casamento de sua governanta, a Srta. Taylor, que há muito deixara de exercer até mesmo a autoridade nominal de sua posição, tornando-se antes uma querida amiga. Com sua partida, Emma ficará privada inclusive de sua influência coercitiva, daquele outro eu que abrandava o seu próprio. Seu pai, ademais, também não lhe será de grande valia: velho, boa-praça e bem-intencionado, mas ao mesmo tempo extremamente ocupado com o próprio conforto físico, tudo o que ele consegue fazer é projetar suas angústias sobre os outros, vendo neles somente o que vê em si e dedicando-lhes atenção apenas à medida que isso não lhe causa inconvenientes.

Em contraposição ao pai e à filha, esses dois personagens egocêntricos, há "um homem sensível de mais ou menos 36 ou 37 anos", um velho amigo da família que por acaso também se lhes vincula pelo matrimônio. O Sr. Knightley é "uma das poucas pessoas que poderiam ver falhas em Emma Woodhouse, tal como a única capaz de relatar-lhe todas".[2] Na ocasião, a falha que encontra nela, e também em seu pai, é a reação egoísta ao casamento da Srta. Taylor: ambos lamentam a perda de uma amiga e uma companheira em lugar de deleitarem-se por ter ela agora um marido e uma família. Esse é um pequeno prenúncio das outras ocasiões em que ele encontrará falhas em Emma – a primeira das muitas lições morais que ela receberá.

---

[1] Jane Austen, *Emma*. London, Everyman's Library, 1963, p. 1.
[2] Ibidem, p. 5-6.

Tendo-nos apresentado os protagonistas desse drama moral, a cena de abertura também define o lema dominante: o casamento. Em resposta à acusação do Sr. Knightley, para quem ela não está tão interessada na felicidade da Srta. Taylor, Emma afirma que ela mesma fora a responsável por aquele matrimônio. "Eu mesma uni os dois", gaba-se, uma vez que apenas ela predissera que o Sr. Weston, viúvo, se casaria novamente. Feliz com seu sucesso, Emma promete continuar com essa "grande diversão" que é arranjar uniões. Mais uma vez, é o Sr. Knightley quem a censura, assinalando que, na realidade, tudo o que ela fizera para promover aquele matrimônio fora pensar ociosamente, vez ou outra, em como seria bom para ambos casar. Seu "sucesso", diz ele, nada mais era do que um "chute certeiro".[3]

Todos os esforços casamenteiros de Emma se mostram desastrosos – ou assim seria caso ela obtivesse sucesso. De uma forma ou de outra, todos eles revelam suas falhas morais: sua arrogância, seu orgulho, sua impetuosidade e, sobretudo, o egocentrismo que a torna cega para a realidade. Sua primeira tentativa de arranjar um casamento – ou de desarranjá-lo, para sermos mais corretos – envolve uma jovem por ela tomada como protegida. Bela e adorável, Harriet Smith é uma aluna da escola local que não tem nem família, nem muitos amigos – é "a filha bastarda de alguém", dizem, o que para Emma significa que ela viera de uma família boa, quiçá nobre.[4] Harriet se alegra quando o Sr. Martin, fazendeiro que a protagonista teria visto nas muitas viagens que ele fazia à cidade, pede sua mão em casamento. A resposta de Emma é seca.

> Um jovem fazendeiro, esteja a cavalo ou a pé, representa o tipo de gente que menos instiga minha curiosidade. Esses camponeses são a classe de pessoas com que acredito não ter nada em comum. Gente um pouco inferior, mas de aparência notável, pode vir a me interessar; espero que

---

[3] Ibidem, p. 7-8.
[4] Ibidem, p. 17.

de alguma forma seja útil a suas famílias. Um fazendeiro, contudo, para nada necessita de mim, e por essa razão está tão acima de minha consideração quanto, para todos os outros, está abaixo.[5]

Essa passagem, a exemplo de uma posterior, na qual Emma adverte Harriet do fracasso que ela prevê para o casamento, tem sido muito citada como prova da crueldade de um sistema de classes capaz de inspirar esse esnobismo assaz impiedoso. Em virtude da "infelicidade" de seu nascimento, explica Emma, Harriet deve desconfiar de um casamento com alguém inferior. "Não há dúvidas de que você é filha de um cavalheiro, e, portanto, deve fazer de tudo para reivindicar sua posição. Caso contrário, muitos se comprazerão em humilhá-la."[6] No entanto, se esse sistema de classes gera uma Emma insensível e imatura, ele também dá origem a alguém como o Sr. Knightley, que censura Emma por desencorajar um casamento que beneficiaria e alegraria Harriet. O Sr. Knightley, é claro, está longe de negligenciar tudo aquilo que diz respeito às classes. Harriet, observa ele, é "a filha bastarda de um não sei quem a que faltavam meios e que certamente não tinha relações respeitáveis". De modo ainda mais importante, ela não assimilara nada de útil, não tinha qualquer experiência e carecia de grande esperteza; não se tratava de uma "moça sensata". "Sensato", com o que se indica tanto a razão quanto a sensibilidade, é o maior elogio que Austen pode tecer a um personagem. A exemplo do Sr. Knightley, também o Sr. Martin é sensato e, portanto, superior – se não em classe, ao menos em caráter – a Harriet, ainda que esta venha de um berço presumidamente mais nobre. Quando Emma objeta que seria um "rebaixamento" para Harriet casar-se com ele, o Sr. Knightley revida: "Mas será rebaixar-se à ilegitimidade e ignorância casar-se com um proprietário de terras respeitável e inteligente?".[7]

---

[5] Ibidem, p. 23.
[6] Ibidem, p. 24.
[7] Ibidem, p. 52-53.

"Ilegitimidade e ignorância", "respeitável [e] inteligente" – para o Sr. Knightley, a classe é sempre contrabalançada pelo caráter. E não há correspondência necessária alguma entre ambos: aquela está longe de ser um indicador confiável deste. Se Emma – ao menos nesse estágio de sua educação moral – se equivoca consistentemente com relação a ambos, o Sr. Knightley dá a cada um o que lhe é devido. Ele compreende e respeita a realidade das classes, mas compreende e respeita ainda mais as realidades do caráter. Ele estima mais o Sr. Martin, fazendeiro, do que o Sr. Elton, vigário. Além disso, é extremamente crítico do adotado Frank Churchill, cavalheiro que herdara grandes propriedades e fortunas. (A exemplo do que acontece com o Sr. Knightley, ao Sr. Martin é sempre aplicado o pronome "Sr.". Apenas Frank Churchill é privado do título.) Quando Emma defende o "amável" Churchill, jovem que inúmeras vezes deixara de visitar o pai para conseguir favores de sua imperiosa tia (e possível benfeitora), o Sr. Knightley se vê mais uma vez obrigado a reprimi-la. "Esse seu jovem amável", diz-lhe, "é um jovem muito fraco. [...] Ele já deveria ter por hábito cumprir os deveres, e não granjear vantagens." Nem mesmo seus bons modos – ou o que assim parece a Emma – o redimem. "Não, Emma, seu jovem afável só o é em francês, não em inglês. Ele pode ser muito '*aimable*', pode ter ótimos modos e parecer muito agradável, mas é incapaz de demonstrar a delicadeza dos ingleses diante dos sentimentos de outrem. Não há nada de amável nele."[8]

Um episódio crítico da educação moral de Emma envolve a Srta. Bates, uma solteirona alegre, falante, pobre e patética. Quando num piquenique, Frank Churchill, procurando animar a ocasião, sugere (atribuindo a ideia a Emma) que cada um diga "uma coisa muito inteligente, duas moderadamente inteligentes ou três bastante estúpidas", a Srta. Bates, um pouco desconfortável na companhia deles, comenta: "'Três coisas bastante estúpidas'. Fico com essa. Devo dizer

---

[8] Ibidem, p. 130-31.

três coisas estúpidas assim que abrir a boca, não é?". Ao que Emma, para não ficar para trás, acresce: "Ah, madame, perdoe-me, mas poderá haver aqui um empecilho! Há um limite numérico: a senhorita só tem direito a três de cada vez".[9] Isso provoca a censura mais ríspida já feita pelo Sr. Knightley até então.

> Emma, devo dirigir-me a ti como fazia outrora; este é um privilégio que você talvez mais suporte do que permita, mas ainda assim devo valer-me dele. Não consigo vê-la agir errado sem censurá-la. Como você pode ser tão insensível com a Srta. Bates? Como você, tão sábia, pode ser tão insolente com uma mulher de tal caráter, já de idade e nessa situação? [...] Fosse ela endinheirada, deixaria que todas as suas besteiras inofensivas ficassem ao acaso, não brigaria com você por ter tomado certas liberdades de comportamento. Estivessem você e ela na mesma situação, mas, veja, Emma, como as coisas estão longe de ser assim. Ela é pobre e afastou-se dos confortos em que nascera; e, se chegar à velhice, provavelmente se afastará mais. A situação dela deveria suscitar sua compaixão. Você agiu muito mal![10]

Emma, é preciso dizer, não é sempre tão desrespeitosa. Com efeito, o leitor moderno pode ficar impressionado diante do autodomínio que ela demonstra ao escutar os monólogos longos e desconexos da Srta. Bates, ao lidar com as pequenas aflições que a umidade e os resfriados causam ao seu pai, ao fazer as visitas que lhe são interminavelmente exigidas, ao observar as várias convenções e cortesias que muitas vezes devem ter tentado sua paciência. Por vezes, ela chega a dar mostras de uma sabedoria muito madura. No infeliz episódio do piquenique, o Sr. Knightley a castiga por não demonstrar compaixão pela Srta. Bates; antes, porém, ao descrever a visita de Emma a uma família pobre e doente, Austen nos diz sem ironia que ela é "muito compassiva", oferecendo com generosidade sua atenção, sua bondade e seu dinheiro. A própria Emma faz um comentário digno do

---

[9] Ibidem, p. 326.
[10] Ibidem, p. 330.

Sr. Knightley. "Espero que reconheça que, dando auxílio e consolo aos sofredores, a compaixão já realizou o que de fato importa. Se nos compadecermos dos desgraçados a ponto de fazermos por eles tudo o que está a nosso alcance, o restante não passa de uma afinidade vazia que só serve para afligir-nos."[11]

Esse tipo real e impassível de compaixão – "fazer o bem" em vez de "sentir-se bem" – pode muito bem parecer, ao Sr. Knightley, uma demonstração de que Emma possui uma natureza essencialmente boa e, apesar de seus deslizes, também um bom caráter. Além disso, ele nos ajuda a solucionar uma questão semelhante àquela que formulamos com relação a *Middlemarch*: não o porquê de Emma casar-se com o Sr. Knightley, e sim o motivo de ele casar-se com ela. Trata-se de uma relação aparentemente improvável. Ele pouco mais fizera do que encontrar falhas nela, ao mesmo tempo em que ela lhe dava inúmeras oportunidades de fazê-lo. Mais velho e sábio, ele tem agido como um pai substituto (sem dúvida alguma, o Sr. Knightley é-lhe mais um pai do que o pai verdadeiro), e não como um pretendente ou um amante. Ainda assim, a exemplo do que se dá com Dorothea e Ladislaw, Emma e o Sr. Knightley formam um bom casal porque necessitam um do outro e se complementam. Eles se casam por amor, sim, mas também motivados por uma espécie de urgência moral. O Sr. Knightley se encanta por Emma do mesmo modo como Dorothea se encanta por Ladislaw. E, assim como Dorothea, ele não nutre quaisquer ilusões acerca de sua amada. O Sr. Knightley sabe que Emma é frívola e teimosa, muitas vezes até imprudente e tola. Não obstante, ama nela todas aquelas qualidades que lhe faltam – a vitalidade, a espontaneidade, a energia – e tem a certeza de que, sob sua tutela, Emma poderá aprimorar o próprio eu.

Emma, por sua vez, que após todos os arranjos fracassados enfim descobre que é o Sr. Knightley, e não Frank Churchill, quem ela

---

[11] Ibidem, p. 77.

ama, também se reconcilia consigo mesma, com o amor próprio que lhe vinha sendo tão nocivo. "Com uma insuportável vaidade, acreditara ela estar em posse dos sentimentos de todos; com uma imperdoável arrogância, punha-se a organizar seus destinos."[12] Sua educação chegava ao fim.

Às vezes se lê, como crítica a Austen, que a relevância moral de seus romances é mitigada pelo pequeno palco em que o drama se desdobra. Em carta enviada à sua sobrinha, que então começava a se aventurar pela ficção, Austen elogiou-a por "reunir as pessoas com grande encanto, levando-as precisamente àquele lugar que deleita minha vida – três ou quatro famílias num burgo: é isso mesmo o que deve ser trabalhado".[13] Highbury, o ambiente de *Emma*, é um burgo assim, "grande e populoso" em comparação com os burgos comuns, mas não chega a ser uma cidade – é grande e populoso o bastante para que Emma conheça uma variedade de pessoas e classes, mas também pequeno o suficiente para que os Woodhouse sejam os "primeiros em importância" e a própria Emma desempenhe um papel de destaque.[14] (Londres, a apenas 25 km de distância, estava fora do horizonte. Um jovem audaz como Frank Churchill poderia viajar até lá ocasionalmente, mas jamais Emma ou seu pai. Mudando-se para Londres após seu casamento, a irmã da protagonista só volta para visitá-la no Natal e em ocasiões familiares relevantes.)

Um dos pontos altos do romance é o baile organizado por Frank Churchill. O Sr. Knightley demonstra sua galantaria (e também sua sensibilidade moral) ao dançar com Harriet; Emma confessa sua obsessão por encontrar para a jovem um companheiro sem valor algum; e ela e o Sr. Knightley notam que são parceiros de dança adequados

---

[12] Ibidem, p. 364.

[13] Ian Watt, introdução a *Jane Austen: A Collection of Critical Essays*. Englewood Cliffs, N. J., Ed. Watt, 1963, p. 2.

[14] Jane Austen, op. cit., p. 3.

– nada de "irmão e irmã", como ela supusera.[15] O baile acontece na Coroa, hospedaria local, mas fora inicialmente concebido como um evento mais modesto, a ser realizado na casa do tio de Frank, capaz de acomodar apenas dez casais. Emma objetara que dez casais num pequeno cômodo poderia deixar o local abarrotado. "Nada pode se opor mais ao prazer", declarou, "do que dançar quando há muita gente. E uma multidão num cômodo tão pequeno!" Frank Churchill está de acordo: "Concordo plenamente com você. Uma multidão num cômodo tão pequeno... Srta. Woodhouse, você tem o dom de criar imagens com pouquíssimas palavras. Excelente, excelente!".[16]

Essa "multidão num cômodo tão pequeno" (o baile na hospedaria não passa de uma versão um pouco maior disso) serve como metáfora para a pequena comunidade em que a educação moral de Emma se desenvolve – uma comunidade que, como consequência, é o único lugar em que tal educação poderia de fato desenvolver-se. Mais uma vez, vem-nos à mente *Middlemarch*: Lydgate é incapaz de satisfazer o objetivo moral de realizar "um bom trabalhinho para Middlemarch e um enorme trabalho para o mundo" porque não pertence ao mundinho em que se encontra. Dorothea, por sua vez, mostra-se moralmente realizada porque se contenta em fazer um bom trabalho em seu mundinho e, portanto, também para o mundo como um todo.[17]

Não é apenas na pequenez do mundo de Austen que alguns críticos encontram falhas, mas também na natureza desse mundo. Seus romances, dizem eles, por se encontrarem tão vinculados à estrutura de classes da época e da região da autora, carecem daquela força transcendente que têm, por exemplo, os romances russos. Admitida sem questionamentos, essa estrutura de classes contribui para uma

---

[15] Ibidem, p. 290.
[16] Ibidem, p. 218.
[17] Ver o ensaio sobre Eliot, p. 16.

visão limitada da sociedade; além disso, e de modo ainda mais importante, ela acaba por desumanizar os indivíduos que lhe pertencem, enfraquecendo assim o objetivo moral dos romances.[18] Outra leitura dessas obras chegaria à conclusão contrária: segundo ela, Austen não estaria apenas extraordinariamente ciente da realidade das classes de seu mundinho, mas também utilizaria essa realidade para defender posições morais, isto é, para humanizar e moralizar, por assim dizer, cada um de seus personagens.

Em certo sentido, *Emma* é uma comédia de costumes – que estão a serviço das classes. De modo ainda mais relevante, porém, trata-se de um drama no qual os costumes estão a serviço da moral. No mundo de Emma, os costumes mitigam as classes. O Sr. Knightley não a censura por não ter tanta consciência de classe, e sim porque seus bons costumes são insuficientes, porque ela é incapaz de observar os traços que humanizam e civilizam as relações sociais numa sociedade em que as classes são uma realidade indubitável. Escrevendo logo após a Revolução Francesa, Austen não era nem uma revolucionária, nem uma utópica; ela não se iludia com uma sociedade sem classes ou com uma sociedade de classes dotada de grande mobilidade. Sua posição era a de uma moralista e, portanto, de uma individualista. Seus personagens, independentemente da classe a que pertençam, são agentes morais responsáveis. A medida de seu caráter é o modo como eles se portam diante dos outros, sobretudo diante daqueles que, a seus olhos, são socialmente inferiores.

Além disso, essa sociedade (de Emma, mas também de Austen) não era a cruel sociedade de classes que os historiadores e os críticos sociais creem ter sido. Ela não consistia em duas ou três classes, mas numa enorme quantidade de gradações sociais que se relacionavam entre si de maneiras sutis, mas ainda assim perceptíveis.

---

[18] Ver o ensaio de Arnold Kettle, em *Jane Austen*, p. 119 ss.

Na realidade, sequer se aplicava a elas o termo "classes"; dando testemunho de sua multiplicidade, as expressões contemporâneas eram *ranks*, *sorts*, *degrees*, *estates*. Além disso, transcendendo essas distinções sociais, havia os *characters*, em todos os sentidos dessa ambígua palavra – pessoas excêntricas (algumas delas dotadas de uma excentricidade quase dickensiana), tal como indivíduos de naturezas e disposições morais variadas. (A palavra "caráter" era também usada nas referências ou recomendações escritas que os trabalhadores apresentavam a um possível empregador.) Era nesse contexto que os costumes se faziam tão importantes. Afinal de contas, ainda mais que a moral, os costumes se prestavam às sutilezas e nuances adequadas à variedade de classes e caracteres. E, com maior prontidão que a moral, os costumes também podiam ser ensinados, a exemplo do que aconteceu com Emma. "Os 'princípios' de Jane Austen", afirmou C. S. Lewis, "poderiam ser descritos como a gramática da conduta. Ora, a gramática é algo que se pode aprender; é também algo que deve ser aprendido por todos."[19]

Em 1796, quase vinte anos depois de Jane Austen escrever *Emma*, Edmund Burke elaborou a epígrafe perfeita ao romance:

> Os costumes são aquilo que nos atormenta ou consola, nos corrompe ou purifica, nos eleva ou humilha, nos barbariza ou requinta por intermédio de uma operação constante, sólida, uniforme e insensível, como aquela do ar que respiramos. Eles dão forma e cor à nossa vida. Segundo sua qualidade, os costumes auxiliam, abastecem ou destroem, por completo, a moral.[20]

Um século e meio antes, Hobbes explicara que por costumes ele não compreendia "o decoro do comportamento, o modo de lavar a boca ou palitar os dentes, entre outros aspectos da *pequena moral*,

---

[19] Ensaio de C. S. Lewis, ibidem, p. 33.
[20] Edmund Burke, "Letters on a Regicide Peace", *The Works of Edmund Burke*. London, V, 1909-1912, p. 208. (1. ed. 1796.)

mas aquelas qualidades da humanidade que dizem respeito à sua vida coletiva em paz e unidade".[21]

A pequena e a grande moral; assim como no caso de Eliot, era esse o ponto forte de Austen. *Middlemarch* carrega o fardo de sua mensagem moral com maior gravidade, tal qual convém a essa fábula do ponto mais alto do período vitoriano. *Emma*, contudo, não fica para trás enquanto fábula moral: trata-se de uma fábula pré-vitoriana disfarçada de história romântica.

Pós-escrito

Se ler *Emma* após *Middlemarch* constitui uma experiência revigorante e edificante, o mesmo acontece quando relemos o romance após assistirmos aos filmes elaborados a partir dele. No romance, a classe conserva-se no plano de fundo, formando parte onipresente e indiscutida da realidade social. No filme *Emma*, por sua vez, tamanho o seu destaque visual e temático, ela se torna a única realidade – e uma realidade distorcida. Os trajes esmerados e os jantares abundantes dos ricos (demasiadamente esmerados e abundantes para os proprietários de terra de um burgo como Highbury) estão em pleno contraste com as cabanas sujas e miseráveis dos pobres desgrenhados. O objetivo disso é obscurecer as várias nuances que diferenciam as classes – os *ranks*, os *sorts*, os *degrees* – e as várias diferenças de costumes e moralidade existentes em cada um desses grupos, as quais constituem a essência mesma da obra.

Paradoxalmente, o filme *As Patricinhas de Beverly Hills*, cujo objetivo é ser uma paródia do romance, está mais de acordo com o espírito do livro, ao menos à medida que conserva o espírito de uma comédia de costumes, se não o da comédia mesma (ou do drama) almejada por Jane Austen.

---

[21] Thomas Hobbes, *Leviathan*. London, Everyman's Library, 1943, p. 49.

Capítulo 4 | Charles Dickens

"UM AUTOR INFERIOR"

Ao historiador social ou ao crítico literário de espírito historicamente condicionado, Dickens oferece uma cornucópia de tesouros: instituições (asilos e prisões, fábricas e escolas, tribunais e estabelecimentos públicos); problemas sociais (pobreza e crime, trabalho e abuso infantil, moradia e saneamento básico); ideologias (o malthusianismo e o utilitarismo, o *laissez-faire* e o radicalismo); e, claro, pessoas de todos os níveis, caracteres, ocupações e inclinações.

Seus contemporâneos estavam tão cientes quanto nós da necessidade de abordar esses assuntos com grande cautela, evitando tomar os relatos ficcionais de Dickens como verdades literais. Resenhando, em 1866, *Our Mutual Friend*, a *Westminster Review* sugeriu que, se Dickens estivesse falando sério sobre a fraca legislação, ele deveria escrever um panfleto ou ir ao Parlamento; usar o romance como instrumento de reforma era "tão absurdo quanto chamar a guarda nacional para acabar com a doença do gado". A própria ideia de um romance social era anômala; "como um ovo com duas gemas, nenhum dos dois é incubado".[1] Os historiadores têm bons motivos para subscrever a esses sentimentos, recordando-nos dos perigos que existem não apenas em fazer da política ficção, mas também em tornar ficção a biografia, em presumir que a posição de Dickens acerca de determinada

---

[1] Philip Collins (ed.), *Dickens: The Critical Heritage*. New York, 1971, p. 476 (*Westminster Review*, abril de 1866).

questão poderia ser diretamente deduzida de seus romances. Um dos comentaristas de Dickens assinalou que ele era um destacado defensor de duas instituições educacionais impiedosamente satirizadas em seus romances: as faculdades de licenciatura (em *Hard Times*) e as escolas de caridade (em *Our Mutual Friend*).[2]

Certos críticos literários seguiram de tal maneira a direção oposta que acabaram por atestar um tipo diferente de lição de moral. Na tentativa de reconstruir o "universo imaginário" dos romances, eles praticamente construíram esse universo do zero, dando pouca importância ao universo em que o próprio Dickens habitava ou às suas próprias ambições criativas. Apartado do mundo da Inglaterra vitoriana, os romances de Dickens são situados num universo imaginário coabitado por Dante, Dostoiévski, Kafka, D. H. Lawrence e T. S. Eliot. Lionel Trilling, censurando os alunos que, competindo, procuravam encontrar paralelos simbólicos entre *Our Mutual Friend* e *The Waste Land*, recordou sua própria descoberta da realidade histórica – da "atualidade" – daquilo que ele mesmo encarara como símbolos puros: os montes de pó de *Our Mutual Friend*, por exemplo, que, como diz o romance, eram de fato enormes e lucrativos, ou o Tâmisa, que realmente servia como esgoto para Londres.[3]

Dickens foi capaz de capturar essa atualidade com tanto êxito porque era não apenas um romancista brilhante, mas também um repórter e um crítico social muito sério. O mundo imaginário de seus

---

[2] Idem, "The Significance of Dicken's Periodicals", *Review of English Literature*, 1961, p. 62-63. Ver, por exemplo, Idem, *Dickens and Crime*. London, 1962; Idem, *Dickens and Education*. London, 1964; Norris Pope, *Dickens and Charity*. London, 1978.

[3] Lionel Trilling, "Little Dorrit", *The Opposing Self: Nine Essays in Criticism*. London, 1955, p. 52. Sobre a busca de símbolos em *Our Mutual Friend* e *The Waste Land*, ver Idem, "The Dickens of Our Day", *A Gathering of Fugitives*. Boston, 1956, p. 42-43. Philip Collins mapeia o surgimento do símbolo da prisão na crítica literária em "Little Dorrit: The Prison and the Critics", *Times Literary Supplement*, 18 de abril de 1980.

romances fazia parte do mundo real, refletindo-o ao mesmo tempo em que ajudava a criá-lo. Ele fez pelo século XIX o que Bunyan fizera pelo século XVII, oferecendo um denominador cultural comum, uma reserva comum de caracteres, situações, expressões e gracejos, para pessoas de todas as classes, ocupações e crenças. Para inúmeros ingleses, a Sra. Gamp era mais real do que o Sr. Gladstone, e Scrooge, mais familiar do que qualquer sovina conhecido. Após seu falecimento, conta-se que uma jovem comerciante afirmou: "Foi-se Dickens? E Papai Noel, morreu também?".[4] No obituário do autor, Anthony Trollope previu que seus livros se tornariam artigos de primeira necessidade, como "coxas de carneiro ou pedaços de pão"; isso reverberou no *Times* quando o periódico o tratou como "o amigo íntimo de toda família".[5]

Não foi preciso que ele morresse para as pessoas perceberem seu apelo universal. Em 1837, G. H. Lewes relatou que muitas vezes via o jovem entregador de carnes lendo avidamente, com o tabuleiro sobre os ombros, o último número do *Pickwick*, ao mesmo tempo em que a empregada, o lacaio e o limpador de chaminés acompanhavam *Sketches by Boz* com igual fascínio.[6] Um dos informantes de Henry Mayhew lhe contou que Dickens fora muito bem-visto pelos "tagarelas" (ambulantes que vendiam canções, folhas de papel e baladas) até que *Household Words*, o periódico de Dickens, os ofendesse,

---

[4] Philip Collins (ed.), op. cit., p. 502 ("Obituary Tributes", 1870).

[5] Ibidem, p. 324 (A. Trollope, *St. Paul's Magazine*, julho de 1870; Ibidem, *Times*, 11 de julho de 1870). Nem o *Times* nem Trollope foram gentis assim com Dickens quando este era vivo. As resenhas das obras de Dickens no *Times* costumavam ser mais desfavoráveis do que favoráveis. Do mesmo modo, autores como Trollope e Thackeray, que tinham precisa ciência dos aspectos comerciais da escrita (e talvez de que encontravam em Dickens um rival), não escondiam seu desgosto pelas obras de Dickens, ao mesmo tempo em que estimavam (e invejavam) o encanto por ele exercido sobre o público.

[6] Philip Collins (ed.), op. cit., p. 64 (G. H. Lewes, *National Magazine and Monthly Critic*, dezembro de 1837).

publicando um artigo que atacava aqueles cuja profissão era escrever cartas de súplica.[7] Resenhando *Great Expectations* em 1861, o *Times* demonstrou alegria ao perceber que, muito embora se destinasse a "uma classe de leitores muito superior", a uma classe "melhor" do que a classe a que se dirigiam os outros periódicos baratos, aquela obra era sensacional o bastante para concorrer de igual para igual com eles.[8] Walter Bagehot explicou que a expressão "livro doméstico" era especialmente adequada a Dickens, visto que não havia outro autor cujas obras fossem lidas em toda a casa, deleitando "tanto os servos quanto a patroa, tanto as crianças quanto o mestre".[9] O filho de Dickens recordou que caminhar com o pai pelas ruas de Londres era como estar num "cortejo real, com pessoas de todos os níveis e classes tirando o chapéu para cumprimentá-lo enquanto ele passava".[10]

Os registros da época estão repletos de relatos de pobres lendo Dickens, e aqueles que eram incapazes de fazê-lo ouviam o último fascículo no cômodo dos servos, nos alojamentos ou nas casas de chá.[11] Quaisquer que fossem suas reservas, a maior parte dos críticos

---

[7] Henry Mayhew, *London Labour and London Poor*. New York, I, 1968, p. 250.

[8] G. Ford, p. 79.

[9] Walter Bagehot, "Charles Dickens", *Literary Studies*. London, 1898, p. 11, 128. (1. ed. 1858.)

[10] Philip Collins (ed.), op. cit., p. 502 ("Obituary Tributes", 1870).

[11] Uma medida clara do encanto que Dickens exercia é a quantidade de livros dele vendidos. Os fascículos de *Pickwick Papers* vendiam 40 mil cópias por semana; *The Old Curiosity Shop*, 100 mil; e os contos de Natal, cerca de 250 mil. Os números de seus livros mais sóbrios também não deixam de impressionar: foram 33 mil cópias vendidas de *Dombey and Son* (esgotadas na noite de seu lançamento); 35 mil, de *Bleak House* e *Little Dorrit*; e 50 mil, da primeira parte de *The Mystery of Edwin Drood*. Esses números dizem respeito apenas aos originais lançados em série (os fascículos semanais eram vendidos por 1 pêni ou 0,5 pêni, enquanto os mensais custavam 1 xelim). Nos doze anos subsequentes à sua morte, mais de 4 milhões de livros foram vendidos somente na Inglaterra. Esses números não levam em consideração as cópias trocadas entre amigos, os volumes vendidos e revendidos em sebos ou os exemplares tomados de empréstimo das bibliotecas. A biblioteca de Mudie queixava-se de que nenhum

contemporâneos encarava como uma honra o fato de Dickens encantar tanto os letrados quanto os iletrados. Uma antiga resenha elogiou-o por desempenhar a função de "professor moral" das "milhões de pessoas que acabaram de deixar a ignorância e adentrar aquelas que poderiam ser denominadas classes leitoras".[12] De vez em quando, porém, seu apelo popular era registrado com o depreciativo tom do comentário futuro de Leslie Stephen: "Se a reputação literária pudesse ser medida a partir da popularidade desfrutada entre os semiletrados, Dickens ocuparia a posição mais alta entre todos os romancistas ingleses".[13]

À época, dizia-se que Dickens era um "autor inferior" que escrevia sobre temas inferiores para um público inferior.[14] Ao tratar

---

livro se desgastava tanto quanto os de Dickens. (Robert L. Patten, "The Sale of Dickens's Work", *Dickens: The Critical Heritage*, p. 617-20. Ver também as obras de Patten, Richard D. Altick, Edgar Johnson e George Ford.)
Eram realizadas também várias dramatizações de seus romances, a maioria sem autorização e ambientada nos teatros baratos frequentados pelos pobres. *Pickwick Papers* destacava-se não somente por ser a obra mais plagiada e pirateada da época, mas também por ser a mais imitada. Estavam em circulação: um *Pickwick Abroad*; um *Penny Pickwick*, periódico vendido por 1 pêni; um *Oliver Twiss* escrito por "Bos" e outro escrito por "Poz"; um *Nickelas Nicklebery* e um *Nicholas Nicklebury*; um *Mr. Humfries Clock*; um *Martin Guzzlewit*; e um *Dombey and Daughter*. (Montague Summers, *A Gothic Bibliography*. New York, 1964, p. 14-15; Louis James, *Fiction for the Working Man, 1830-1850: A Study of the Literature Produced for the Working Classes in Early Victorian Urban England*. London, 1963, p. 46, 62.)

[12] Philip Collins (ed.), op. cit., p. 93 (*Metropolitan Magazine*, junho de 1840).

[13] *Dictionary of National Biography*. London, V, 1888, p. 935.

[14] R. H. Horne defendeu Dickens dessa crítica em *A New Spirit of the Age*. New York, 1844, p. 18. Quase um século depois, a acusação foi repetida por Q. D. Leavis, que vinculou Dickens aos escritores sensacionalistas que divertiam o novo público leitor, "uma classe de leitores inculta e inerentemente 'inferior'" criada pelas publicações em série de baixo custo. Dickens, defendeu a Sra. Leavis, alcançara seu grande sucesso porque partilhava da sensibilidade infantil de seus leitores: ele ria e chorava em voz alta ao escrever,

de *Bleak House*, um crítico lamentou que a obra fosse "limitada e melodramática, evocando desagradavelmente o mais vil de todos os livros modernos: *Mysteries of London*, de Reynolds".[15] John Ruskin defenderia Dickens dessa acusação ao diferenciá-lo de outro escritor "inferior", o francês Eugène Sue. Ao contrário de *Les Mystères de Paris*, um abominável exemplar da "literatura de confinamento", *Oliver Twist* era "um registro sério e nada caricatural do estado da vida criminosa, escrito com um objetivo didático e repleto do mais distinto esclarecimento".[16] O próprio Dickens se mostrou sensível a essa crítica. Ao lançar a *Household Words*, revista que poderia dar a impressão de rivalizar com a *Miscellany*, de Reynolds, seu editorial de apresentação denunciou os periódicos que não passavam de "bastardos da Montanha, a aba enlameada do Barrete Vermelho, exploradores das paixões mais vis de todas as naturezas inferiores".[17]

Aqueles que acusavam Dickens de ser um autor "inferior" costumavam ter em mente seus personagens criminosos e suas cenas na

---

e seus personagens de classe alta resumiam-se às "dolorosas conjecturas da escrita desinformada e semi-instruída, destinada a leitores também desinformados e semi-instruídos". Apenas em *David Copperfield* e *Great Expectations*, afirmou ela, é que Dickens foi capaz de transcender seu público e escrever romances passíveis de serem chamados de "literatura". (Q. D. Leavis, *Fiction and the Reading Public*. New York, 1965, p. 153, 157-58. (1. ed. 1932.) Isso foi escrito em 1932. Posteriormente, os Leavis retornariam a Dickens e reconheceriam que ele integrava a "Grande Tradição", isto é, seu cânone literário privado. Mesmo então, porém, ambos se sentiam desconfortáveis com relação às cenas "inferiores", as cenas picarescas e melodramáticas de "exposição", usando-se o termo de Q. D. Leavis. (F. R. Leavis e Q. D. Leavis, *Dickens the Novelist*. New Brunswick, N. J., 1979, p. 111 ss. (1. ed. 1970.)

[15] Philip Collins (ed.), op. cit., p. 284 (*Spectator*, 24 de setembro de 1853). Ver também Richard C. Maxwell Jr., "G. W. M. Reynolds, Dickens, and the Mysteries of London", *Nineteenth-Century Fiction*, 1977.

[16] John Ruskin, "Fiction, Fair and Foul", *Works*. London, Eds. E. T. Cook e Alexander Wedderburn, XXXIV, 1908, p. 276-77.

[17] *Uncollected Writings from Household Words, 1850-59*. Bloomington, Ind., Ed. Harry Stone, I, 1968, p. 13 (30 de março de 1850).

prisão. Essa crítica, porém, em geral não se estendia à sua descrição das "classes inferiores" como algo distinto das "classes perigosas". Lorde Melbourne, sem dúvida, desgostava de ambos os tipos de inferioridade. Convencido pela rainha Vitória a ler *Oliver Twist*, ele confessou que não conseguia passar dos primeiros capítulos. "Tudo gira em torno de asilos, de fabricantes de caixões e batedores de carteira", disse-lhe. "Não gosto dessa visão baixa e degradante da humanidade. [...] Não gosto de nenhuma dessas coisas. Quero evitá-las; não gosto delas na realidade e, portanto, não desejo vê-las representadas."[18] A rainha Vitória, por sua vez, lendo o livro apesar das objeções de sua mãe (que desaprovava não somente os livros inferiores, mas também todos os "livros leves"), achou a obra "excessivamente interessante".[19] Mesmo Thackeray, para quem as cenas com Fagin ajudavam a satisfazer os gostos sensacionalistas da época, não se opôs aos outros temas e personagens inferiores de Dickens. "O *páthos* das cenas do asilo, em *Oliver Twist*, ou das descrições da prisão Fleet, em *Pickwick*, é genuíno e puro, o suficiente para agradar. Igualmente satisfatórias são a mão delicada estendida aos pobres e a palavra gentil dirigida ao desgraçado. Em nome do bom senso, porém, não gastemos nossa compaixão com gargantas cortadas e outros prodígios do mal."[20] O próprio Dickens não deixou dúvidas acerca da vilania de seus criminosos. Sua compaixão era reservada àqueles que se faziam dignos dela – à mulher pobre de *Oliver Twist*, por exemplo, que morreu arquejando o nome de seus filhos. "Ó, frutos desta era refinada", escreveu Richard Horne, seu amigo, ao censurar aqueles que declaravam Dickens um "autor inferior": "Vede esta passagem – notai como é inferior – e erguei-vos dessa contemplação apurados e

---

[18] *The Girlhood of Queen Victoria: A Selection from Her Diaries, 1832-40*. London, Ed. Viscount Esher, II, 1912, p. 86 (30 de dezembro de 1838).

[19] Ibidem.

[20] Keith Hollingsworth, *The Newgate Novel, 1830-1847: Butler, Ainsworth, Dickens, and Thackeray*. Detroit, 1963, p. 159.

purificados – mais sábios, pois suavizados pela dor, e melhores, pois dilatada vossa amiseração".[21]

Oliver Twist, o mais hogarthiano de todos os romances de Dickens, alterna personagens inferiores de ambos os tipos, e é difícil afirmar qual fascinava mais os leitores. (Ou mesmo o próprio Dickens; o assassinato de Nancy era sua parte favorita.) Certos críticos enxergam um vínculo estreito entre as duas formas de inferioridade, com Fagin e Oliver sendo "parecidos, se não idênticos", em sua alienação da parte respeitável da sociedade, uma sociedade em que "pobreza significava crime".[22] O principal fundamento dessa perspectiva vem de um registro autobiográfico em que Dickens recorda o infeliz período de sua infância na fábrica de graxa, quando era obrigado a unir-se a "homens e meninos comuns". "Sei que vagava pelas ruas sem estar suficiente ou satisfatoriamente alimentado. Sei que, não fosse pela misericórdia de Deus, eu poderia muito bem me ter tornado um ladrãozinho ou um vagabundo, independentemente dos cuidados que me eram destinados." Essa passagem é reproduzida quase *verbatim*, mas em *David Copperfield*, e não em *Oliver Twist*.[23]

Com efeito, David (a exemplo do próprio Dickens) jamais correu o risco de tornar-se "um ladrãozinho ou um vagabundo". As ruas de Londres pelas quais vagava eram perfeitamente respeitáveis, e ele jamais chegou a encontrar alguém como a Raposa Esperta, muito menos um Fagin ou um Bill Sikes. Nem mesmo o jovem Oliver, abandonado na companhia de criminosos, veio a correr o risco de tornar-se um deles. Ao longo do romance, ele se diferencia muito claramente

---

[21] R. Horne, *A New Spirit*, p. 18.

[22] Steven Marcus, *Dickens: From Pickwick to Dombey*. New York, 1965, p. 359. Outro crítico, John Bayley, também associa Oliver e Fagin: "Que os dois mundos se assemelham fica claro até mesmo nos desenhos de Cruikshank, em que Oliver muitas vezes possui o aspecto distinto de Fagin" (*Dickens and the Twentieth Century*. Toronto, Ed. John Gross e Gabriel Pearson, 1962, p. 52).

[23] *David Copperfield*. New York, Modern Library, s/d, p. 172. (1. ed. 1849-1850.)

dos outros, e isso tanto em caráter quanto em aparência. Ao fugir do coveiro de quem aprende o ofício, ele está parcamente vestido, mas consegue incluir em sua pequena trouxa uma camisa extra e dois pares de calça. Ainda que maltrapilho, esfomeado e com os pés feridos após uma semana de vagabundagem, não parece peculiar ou estranho. A Raposa Esperta, por sua vez, mesmo aos olhos de Oliver, que está acostumado com as crianças esfarrapadas do asilo, é um "dos meninos mais estranhos" que ele já vira.[24]

Tanto no romance quanto na realidade, o abismo entre a indigência e a criminalidade, embora não fosse intransponível, ainda assim era grande. Se algumas crianças pobres, como Noah Claypole, ingressam na comunidade de ladrões, outras, como Oliver, não o fazem. Ao invés de "parecidos, se não idênticos", em sua alienação da sociedade, Dickens os fizera assaz diferentes. Oliver mostra-se completamente à vontade na respeitável companhia do Sr. Brownlow e da Sra. Maylie. Aquilo de que ele se aliena – na verdade, aquilo que o repele e aterroriza – é o submundo obscuro, sujo e perigoso do criminoso. Fagin não é, como os pobres, alguém lançado à margem da sociedade; ele está à margem da humanidade, não possui traços redentores porque não é humano. Como "réptil repulsivo, engendrado na lama e na escuridão pelas quais se movia", ele é como aquela criatura primordial, o mal encarnado, uma "vilania perfeitamente demoníaca".[25] Ele é tão cruel quanto é virtuosa a pobre criança agonizante que se despede de Oliver quando este foge do asilo.[26]

---

[24] *Oliver Twist*. London, Oxford University Press, s/d, p. 81. (1. ed. 1837-1838.)

[25] Ibidem, p. 179, 182.

[26] Fagin pode ter sido inspirado em Ikey Solomons, famoso receptor de objetos roubados. No entanto, seu nome advinha de Bob Fagin, com quem o jovem Charles Dickens fizera amizade na fábrica de graxa. O fato de Dickens ter associado o nome dessa criança boa e afável ao daquele velho perverso gerou muita especulação. Mais uma vez, recorda-se ao historiador a traiçoeira distância que há entre ficção e realidade.

Fagin e a criança virtuosa representam tipos radicais; são elas que fazem *Oliver Twist* ser, nas palavras de um crítico, mais uma moralidade do que um romance social.[27] Para Dickens, a moral sempre vencia a classe. Enquanto algumas crianças pobres são boas demais para serem reais (ou boas demais para sequer viverem), outras (como Noah Claypole) são claramente malvadas. Nem mesmo os oficiais responsáveis pelos pobres eram todos semelhantes. O magistrado que evita que Oliver se torne aprendiz do odioso limpador de chaminés é gentil e humano, ainda que um pouco senil; com efeito, é sua senilidade o que salva o menino da racionalidade cruel das outras autoridades. Não é a enfermeira-chefe, mas outra asilada, quem rouba a mãe de Oliver no leito de morte. Do mesmo modo, o meio-irmão de Oliver, Monks, mais bem-nascido e educado que aquele, é um homem malvado que acaba por ter um péssimo fim, ao passo que Oliver, filho bastardo e criado no asilo, torna-se um verdadeiro cavalheiro.

A mensagem social do romance também é mais complicada do que se supõe. Publicado entre 1837 e 1838, *Oliver Twist* era uma poderosa acusação da nova Lei dos Pobres, aprovada alguns anos antes – uma lei que, nas célebres palavras de Dickens, dava aos pobres a opção de "morrer de fome aos poucos, no asilo, ou fazê-lo rapidamente, fora dele".[28] De maneiras um pouco mais sutis, porém, o livro afirmava e validava o princípio essencial da legislação: a separação entre os pobres impotentes e os outros pobres, a qual evitaria a "pauperização" destes últimos. Do mesmo modo, o pobre impotente deveria ser afastado do criminoso, a fim de que a classe trabalhadora não se tornasse uma "classe perigosa". Aos olhos de Dickens e de outros, o asilo

---

[27] Marcus, *Dickens*, p. 67. Essa parte da análise de Marcus está em desacordo com a equiparação de Oliver com Fagin, do pobre com o criminoso. Refutando a acusação de Thackeray, para quem Dickens costumava confundir virtude e vício, Marcus insiste em que Dickens os diferenciava com tanta clareza que "a bondade e a iniquidade parecem viver em regiões muito distantes, cujas relações são, na melhor das hipóteses, mínimas".

[28] *Oliver Twist*, op. cit., p. 29.

talvez parecesse uma prisão. No entanto, seu objetivo era exatamente o de manter o miserável fora da cadeia, dando-lhe uma alternativa à vida do crime. Apesar do ódio que Dickens nutria pelo asilo e pela nova Lei dos Pobres, ele sublinhava tanto quanto qualquer adepto a necessidade de diferenciar o miserável do criminoso, de afastar, tanto física quanto conceitualmente, a vítima das circunstâncias do vilão voluntarioso – um Oliver de um Fagin.

No ensaio provocativo e estranhamente rabugento que dedicou a Dickens, George Orwell zombou da caracterização do autor feita por G. K. Chesterton, que a ele atribuiu o epíteto de "porta-voz dos pobres". Chesterton chamara Sam Weller de "o maior símbolo, na literatura inglesa, da Inglaterra singular do populacho". No entanto, objetou Orwell, Sam Weller é "um mordomo!". Orwell suspeitava de que Dickens conhecia tão pouco os pobres quanto Chesterton. "Ele [Dickens] toma vagamente o partido da classe operária, nutre uma simpatia generalizada por ela porque é oprimida; contudo, na verdade pouco sabe sobre os trabalhadores, que surgem em seus livros sobretudo como servos – e servos cômicos." Não são nem mesmo servos "modernos". Sam Weller faz tanto o estilo "feudal" que acaba por propor que não recebesse salário, indo para a cadeia por vontade própria a fim de servir lá o seu amo. Para Dickens, diz Orwell, a igualdade humana não é apenas impraticável; "ela é também inimaginável".[29]

Dickens, na verdade, não tinha dificuldades para conceber a igualdade; ele apenas não queria fazer dela a medida do valor e da dignidade humana. Embora os servos de seus romances não estejam no mesmo patamar social de seus senhores, isso está longe de rebaixá-los ou desumanizá-los. Sam Weller demonstra uma poderosa compreensão da própria dignidade e um entendimento vivo, e

---

[29] George Orwell, "Charles Dickens", *The Collected Essays, Journalism and Letters of George Orwell*. New York, Ed. Sonia Orwell e Ian Argus, I, 1968, p. 429-41. (1. ed. 1940.)

peculiarmente moderno, de seus direitos. Quando Pickwick deseja empregá-lo, Weller insiste em esclarecer cautelosamente os termos da contratação – uma paródia do homem de negócios que discute um contrato. Ele interroga seu possível empregador:

– Remuneração? – indagou Sam.
– Doze libras ao ano.
– Trajes?
– Dois ternos.
– Atividade?
– Ocupar-se de mim e viajar comigo e esses outros cavalheiros.
– De forma alguma – disse Sam enfaticamente. – Responsabilizo-me apenas por um cavalheiro, e são estes os termos.[30]

Só depois, quando Weller já respeita Pickwick como ser humano e como um generoso empregador, é que ele se oferece para trabalhar sem salário na cadeia. E ele o faz em espírito de amizade, não de servidão; pouca ou nenhuma atividade lhe é exigida na prisão, exceto a de iniciar Pickwick nos estranhos costumes da vida carcerária. (Não havia nada de estranho em possuir um servo na cadeia; a família do próprio Dickens levou consigo uma serva quando, endividada, foi enviada à prisão de Marshalsea.)

Longe de ser uma caricatura do espírito feudal que sabe o lugar a que pertence, Sam Weller é uma caricatura do servo independente e irreverente que não conhece seu lugar e que pode até mesmo se imaginar na condição de cavalheiro. Logo após se conhecerem, Sam revela a Pickwick um pouco de sua história. Antes de se tornar engraxate, fora assistente de carroceiro e, antes disso, portador. "Hoje, sou servo de um cavalheiro. Talvez até mesmo me torne um, com um cachimbo na boca e uma casa de veraneio no quintal. Quem sabe? Eu, por exemplo, não ficaria surpreso."[31] Também o "alegre" Mark Tapley, de

---

[30] *The Posthumous Papers of the Pickwick Club*. London, Oxford University Press, s/d, p. 208. (1. ed. 1836-1837.)
[31] Ibidem, p. 267.

Martin Chuzzlewit, não se surpreenderia ao mudar de classe. Após começar como cavalariço no Blue Dragon Inn e tornar-se servo de Martin Chuzzlewit, ele retorna dos Estados Unidos a fim de se casar com a dona da hospedaria e tomar posse do estabelecimento, que então passa a ser chamado de Jolly Tapley. Se Sam e Mark são caricaturas, trata-se aí de caricaturas de um tipo, e não de uma classe; o mesmo se dá com certos personagens da classe alta – com Lorde Decimus Tite Barnacle, por exemplo, o alto oficial do Gabinete de Circunlocução que, em *Little Dorrit*, é inteiramente definido e satirizado à luz de seu ofício.

A presença de todos esses servos nos romances de Dickens é por si só reflexo da realidade social. Em meados do século XIX, nada menos que 1 milhão de pessoas – de uma população total de 18 milhões – atuava em empregos domésticos; tratava-se do maior grupo de empregados depois dos trabalhadores rurais. Além disso, muitos outros haviam trabalhado assim durante parte da vida ou tinham pais, filhos e outros parentes na profissão. Mesmo algumas famílias operárias, embora pouco acima da classe dos servos, conseguiam manter uma serva sobrecarregada e mal paga, uma faz-tudo. Numa época em que, segundo afirmou Orwell, uma empregada indignada no porão era algo "tão normal que mal era percebido",[32] Dickens a percebeu ali – e como indivíduo, não apenas como membro de uma classe. Além de Sam Weller, da Sra. Peggotty e de Mark Tapley, uma série memorável de personagens menores permeia seus romances: Sloppy, o "bastardo", criado no asilo, abrigado pela lavadeira Betty Hidgen e enviado para trabalhar para os Boffin; a "órfã" que trabalha para a família Micawber e se faz notar sobretudo por seu resfôlego constante; Susan Nipper, empregada de Florence Dombey, mulher que enfrenta audaciosamente o senhor da casa e se une ao rico, afável e caduco Sr. Toots.

A imagem convencional do servo vitoriano exemplar assemelha-se ao modelo da criança vitoriana: silente, invisível e obediente.

---

[32] George Orwell, op. cit., p. 440.

Como se sua presença fosse imperceptível, ele adentra os cômodos sem bater e as conversas desenrolam-se como se ele fosse surdo. Os servos de Dickens são diferentes. Eles são visíveis, francos e, muitas vezes, "presunçosos", tendo tanta ciência de si quanto os outros. Longe de viverem à sombra de seus amos, têm vida própria, chegando até mesmo a ofuscar seus senhores. Em vez de banalizar o tema do pobre ao criar tantos servos, pode-se dizer que Dickens tirou do esquecimento aqueles que, como bem afirmou Orwell, muitas vezes não eram nem percebidos, nem lembrados.

Orwell lamentou a ausência do proletariado nos romances de Dickens, afirmando que se ao leitor fosse questionado quais os "personagens proletários" de que se recordava, ele muito provavelmente mencionaria Bill Sikes, Sam Weller e a Sra. Gamp – um ladrão, um criado e uma parteira bêbada.[33] Essa queixa era antiga, remetendo ao menos a George Gissing, que, no final do século XIX, encontrou muita "gente pobre", mas nenhum "assalariado representativo", fora de *Hard Times*, em sua opinião o pior romance de Dickens. "A classe operária", concluiu Gissing, "não é a esfera de Dickens, nem mesmo em Londres."[34] Alguns anos depois, Louis Cazamian, naquele que ainda é um dos melhores livros sobre o romance social inglês, abordou a mesma questão. "Se Dickens pudesse dar vida a seus personagens pobres, concedendo-lhes um realismo impressionante mesmo ao romanceá-los, quais seriam ao certo os representantes dos pobres?" Para Cazamian, o pobre que Dickens julgava mais encantador, o pobre que ele enaltecia como a glória da Inglaterra, vinha da "classe média baixa". Eram esses pobres que praticavam a "filosofia do Natal": o amor, a caridade, a generosidade, a cordialidade e o bom humor.[35]

---

[33] Ibidem, p. 415.

[34] George Gissing, *Charles Dickens, A Critical Study*. New York, 1966, p. 243.

[35] Louis Cazamian, *The Social Novel in England, 1830-1850: Dickens, Disraeli, Mrs. Gaskell, Kingsley*. Trad. Martin Fido. London, 1973), p. 155-57. (1. ed.

Segundo Cazamian, exemplos característicos dessa classe são os Cratchit. Como secretário de Scrooge, diz ele, Cratchit pertence à classe média baixa. Não obstante, tendo oito bocas para alimentar e uma renda de pouco mais de uma libra por semana, sua família é "pobre e necessitada", estando abaixo da maioria das famílias operárias da época. Eles vivem "de modo muito mesquinho" numa casa de quatro quartos em Camden Town, sofrendo com alegria suas provações e tentando sobreviver do jeito que dá. Também a família Nubbles, em *The Old Curiosity Shop*, não se encaixa nessa classe. O leitor conhece a Sra. Nubbles, viúva com três filhos para cuidar, à meia-noite, quando ela ainda está dando duro como lavadeira, atividade com que se ocupava desde a manhã; seu filho mais velho, Kit, tendo há pouco retornado de seu trabalho como contínuo, se ocupa do jantar. Depois de perder seu emprego (embora não por culpa sua), o jovem levanta algum dinheiro cuidando de cavalos, ao longo do que conhece os Garland, família que o emprega como servo e lhe oferece comida, abrigo e a soma, a seus olhos generosa, de seis libras ao ano. Embora contente com seu novo lar, um pequeno chalé de palha em Finchley, Kit tem um orgulho ainda maior da casa, muito mais modesta, de sua família, onde havia na pobreza o mesmo conforto encontrado alhures.[36] Por fim, após muitos reveses (incluindo a memorável morte de Little Nell) e alguns prazeres simples (como uma visita ao circo), Kit se casa com a outra serva dos Garland e troca seu ofício por um "bom cargo" – ao que parece, outra função doméstica.

O mesmo ocorre com outros personagens que supostamente integram a classe média baixa. A serva da Sra. Copperfield, Clara Peggotty, que está longe de ser uma criada mimada – é antes uma

---

francesa 1903.) Outros críticos, como Richard Aldington, seguiram pelo mesmo caminho, afirmando que os personagens "verdadeiramente cativantes" de Dickens "advêm das classes média e baixa". (*Four English Portraits*. London, 1948, p. 150.)

[36] *The Old Curiosity Shop*. London, Oxford University Press, s/d, p. 371. (1. ed. 1840-1841.)

faz-tudo –, torna-se "independente" ao casar-se com o Sr. Barkis, mas, após a morte deste, acaba por retornar ao posto de serva. Seu irmão, um pescador dedicado – "bruto mas ágil", como ele mesmo se descreve –, é dono do próprio barco, o que, porém, não o torna menos pobre; ele o é tanto quanto seu parceiro, o Sr. Gummidge, homem que "morreu na miséria".[37] Para Orwell, os Peggotty "estão longe de pertencer à classe operária";[38] no entanto, a sobrinha da família, Emily, tem uma visão diferente das coisas. "Seu pai", diz a David Copperfield na ocasião em que o conhece, "era um cavalheiro, sua mãe era uma dama. Meu pai era pescador; minha mãe, filha de pescador; e meu tio Dan é pescador."[39, 40] Temos ainda a enfermeira de Paul Dombey, Polly Toodle, cujo marido, um fornalheiro, é incapaz de ler e escrever e satisfaz-se ao ser chamado para exercer seu ofício na estrada de ferro. Ou então Charley, jovem de 13 anos que, em *Bleak House*, antes de ter a sorte de trabalhar como serva e aprender a escrever (o que faz com enorme dificuldade), lava roupas para ganhar alguns "pênis e xelins" e sustentar, assim, seu irmão e sua irmã mais novos.

Talvez os críticos sociais promovam essas pessoas à "classe média baixa" por acharem que a classe operária vitoriana era um "problema social": elas estavam longe de ser problemáticas, tanto para si mesmas quanto para a sociedade. Não eram oprimidas, desgraçadas, "alienadas" (como diríamos hoje) ou "pauperizadas" (como diria um

---

[37] *David Copperfield*, op. cit., p. 36.

[38] George Orwell, op. cit., p. 415.

[39] A mãe de David Copperfield – uma "dama", na expressão de Emily – era uma órfã que trabalhara como ama-seca antes do primeiro casamento. A ama ocupava uma posição anômala na sociedade vitoriana: era, em certo sentido, uma serva, mas uma serva muito especial, uma vez que se dedicava a uma das poucas atividades abertas às damas bem-nascidas que porventura passavam por dificuldades. Mesmo após seu casamento, a Sra. Copperfield continuou bastante empobrecida, empregando apenas um servo após a viuvez e vivendo com uma quantia de 105 libras anuais.

[40] *David Copperfield*, op. cit., p. 37.

vitoriano). Dickens as ama porque são espontâneas e alegres, porque se dedicam a seus familiares, porque respeitam e são respeitadas e porque se viram, do seu jeito, na sociedade em que estão (daí os famosos finais felizes de Dickens) – e tudo isso enquanto são "pobres e necessitadas".

Um reformador social como Edwin Chadwick pode não ter aprovado a ida de Nubbles ao circo ou o "banquete" de Natal dos Cratchit. No entanto, nem mesmo ele poderia exigir desses personagens um trabalho mais dedicado ou um espírito mais independente – nem mesmo maior limpeza, epítome da virtude. É com o olhar de uma dona de casa superior que Dickens se alegra ao perceber que as roupas surradas de Cratchit haviam sido "cerzidas e escovadas" em preparação para a ceia de Natal e que, após o banquete, "a mesa foi tirada e a lareira, varrida".[41] A velha barca em que moram Daniel Peggotty e seus vários dependentes é "perfeitamente limpa por dentro e o mais arrumada possível".[42] Quando, em *Dombey and Son*, Susan Nipper enfim instala Polly Toodle em sua casa, ela é conduzida a uma "sala de estar limpa e cheia de crianças".[43] Little Charley, em *Bleak House*, tem o compulsivo hábito de "dobrar tudo aquilo em que coloca a mão", sendo elogiada pelo estado exemplar da enfermaria: é "tão agradável e arejada, tão imaculada e asseada".[44] Os Nubbles vivem numa casa "extremamente pobre e rude, onde há, porém, aquela atmosfera de conforto – caso contrário, tratar-se-ia de um local verdadeiramente miserável – que a limpeza e a ordem sempre comunicam em alguma medida".[45]

---

[41] *A Christmas Carol*. New York, 1939, p. 121, 129. (1. ed. 1843.)

[42] *David Copperfield*, op. cit., p. 31.

[43] *Dombey and Son*. London, Oxford University Press, s/d, p. 268. (1. ed. 1846-1848.)

[44] *Bleak House*. London, Oxford University Press, s/d, p. 390, 560. (1. ed. 1852-1853.)

[45] *Old Curiosity Shop*, p. 111.

"Limpeza e ordem": esse repetido refrão pode soar estranho a Dickens, parecendo contrariar a alegria e a espontaneidade que ele tanto valorizava. No entanto, se Dickens, a exemplo dos reformadores e dos irrealistas que ele ridicularizava, se concentrava nesses traços, era porque estes seriam os pré-requisitos de uma vida boa e feliz. Na versão vitoriana da ética puritana, a limpeza, se não estava próxima da santidade, estava ao menos bem próxima da diligência e da temperança. Em sua casa miserável e desconfortável, era apenas por meio de um enorme esforço de limpeza e ordem que o pobre poderia torná-la habitável. Sobre a função do símbolo da lareira na obra de Dickens muito já foi dito; tratava-se do símbolo da família, da cordialidade e da claridade, da intimidade e da devoção. A pobreza poderia, por vezes, extinguir o fogo da lareira, mas, ainda assim, a lareira mantinha-se como centro da família. Além disso, uma lareira limpa indicava que havia quem a supervisionasse, que alguém cuidava dela a ponto de limpá-la, de modo que, independentemente dos reveses que surgissem (e eles eram muito comuns), a família continuava unida e firme.

Para seus contemporâneos, essas pessoas não formavam nem uma "classe média baixa", nem mesmo uma "classe baixa"; constituíam, antes, as "classes baixas" e as "ordens inferiores" (no plural, a fim de indicar as muitas diferenças lá existentes), ou apenas os "pobres" ou "pobres merecedores".[46, 47] Se não é reconhecido que Dickens enalteceu o "pobre merecedor", é porque "merecedor" ganhou má reputação, como se fosse alguém engenhosamente, rancorosamente e tristemente virtuoso. O pobre merecedor de Dickens era trabalhador, sóbrio (mas jamais abstêmio – sua bebida não era o gim, sim a

---

[46] Na década de 1840, "ordens inferiores" tornou-se expressão menos comum, mas, de modo algum, rara. Em 1844, o resenhista de "The Chimes" teceu elogios a Dickens, o primeiro "a traçar aqueles admiráveis retratos dos pobres – das chamadas ordens inferiores – que fizeram seu nome se tornar verdadeiramente caro a todo aquele que ama este país".

[47] Philip Collins (ed.), op. cit., p. 153. (*The Mirror of Literature, Amusement, and Instruction*, 21 de dezembro de 1844).

cerveja, a consagrada bebida dos pobres), honesto, casto, limpo e ordeiro, mas, ao mesmo tempo, vigoroso, impetuoso e bem-humorado. Na economia moral de Dickens, essas virtudes eram domesticadas e socializadas, servindo não ao bem-estar do indivíduo, mas ao bem-estar da família e dos amigos, e sendo exercidas de forma natural e espontânea, e não obediente e farisaicamente.

"Aos meus olhos, é o deleite que Dickens experimenta no grotesco e no exagero farto o que o torna praticamente inútil nos dias de hoje." Essa declaração se encontra numa carta que John Ruskin enviou a seu amigo Charles Eliot Norton logo após a morte de Dickens.[48] Grande parte do exagero de que Ruskin se queixa diz respeito ao retrato de outro grupo de pobres, um grupo que não inclui nem os admiráveis Cratchit, nem os admiráveis Nubbles; nem os desprezíveis Sikes, nem o desprezível Fagin. O que ele tem em mente é, antes, um sortimento de personagens bizarros, dotados de aparências e falas estranhas e, sobretudo, empenhados em atividades esquisitas – atividades que às vezes parecem grotescas em sua estranheza e, noutras ocasiões, pitorescas e estranhamente divertidas.

Quase todos os romances de Dickens trazem tipos assim, mas em nenhum há tantos quanto em *Our Mutual Friend*. A poderosa cena de abertura apresenta um de seus personagens mais memoráveis: um barqueiro que, segundo lemos, não é nem pescador, nem condutor de pessoas, nem condutor de cargas. Trata-se de um homem que não está remando a embarcação (uma jovem o faz), mas apenas segurando o leme, um homem que olha intencionalmente para o rio e tenta penetrar "o lodo e a lama" de sua superfície. Aquele homem é "quase um selvagem": tem o peito desnudo, o cabelo desgrenhado, o traje aparentemente feito da mesma lama que mancha o barco. Um repentino

---

[48] Ibidem, p. 444 (Ruskin para Norton, 8 de julho de 1870). Para uma avaliação mais favorável por parte de Ruskin, ver "Fiction, Fair, Foul", *Works*, XXXIV, p. 277.

clarão ilumina debilmente, sob a embarcação, uma "mancha podre" que parece ter forma humana. O barqueiro é finalmente identificado como Chefe Hexam, um escarafunchador, e o objeto visto no barco não é nada menos que um homem morto pescado no Tâmisa. O horror da cena é sublinhado pela discussão trivial entre o Chefe e outro escarafunchador, que comparam a moralidade de roubar um morto com a moralidade de roubar um vivo. O Chefe recorda à filha Lizzie, que está assustada com o corpo e com o rio que o trouxera; o rio é o melhor amigo que ela tem. Foi ele quem lhe dera o fogo que a aqueceu quando bebê, o cesto em que ela dormiu e os destroços que compunham a embaladeira de seu berço.

Tem-se dito que o principal personagem de *Our Mutual Friend* é o Tâmisa, e também já se comentou sobre o símbolo do rio que perpassa a cidade enquanto carrega, consigo, a imundície e o lixo de Londres, os restos de todos os segredos sujos e de todos os atos criminosos que maculavam a vida daqueles que travavam contato com ele. Quando descobriu a "atualidade dos símbolos" na obra de Dickens, Lionel Trilling enfatizou a água do esgoto que corria no Tâmisa e que se fazia de forma constrangedora presente na consciência dos londrinos.[49, 50] Os londrinos também estavam cientes dos homens que ganhavam a vida a partir daquele "lodo e lama", apanhando pedaços de madeira que poderiam ser usados como

---

[49] Em junho de 1858, o fedor do rio era tão grande que causou a rápida evacuação das casas do Parlamento. O *Times*, cujos escritórios provavelmente foram acometidos pelo odor, descreveu os homens fugindo de uma sala de reuniões, "à frente dos quais vinha o ministro da Fazenda [Disraeli], que trazia uma massa de papéis numa das mãos e, na outra, um lenço de bolso que pressionava contra o nariz. Ele tinha o corpo levemente arqueado e corria, consternado, para longe do cheiro pestilento, sendo nisso acompanhado de perto por Sir James Graham, que parecia acometido por um súbito ataque de expectoração". Duas semanas depois, Disraeli apresentou uma projeto que visava financiar novos canos de esgoto – e isso onze anos após a fundação da Comissão Metropolitana de Esgotos, criada com esse mesmo objetivo.

[50] Francis Sheppard, *London 1808-1870: The Infernal Wen*. Berkeley, 1971, p. 282.

lenha ou como partes de berço, ou ainda cadáveres esporádicos que, depois de terem os bolsos esvaziados, poderiam ser entregues às autoridades em troca de recompensas.

Alguns dos personagens mais bizarros de Dickens tinham sua contraparte em *London Labour and the London Poor*, obra não ficcional de Henry Mayhew. Para alguns pesquisadores, Dickens poderia tê-los retirado daí.[51] (*Our Mutual Friend* veio a público em fascículos entre 1864 e 1865, mesmo período em que a obra de Mayhew foi reimpressa.) Não há qualquer indício convincente de que foi isso o que aconteceu, nenhuma referência a Mayhew nos escritos de Dickens e nenhuma cópia de *London Labour and the London Poor* em sua biblioteca (a qual continha, porém, outros livros sobre Londres). Com efeito, o contrário também pode muito bem ter acontecido: ter sido Mayhew quem recorreu a Dickens.[52] Ambos valeram-se da rica

---

[51] A obra de Mayhew foi publicada em série no início da década de 1850, tendo reimpressões em 1861-1862 e 1864-1865. Sobre a possível relação entre as duas obras, ver Harland S. Nelson, "Dickens's *Our Mutual Friend* and Henry Mayhew's *London Labour and the London Poor*", *Nineteenth Century Fiction*, 1965; Harvey Peter Sucksmith, "Dickens and Mayhew: A Further Note", Ibidem, 1969; Richard J. Dunn, "Dickens and Mayhew Once More", Ibidem, 1970; Q. D. Leavis, *Dickens the Novelist*, p. 184-86; Anne Humphreys, *Travels into the Poor Man's Country: The Work of Henry Mayhew*. Athens, Ga., 1977, p. 178 ss.

[52] Dickens evidentemente conheceu Mayhew em pessoa. Ele era amigo de Horace Mayhew, irmão de Henry; além disso, ambos escreveram para os mesmos periódicos (embora não durante o mesmo período, Dickens escrevera reportagens para o *Morning Chronicle* em meados da década de 1830, voltando no futuro a enviar-lhe contribuições ocasionais) e chegaram até a dar as caras numa mesma peça amadora. Leitor ávido de jornais, Dickens provavelmente se deparou com a obra de Mayhew, do mesmo modo como Mayhew deve ter lido os romances de Dickens. O primeiro artigo de Mayhew no *Morning Chronicle* (publicado em 1849) foi uma reportagem sobre a epidemia de cólera que se espalhara por Jacob's Island, bairro pobre que devia grande parte de sua fama a *Oliver Twist* (lançado uma década antes). Foi lá, "no lugar mais sujo, estranho e extraordinário de todos aqueles que se escondem em Londres", que Bill Sikes teve seu terrível encontro com a morte (p. 460).

literatura contemporânea que expunha as partes mais sórdidas da vida londrina. Se há dezenas de personagens mayhewianos em *Our Mutual Friend* – Noddy Boffin, o gari rico; o Sr. Venus, vendedor de animais e pássaros empalhados; Jenny Wren, costureira de roupas de bonecas; Betty Higden, lavadeira cujo medo do asilo a faz cair na estrada e tornar-se vendedora itinerante; os súplices profissionais que assediam Boffin com suas importunidades –, é porque tais personagens, em número um tanto desproporcional à sua soma na realidade, eram parte evidente do ambiente londrino.[53,54] Os jornais noticiavam com regularidade a descoberta de corpos no Tâmisa, inserindo no artigo também a recompensa recebida por sua devolução, o estado detalhado das vestes e as condições do corpo. O Chefe criado por Dickens tinha um digno confrade no escarafunchador entrevistado por Mayhew, que também cria não haver nada de estranho ou repulsivo em seu trabalho e nenhuma desonestidade em revirar os bolsos de um morto. O Chefe, porém, era mais poético do que o entrevistado; este apenas afirmava que seria mais justo ele ficar com o dinheiro do que a polícia, que, nesse caso, se apropriaria do valor. A defesa do Chefe carrega a ilustre marca de um Shylock: "A que mundo pertence um morto? Ao outro mundo. A que mundo pertence o dinheiro? A este. Como pode o dinheiro pertencer a um cadáver? Um cadáver pode possuí-lo, desejá-lo, gastá-lo, reivindicá-lo, lamentar sua ausência?".[55]

Muito antes de *London Labour and the London Poor*, antes mesmo da *London Charivari* (mais conhecida como *Punch*), Dickens já se

---

[53] Henry James criticou Dickens por fazer de Jenny Wren uma personagem tão diferente. No entanto, ele poderia tê-la feito ainda mais estranha, dando-lhe a ocupação de duas personagens verídicas de Mayhew, as quais tinham como atividade fabricar olhos de boneca.

[54] *The Dickens Critics*. New York, Ithaca, Eds. George H. Ford e Lauriat Lane Jr., 1966, p. 50 (Henry James. *The Nation*, 1865).

[55] *Our Mutual Friend*. New York, Modern Library, 1960, p. 6. (1. ed. 1864-1865).

havia consolidado como o cronista e o encomiasta das ruas de Londres. A maioria dos desenhos de *Sketches by Boz* foi lida com algum aspecto da vida nas ruas londrinas: vendedores de hortaliças, condutores de cabriolés, negociantes de roupas velhas, ambulantes, artistas e trabalhadores de rua, prostitutas e transeuntes. As ilustrações de Cruikshank trazem um carrinho de café da manhã ao amanhecer, uma multidão briguenta em Seven Dials, roupas penduradas na fachada das lojas da Monmouth Street, a comemoração do Primeiro de Maio nas ruas. O personagem que mais se sobressai é o próprio Boz, vadio, observador e comentador infatigável que se refere a si mesmo na primeira pessoa do plural mas marca com seu selo singular essa visão da vida urbana de Londres.

> Temos uma extraordinária predileção por vaguear pelas ruas. Sempre que nos é dada uma ou duas horas livres, nada há que nos deleite mais do que subir por uma rua e descer por outra, observar a janela das lojas e olhar em derredor como se, em vez de sermos íntimos de cada loja e casa na Holborn, Strand, Fleet e Cheapside, tudo não passasse de uma região desconhecida a nosso espírito itinerante.[56]

Há ecos de Boz em todas as obras de Dickens, inclusive num romance como *Dombey and Son*, ambientado na escuridão da casa de contabilidade. O estabelecimento está localizado numa via que toda manhã testemunha uma procissão de trabalhadores de rua: "Carroças portando água, comerciantes de roupas usadas, gente carregando gerânios, o reparador de guarda-chuvas e o homem que, à medida que seguia seu caminho, fazia soar a sineta do relógio de pêndulo".[57] Um dos episódios mais dramáticos envolve a "Boa Senhora Brown", mulher odiosa, feia, velha e maltrapilha que carrega peles de coelho sobre

---

[56] "The Prisioner's Van" (texto que não chegou a ser reimpresso em *Sketches by Boz*), citado por J. Hillis Miller, "The Fiction of Realism: *Sketches by Boz, Oliver Twist,* and Cruikshank's Illustrations", *Charles Dickens and George Cruikshank*. Los Angeles, 1971, p. 3.

[57] *Dombey and Son*, p. 43-44.

os braços, que interpela a pequena Florence, leva-a para sua casa (uma barraca repleta de trapos, roupas velhas, ossos, poeira e cinzas), rouba suas vestes e só deixa de cortar seu cabelo porque recorda a filha que há muito perdera.[58] Esse personagem fictício era demasiadamente real: em 1860, 97 casos como esse foram registrados.[59]

Muito se escreveu sobre a imagem de criança pobre, subnutrida e negligenciada que Dickens fazia de si mesmo – uma criança que percorria as vias de Londres à noite para ganhar a vida, tal qual os ladrões de *Oliver Twist*, nas "ruas frias, úmidas, desamparadas e obscuras", ou então que, a exemplo de David Copperfield, caminhava diariamente do asilo, em Blackfriars, até a prisão de Micawber, em Southwark.[60] No entanto, há ainda outra Londres enaltecida por Dickens, uma área familiar e amistosa na qual os homens iniciam aventuras sabendo que se darão bem e na qual até mesmo os reveses costumam ser mais cômicos do que trágicos. *Pickwick Papers* não costuma ser visto como um "romance social" porque não se identifica com o "problema social" ou com as classes operárias. Em certo sentido, trata-se, de todos os romances de Dickens, daquele que mais

---

[58] Ibidem, p. 98 ss.

[59] O quarto volume de *London Labour* (publicado quatorze anos após *Dombey and Son*) criou uma categoria que corresponde inteiramente à Sra. Brown: a do "desnudamento infantil". Trata-se de uma ocupação de "bruxas velhas, pervertidas e ébrias que ficam esperando a oportunidade de interpelar, nas ruas, crianças que ostentam roupas e botas de qualidade" (*London Labour*, IV, p. 281-82).

[60] *Oliver Twist*, op. cit., prefácio, p. 8; *David Copperfield*, op. cit., p. 179. Há um número enorme de obras dedicadas a Dickens e Londres, como F. S. Schwarzbach, *Dickens and the City*. London, 1979; Alexander Welsh, *The City of Dickens*. Oxford, 1971; Christopher Hibbert, "Dickens's London", *Charles Dickens 1812-1820: A Centennial Volume*. New York, Ed. E. W. F. Tomlin, 1969, p. 73-99; Philip Collins, "Dickens and London", *The Victorian City: Images and Realities*. London, Eds. H. J. Dyos e Michael Wolff, II, 1973, p. 537-57; Raymond Williams, *The Country and the City*. New York, 1973, p. 153-64.

diz respeito à classe média. Samuel Pickwick, Augustus Snodgrass, Nathaniel Winkle e os outros membros do clube não são ricos – não são, sem dúvidas, da "classe alta" –, mas a renda deles é suficiente para sustentá-los na aposentadoria e permitir-lhes que se entreguem ao prazer de viajar. A descrição de Pickwick, retratado como um homem de negócios aposentado e um "cavalheiro que possui uma considerável propriedade independente", é provavelmente exagerada (ela é fornecida pelos advogados de defesa de Pickwick, que desejam consolidar sua respeitabilidade).[61] Ele vive modestamente num pequeno apartamento da casa da Sra. Bardell, na Goswell Street, parte não muito elegante de Londres; dele cuidam ela e, depois, Sam Weller.

Não obstante, alguns resenhistas contemporâneos associaram o livro às classes inferiores; de modo especial, às classes inferiores de Londres (muito embora grande parte dos acontecimentos se dê na estrada, nas hospedarias do interior e nas casas). A *Quarterly Review* atribuiu seu êxito à capacidade de Dickens comunicar o "bom senso genuíno, tal como o idioma vernacular inalterado, das classes baixas de Londres". Outro resenhista o elogiou por descrever "os humores das ordens inferiores de Londres".[62] Obviamente, é Sam Weller quem domina o livro e lhe concede os traços da classe baixa londrina. Até seu aparecimento no quarto número, a série, não obstante a enorme campanha publicitária, havia vendido pouco, com as resenhas carecendo de entusiasmo. Após o surgimento de Weller, as vendas melhoraram sensivelmente, e, ao final da série, em 1837, 40 mil exemplares de cada número eram vendidos. Se Orwell viu Weller como uma paródia do servo feudal, os contemporâneos viram-no como epítome do *cockney*, do londrino nascido e criado sob "os sinos de Bow", do verdadeiro aborígene urbano. Acompanhando os membros do clube em suas viagens, ele imprime o selo de Londres em toda a Inglaterra,

---

[61] *Pickwick Papers*, p. 576.

[62] Philip Collins (ed.), op. cit., p. 60 (*Quarterly Review*, outubro de 1837); p. 52 (*London and Westminster Review*, julho de 1837).

fazendo do país inteiro um braço provinciano da metrópole. A relação entre Pickwick e Weller não é a relação do amo benevolente com o servo obsequioso – Weller é independente ao ponto da impertinência –, e sim a relação do amo ingênuo, orgulhoso e cordial com o servo perspicaz e articulado, dotado da sabedoria do mundo (da sabedoria das ruas, diríamos hoje).

"Trata-se", escreveu uma resenhista, "da divertida vida londrina, mas sem aspecto desagradável algum; uma dama poderia lê-lo em voz alta. Ademais, é tão ilustrativo, individual e fiel que seria possível fazer reverência a todas essas pessoas ao encontrá-las nas ruas."[63] Contudo, até aqui se insinua o "lado negro" de Dickens: temos as histórias do palhaço agonizante e de sua família necessitada, do condenado que magoou a mãe e em seguida assassinou o pai, do homem arruinado por um longo processo judicial, do devedor que, da prisão, vê seu filho e esposa morrerem na pobreza, exigindo então, cruelmente, sua vingança. Essas histórias amargas pressagiam uma reviravolta infeliz do enredo: Pickwick é preso e descobre aquilo que Weller e sua classe sempre souberam, isto é, que mesmo na prisão existem enormes diferenças de classe. Alguns desfrutam da prisão como se estivessem num "feriado comum […], repleto de diversões", ao passo que outros se deixam consumir pela miséria e pelo desespero. Weller, como sempre, dá a palavra final: "'É desigual', como dizia meu pai quando sua bebida vinha em proporções diferentes. 'É desigual, e esse é o problema'".[64]

Essa, entretanto, não foi a mensagem com que ficou a maioria dos leitores. O livro não era lido como um romance social, como uma exposição das condições desiguais encontradas na prisão ou das iniquidades do sistema legal. Os episódios negros são alívio trágico num romance que, de outro modo, seria inteiramente cômico. O mundo de Pickwick é "desigual" – muitas vezes injusto e ocasionalmente trágico –,

---

[63] Ibidem, p. 36 (carta de Mary Russell Mitford, 30 de junho de 1837).
[64] *Pickwick Papers*, op. cit., p. 675-76.

mas em essência é decente, esperançoso e humano. Tanto para os Weller quanto para os Pickwick daquele mundo, o que tornava determinado lugar aprazível era sua promessa de liberdade, e não de igualdade. Se o Tâmisa lança seu maléfico feitiço sobre a Londres de *Our Mutual Friend*, a estrada é o símbolo benigno e dominante de *Pickwick Papers* – e não, como se poderia crer, por permitir que os homens escapem da maléfica cidade. Quando a carruagem atravessa as ruas de Londres, não se trata das vielas escuras e traiçoeiras que atemorizam Oliver Twist nem dos becos sombrios que oprimem David Copperfield; trata-se, antes, de passagens iluminadas e alegres, nas quais uma dama poderia muito bem fazer reverências a todo aquele que encontrasse. Para Pickwick e seus amigos, a estrada liberta não da prisão das cidades, e sim dos elos de uma existência que, embora confortável e decente, é também prosaica e rotineira.

Hoje, os críticos literários talvez vejam os clubistas de ambas as classes – Pickwick e seus amigos, Sam Weller e os dele – como personagens picarescos, fantasias românticas, criaturas "quase míticas" que representam uma visão das "possibilidades ideais das relações humanas".[65] À época, porém, eles pareciam membros completamente comuns das classes alta e baixa, distinguindo-se tão somente pela boa vontade e pelo bom humor. Os resenhistas tinham-nos como "engraçados", "cômicos", "originais", "curiosos" e "estranhos", mas também como "realistas", "verdadeiros", "naturais", "verossímeis", "atuais". "Tudo isso", afirmou um deles, "representa a vida real e a natureza humana. Não se trata de uma compilação de diálogos humorísticos ou patéticos acerca de pessoas destituídas de qualquer existência tangível; antes, trata-se de uma sucessão de cenas verdadeiras, cujos atores ocupam um lugar na memória."[66] Até mesmo Thackeray, homem nem sempre generoso com seus rivais, acabou por elogiar o

---

[65] Marcus, *Dickens*, p. 17.

[66] Philip Collins (ed.), op. cit., p. 37 (*Examiner*, 2 de julho de 1837).

romance, declarando que a obra retratava "personagens verdadeiros sob nomes falsos" e que ela fazia "uma ideia mais adequada do estado e dos modos das pessoas do que aquela encontrada nos livros de história mais pomposos ou autênticos".[67]

Não se sabe o que o entregador de carnes, a empregada, o lacaio e o limpador de chaminés, aqueles que George Lewes via com o último número de *Pickwick Papers* na mão, achavam do livro, isto é, se também eles acreditavam que a sabedoria e o dialeto de Sam eram fiéis à vida real. Caso não o fizessem, caso desfrutassem do livro como obra fantasiosa, certamente se tratava de uma fantasia que muito lhes agradava, o que é por si só um fato social de alguma relevância. Pelo menos tão importante quanto é o fato de outros leitores acharem que Dickens talvez tenha capturado o idioma e a imagem das classes baixas de uma forma levemente "elevada", mas ainda realista e "verossímil", para usarmos a expressão de um de seus críticos.[68] Ao longo de todo esse período, quando os romances melodramáticos e sensacionalistas eram populares, *Pickwick Papers* continuou a ser reimpresso e relido, como se oferecesse um antídoto às imagens mais hostis que alhures se fazia dos pobres.

Em certo sentido, *Pickwick Papers* é um antídoto ao próprio Dickens. Todos os seus romances anteriores têm nuances "sombrias", mas nenhum é tão inexoravelmente sombrio como *Hard Times*. Coketown representa a Inglaterra não porque o industrialismo a caracteriza (o que não acontecia, é claro), e sim porque o industrialismo exagera todos os outros aspectos da modernidade – a racionalidade fria e calculista, a impessoalidade e a falta de unidade – que ameaçam o mundo agradável de *Pickwick Papers*. Dickens foi muito criticado à época (e é ainda mais hoje) por ter perdido tempo, diante do

---

[67] Ibidem, p. 38 (Thackeray, *The Paris Sketch Book*, 1840).
[68] Ibidem, p. 34 (*Court Magazine*, abril de 1837).

problema industrial, com questões extrínsecas, como a do utilitarismo, da educação, do casamento e do divórcio.[69] Para ele, contudo, esses não eram problemas externos. A seus olhos, o problema do industrialismo não se encontrava na classe oprimida ou explorada, nos salários inadequados ou nas condições intoleráveis de trabalho e de vida. O que estava em questão era a forma como as pessoas sentiam e julgavam a si mesmas e as outras, sua capacidade de compreender, simpatizar, sofrer, aproveitar, amar, trabalhar. Se a fábrica oprimia, era por destruir todas essas emoções e experiências humanas naturais. Além disso, a fábrica mesma refletia as falhas, ainda mais graves, da sociedade – as falhas de um sistema educacional que buscava transformar crianças em máquinas pensantes; as falhas de casamentos realizados segundo leis injustas e cálculos de lucros; as falhas, mais sérias ainda, de uma filosofia que dava pouco espaço ao prazer e ao amor.

Enquanto trabalhava no romance, Dickens cogitou dar-lhe dois outros títulos: *A Mere Question of Figures* e *The Gradgrind Philosophy*, ambos os quais teriam colocado o utilitarismo, e não o industrialismo, como tema principal da obra.[70] As palavras iniciais de *Hard Times* proclamam o catecismo utilitário.

> – Ora, o que eu quero são fatos. Que a esses meninos e a essas meninas se ensine tão somente os fatos. Somente os fatos são desejáveis na vida. Nada mais se plante e todo o resto se arranque. Só é possível formar a mente dos animais racionais por meio dos fatos; nada mais lhes terá qualquer utilidade. Esse é o princípio que norteia a educação que dou a meus próprios filhos, e esse é o princípio que norteia a educação que dou a essas crianças. Se atenha aos Fatos, senhor![71]

---

[69] Joseph Butwin, "Hard Times: The News and the Novel", *Nineteenth-Century Fiction*, 1977, p. 186 (citando *Blackwood's Magazine*, abril de 1855, e *Westminster Review*, outubro de 1854).

[70] John Forster, *The Life of Charles Dickens*. London, s/d, II, p. 85. (1. ed. 1872-1874.)

[71] *Hard Times*. New York, Eds. George Ford e Sylvere Monod, 1966, p. 1. (1. ed. 1854.)

O Sr. Gradgrind, mestre-escola que declama esse discurso a seus pupilos, domina os capítulos iniciais. Josiah Bounderby, o industrialista, só aparece depois, quando vem identificado não como dono do engenho local, e sim como um "homem rico: banqueiro, mercador, manufatureiro e coisas do gênero". Além disso, sua primeira aparição se dá não em sua fábrica, localizada em Coketown, mas na casa de Gradgrind, a cerca de 1,5 km da cidade.[72] Coketown só surge adiante, quando Gradgrind e Bounderby seguem para lá.

> Era uma cidade de tijolos vermelhos, ou melhor, de tijolos que seriam vermelhos caso assim permitissem a fumaça e a poeira. Do jeito que se apresentava, trazia um vermelho e um preto artificiais, como o vermelho e o preto do rosto pintado de um selvagem. Tratava-se de uma cidade de máquinas e chaminés altas, das quais intermináveis serpentes de fumaça coleavam de modo incessante, sem, porém, jamais se esticar por completo. Havia lá um canal negro, um rio que uma tinta de odor desagradável tornara violeta e enormes blocos de edifícios repletos de janelas, nos quais durante todo o dia se ouviam pancadas e tremores e nos quais o pistão da máquina a vapor subia e descia monotonamente, como a cabeça de um elefante acometido por uma melancólica loucura.[73]

Esse é um retrato comum das cidades têxteis – sombrias, sujas, ruidosas, fumacentas, malcheirosas – e funciona como prelúdio a uma crítica do sistema fabril. A ênfase, porém, logo se altera, e o grande mal da cidade – tal como o da fábrica, que só é descrita uma única vez, e ainda assim brevemente – passa a ser não a poluição física do ar, mas a mortalha de utilitarismo que paira sobre ela. Tudo "exala trabalho". A capela assemelha-se ao asilo, a prisão parece a enfermaria, a prefeitura e a escola são indistinguíveis do resto. A própria fábrica surge mais como um monumento ao fato do que como um monumento à indústria; ela é menos um meio de produção do que

---

[72] Ibidem, p. 11.
[73] Ibidem, p. 17.

uma atitude do espírito – atitude rotineira, racionalizada e materializada. "Fato, fato, fato, por toda parte no aspecto material da cidade; fato, fato, fato, por toda parte no imaterial."[74]

Quando Gradgrind e Bounderby vão à cidade, seu destino é o bar em que Sissy, aluna de Gradgrind, mora com seu pai. Lá, os dois encontram alguns membros da trupe circense a que o pai da menina pertence – isso tudo antes de o leitor conhecer sequer um único trabalhador fabril. Os membros do circo formam ainda outra classe de "gente da rua" – são "vadios" e "andarilhos" que "vão e vêm", pessoas "excêntricas", "extravagantes e astutas", "nem um pouco organizadas em suas disposições domésticas"; eles se vestem de maneira singular e falam uma linguagem tão estranha que é quase incompreensível ao habitante da cidade.[75] O que mais perturba Gradgrind é a postura da trupe com relação ao trabalho. Não é que sejam ociosos; como os outros trabalhadores de rua, eles dão duro. No entanto, são trabalhadores de outra espécie, trabalhando ao ar livre, em seu próprio ritmo, realizando as atividades que escolheram por conta própria, em coerência com seus instintos e talentos. Bounderby explica o que os distingue: "Somos o tipo de gente que conhece o valor do tempo, ao passo que o senhor é o tipo de gente que o desconhece". Um dos membros do circo complementa: "Se o senhor está dizendo que é capaz de ganhar mais dinheiro com o tempo que tem, devo dizer que, a julgar por sua aparência, o senhor parece estar certo".[76] A afirmação do artista é bem recebida. O pessoal do circo não despreza o tempo. Pelo contrário; a seus olhos, o tempo é essencial. (O pai de Sissy precisa deixar o circo porque "tem errado o salto": ele perdeu seu *timing*.) Só que, ao contrário de Bounderby e seu grupo, eles não "valorizam" o tempo à luz do dinheiro.

---

[74] Ibidem.

[75] Ibidem, p. 9, 15, 26-27, 179, 275.

[76] Ibidem, p. 23.

O circo é obviamente uma contrapartida da fábrica, com o ritmo natural, gracioso e espontâneo dos artistas contrastando com o ritmo artificial, racional e mecanizado da indústria. No entanto, ele funciona também como complemento, e não alternativa: aquele é um circo itinerante que se instala temporariamente nas cercanias da cidade, na periferia do mundo do trabalho. Quem lá trabalha é "merecedor": "Merecem muitas vezes tanto respeito, e sempre uma interpretação tão generosa, quanto as virtudes cotidianas de qualquer classe de pessoas".[77] Não merecem, porém, mais do que ninguém; as pessoas comuns têm suas "virtudes cotidianas". Do mesmo modo, os artistas do circo não deviam ser exemplo para todos. O pai de Sissy, homem que a ama e deseja-lhe o melhor, afasta-a deliberadamente do circo e a matricula na escola de Gradgrind. Ele não sabe ao certo qual a natureza da escola, mas sabe que um pouco de instrução – um pouco de educação e amadurecimento (as pessoas do circo são "infantis") – lhe fará bem. Quando Sissy cogita voltar à trupe, o dono do circo a convence de que ela deve voltar para a escola até que tenha idade para trabalhar – na fábrica, e não no circo.

O contraponto mais dramático ao circo não é a fábrica de Bounderby, e sim a escola de Gradgrind, a qual busca transformar as crianças em máquinas de moer fatos. O desastre forma-se quando o mundo adulto, adotando a mesma filosofia utilitária, compromete-se com um regime de "fatos, fatos, fatos" e opõe-se a tudo aquilo que remete ao infantil – ao prazer, à fantasia, à imaginação, à ludicidade, à espontaneidade, ao sentimento, ao amor. O circo ajuda a mitigar essa uniformidade utilitária, isto é, a monotonia fatal da vida do trabalho. Trata-se de algo transitório, marginal, mas isso basta para fazer dele uma parte essencial da sociedade, recordando aos adultos os prazeres da infância e conservando viva, neles, a fagulha da inocência, sem a qual a vida adulta seria intolerável.[78]

---

[77] Ibidem, p. 27.

[78] Para alguns historiadores, o circo representa também uma forma de "controle social", meio pelo qual as classes superiores reforçavam seu controle

É interessante que essa noção de prazer surja quando se está formulando um ataque ao utilitarismo, uma vez que "prazer" era uma das palavras-chave do vocabulário benthamiano; a maximização do prazer e a minimização da dor formavam a base do "cálculo da felicidade". O prazer de Bentham, contudo, era a antítese do prazer de Dickens; tratava-se de uma medida de utilidade ou ganhos, e não de alegria ou ludicidade. Disraeli deixou isso claro na história, pouco conhecida, que intitulou "The Voyage of Captain Popanilla", na qual explica a lógica por que o utilitarista deduzia que "o prazer não é prazeroso".

> Em sua opinião, porém, nem mesmo o mais audacioso de todos os servos da corrupção ousaria afirmar, por um instante sequer, a utilidade do prazer. Se não havia utilidade no prazer, muito claro estava que o prazer era incapaz de gerar vantagens. Se, portanto, ele não fosse lucrativo, seria prejudicial, pois aquilo que não dá lucro traz a perda. Assim, o prazer diz respeito a perdas; como consequência, o prazer não é prazeroso.[79]

Em termos freudianos, poder-se-ia dizer que o "prazer" de Bentham correspondia, paradoxalmente, ao "princípio da realidade"; o prazer de Dickens, ao "princípio de prazer". O Sr. Gradgrind é apresentado como "homem da realidade".[80] E, a exemplo do "fato", a "realidade" é constantemente evocada para descrever o mundo material, mecânico e utilitário de Gradgrind e Bounderby. Até mesmo os membros ricos desse mundo (a Srta. Gradgrind, futura Sra. Bounderby) são espiritualmente empobrecidos por uma realidade destituída de prazer. Aos pobres, para os quais a realidade não é somente triste, mas também opressiva, essa privação é fatal.

---

sobre as inferiores. Ver, por exemplo, A. P. Donajgrodzki (ed.), *Social Control in Nineteenth Century*. London, 1977.

[79] Benjamin Disraeli, *Popanilla and Other Tales*. London, Ed. Philip Guedalla, 1926, p. 15.

[80] *Hard Times*, op. cit., 1966, p. 2.

> Economistas utilitaristas, rascunhos de mestre-escola, comissários do Fato, infiéis requintados e gastos, anunciadores de credos rotos, os pobres sempre lhe farão companhia. Cultivem neles, enquanto há tempo, as elevadas graças da fantasia e da afeição, a fim de que suas vidas, tão carentes de ornamento, sejam enfim adornadas; caso contrário, no dia em que os senhores triunfarem, no dia em que o romance for eliminado por completo da alma daqueles, no dia em que aqueles se virem diante da existência nua e crua, a Realidade tomará um retorno cruel e os senhores terão fim.[81]

Em sua obsessão pelo utilitarismo, acusam os críticos, Dickens foi incapaz de reconhecer não somente a verdadeira natureza do problema social, mas também a única força realista e progressista capaz de solucioná-lo: os sindicatos.[82] Em *Hard Times*, o próprio sindicalismo torna-se parte do problema. Slackbridge, organizador do sindicato, parece um adversário adequado a Bounderby, o empregador; ambos são desagradáveis e hipócritas, egoístas e teimosos. A influência que Slackbridge exerce sobre os trabalhadores é extremamente perniciosa; sua demagogia solapa o bom senso natural dos operários. O herói, Stephen Blackpool, se recusa a aderir ao sindicato e é "enviado para Coventry" pelos colegas. Infelizmente, ele é menos um herói do que uma vítima: vê-se amaldiçoado por circunstâncias que estão além de seu controle, possui uma esposa ébria, é afastado de seus colegas de trabalho, perde o emprego sem nenhum motivo razoável e, enfim, morre como vítima de um acidente – não na fábrica, mas nos campos (ele cai, à noite, numa

---

[81] Ibidem, p. 125.

[82] Por exemplo, John Halloway, "*Hard Times*: A History and a Criticism", *Dickens and the Twentieth Century*, p. 166 ss; G. D. Klingopulos, "Notes on the Victorian Scene", *From Dickens to Hardy* (vol. VI do *Pelican Guide to English Literature*. London, 1958), p. 44; Ivanka Kovacevic, *Fact into Fiction: English Literature and the Industrial Scene, 1750-1850*. Leicester, 1975, p. 114 ss; Dingle Foot, introdução à edição de *Hard Times* publicada pela Oxford University Press (1955), p. xii ss.

mina abandonada).[83] Enquanto agoniza, ele recorda as centenas de pessoas que morreram de modo semelhante e os clamores vãos que os proletários dirigiam aos legisladores, a fim de não deixar "que o trabalho fosse sua morte". "Veja como morremos sem necessidade, de uma forma ou de outra – numa desordem, todo dia!"[84] Assim como sua vida, a morte de Stephen é, como ele mesmo costuma dizer, "uma desordem" – o que dificilmente serve como matéria-prima para o heroísmo, quanto mais para romances da classe operária.

Se o papel de Stephen não é apenas o do trabalhador oprimido, também o papel de Bounderby não é apenas o do industrialista explorador. Geralmente mais identificado como banqueiro do que como dono de fábrica, Bounderby nunca é visto nesta última, mas somente em sua casa e seu banco. Ele se mostra desonesto e hipócrita ao representar-se como "homem que prosperara sozinho", mas trata-se aí de uma espécie de hipocrisia democrática, de uma afirmação espúria de igualdade social. O único aspecto em que ele se declara diferente de seus empregados é o financeiro: o dinheiro que ele conquistou foi conquistado sem a ajuda de ninguém. E o dinheiro, como não cansam de sugerir os romances de Dickens, é a menos imutável de todas as distinções de classe; ele causa muito menos divisões do que a fala, os costumes, a educação ou o berço. Quando Stephen deseja consultar Bounderby acerca de seus problemas pessoais (o que por si só modifica o estereótipo das relações entre patrão e empregado), não vai à fábrica ou ao banco, mas à sua casa – e isso num horário em que sabe que Bounderby estará almoçando. Sem marcar, ele bate na porta, é anunciado pelo servo e imediatamente convidado para a sala de visitas

---

[83] No manuscrito original e nas provas corrigidas, há o relato de um terrível acidente na fábrica, no qual a irmã caçula do herói tem o braço despedaçado por uma máquina. Os críticos não sabem por que Dickens retirou essa passagem dos fascículos e do volume publicado. Talvez seja porque o trecho faria do livro um "romance social" tradicional – um romance sobre o industrialismo *per se*, e não sobre o utilitarismo e o materialismo.

[84] *Hard Times*, op. cit., 1966, p. 206-07.

em que Bounderby está comendo.⁸⁵ Quaisquer que sejam as falhas de Bounderby – ele é um péssimo filho, um péssimo marido e um péssimo amigo, tal como um péssimo empregador –, estas são falhas de caráter, e não de classe. Ele é obtuso, insensível, teimoso e cruel, mas não é um empregador "ausente", distanciado de seus operários por uma barreira social invencível. Antes, é precisamente em sua sala de visitas, quando se mostra mais acessível a eles e discute seus problemas pessoais, que essa natureza negativa se revela de modo mais claro.

Sempre que parece vacilar em seu objetivo – no objetivo que os críticos posteriores lhe atribuíram, isto é, o de ser um romance "industrial" –, o livro está cumprindo o objetivo de Dickens. O sindicalismo é condenado com base nos mesmos argumentos que condenam o utilitarismo e o *laissez-faire*, uma vez que cada um deles ameaça solapar as relações pessoais, já precárias, que formam o único fundamento de uma sociedade decente. Ao lhe perguntarem como endireitar a "desordem" da greve, Stephen afirma que não cabe a ele dizer, mas que sabe que a solução de Bounderby – transportar meia dúzia de organizadores sindicais a colônias penais – não resolveria nada. Enquanto os trabalhadores fossem tratados "como força e controlados tais quais fossem números numa soma, ou ainda máquinas [...] com almas inatingíveis pelo cansaço ou pela esperança", enquanto senhores e trabalhadores estivessem divididos por "um mundo negro e intransponível", a desordem só pioraria.⁸⁶

A pobreza é apenas uma parte da desordem, e sequer a mais importante. Os "tempos difíceis" do título vão muito além da pobreza. Os trabalhadores de Coketown são pobres, mas não excessiva ou insuportavelmente pobres. O que é "difícil" é a natureza inextinguível, opressiva e desesperadora de seu trabalho suas vidas. "Veja como

---

⁸⁵ Há uma cena semelhante em *Mary Barton*, de Elizabeth Gaskell. Ali, um trabalhador vai à casa do patrão e é conduzido até a biblioteca, onde o empregador se ocupa de seu desjejum.

⁸⁶ *Hard Times*, op. cit., 1966, p. 115-16.

vivemos e onde vivemos, veja em que quantidade, com que perigos, com que monotonia; e veja como os engenhos nunca param e como eles jamais nos aproximam de nenhum objeto distante – exceto a Morte."[87] Para Dickens, o "problema social" (a "condição da Inglaterra", como era chamada na época) se referia menos a uma privação material ou física do que a um empobrecimento moral e espiritual, isto é, ao vazio e à falta de significado de uma existência mecânica, impessoal e sem vida. Ao tratar seus trabalhadores como máquinas ou como números numa soma, Bounderby nada mais faz do que seguir o exemplo de Gradgrind, que se dirige a seus alunos pelo número, e não pelo nome. Slackbridge, líder do sindicato, é igualmente culpável, vendo os trabalhadores *en masse*, como uma força a ser utilizada na luta contra os empregadores, como algo que em muito se assemelha à "energia a vapor" que eles são para os patrões. Ao convocá-los a formar "um só poder" em prol do sindicato – o "Tribunal Agregado Unido" (nome que poderia ter sido cunhado pelo próprio Gradgrind ou por Bentham) –, ele ensina aos trabalhadores que "os sentimentos privados devem dar lugar à causa comum" e ordena-os a condenar Stephen a uma "vida de solidão".[88]

A filha de Gradgrind, por sua vez, encontra a salvação ao adentrar a casa de Stephen e conhecer um trabalhador individual. Até então, Louise só conhecia os trabalhadores como "multidões que iam e vinham de seus ninhos, à semelhança de formigas ou escaravelhos"; eram "algo a ser calculado e pago [...] segundo as leis da oferta e da procura", algo que se elevava e caía *en masse*, como o mar. Ela cogitava "separá-los em unidades" tanto quanto cogitava "separar as gotas que compunham o oceano".[89] É a descoberta de que se trata de pessoas reais, de indivíduos, o que a torna ciente da própria

---

[87] Ibidem, p. 114.
[88] Ibidem, p. 110.
[89] Ibidem, p. 120-21.

individualidade e do próprio empobrecimento espiritual e emocional. Como ela, também eles enfrentam tribulações domésticas; suas vidas tornam-se mais diferentes e complexas em virtude de relações pessoais, de emoções, de frustrações e de tragédias que pouco têm a ver com o trabalho na fábrica. Eles não podem ser definidos apenas como trabalhadores, assim como ela não pode ser definida apenas a partir de sua relação com o pai.

Na mesma época em que *Hard Times* era lançado em série na *Household Words*, Dickens escreveu nesse mesmo periódico um artigo sobre a greve que servira de modelo para a greve de seu romance. Ele relatou a discussão que travara com um cavalheiro a quem deu o nome de Sr. Snapper, que orgulhosamente se anunciava como partidário do "Capital" – em oposição ao "Trabalho" – e que pediu que Dickens expusesse suas afinidades. Dickens respondeu que rejeitava esses rótulos do mesmo modo como rejeitava todas as abstrações dos economistas políticos. Ele estava do lado dos trabalhadores, explicou, mas não do "Trabalho", assim como apoiava os sindicatos, mas não como se fossem uma panaceia. As relações entre patrão e empregado, a exemplo de todas as outras, precisavam trazer "algo de emoção e sentimento; algo de explicação mútua, de autodomínio e de consideração; algo que não é encontrado no dicionário do Sr. McCulloch [o economista político] e não é exprimível em números; caso contrário, essas relações estariam erradas e podres já em seu âmago, e jamais produziriam bons frutos".[90]

O Sr. Snapper claramente não ficou convencido. O mesmo se dá com os críticos de hoje, para os quais *Hard Times* é "ambivalente" a respeito das classes operárias. Em geral, os contemporâneos não se queixavam de que Dickens fora incapaz de fazer de Stephen Blackpool um bom sindicalista, e sim de que ele fizera de Bounderby um "monstro dramático". Essa queixa foi partilhada por Ruskin, que

---

[90] Ibidem, p. 288.

pouca simpatia nutria pelos Bounderbie deste mundo.[91] Macaulay acusou Dickens de fomentar um "socialismo taciturno"; Bagehot, de cultivar um "radicalismo sentimental"; e Harriet Martineau, de ser um "vendedor de humanidade" e um "pseudofilantropo".[92] Já no fim do século, a crítica seguiu outro rumo. George Gissing afirmou que Dickens ignorava o "norte da Inglaterra" e, portanto, conhecia apenas "homens pobres", e não os verdadeiros trabalhadores.[93] George Bernard Shaw, em sua introdução a *Hard Times*, descreveu Slackbridge como "mera invenção da imaginação da classe média", alguém que muito se afastava do real trabalhador fabril.[94] Essas críticas poderiam muito bem ter fundamento, muito embora seja estranho vê-las saindo de Gissing e Shaw, que quase nada sabiam do norte da Inglaterra ou dos verdadeiros trabalhadores fabris (outros motivos, porém, os levavam a admirar Dickens). Mais recentemente, o mesmo foi dito por George Orwell, que também conhecia pouco do norte da Inglaterra mas se queixava de que Dickens era "um homem do sul inglês – e um *cockney*", alguém que não tinha contato com "as massas oprimidas, com os trabalhadores industriais e agrícolas". Dickens, lamentou ele, apresentava uma concepção "quase que exclusivamente moral" do problema e não oferecia nenhuma sugestão construtiva – isto é, socialista – de reforma; seu alvo era a "natureza humana", e não o "sistema econômico".[95]

Embora fosse deficiente o senso de classe de Dickens e exacerbado seu senso de moralidade, embora Dickens não fosse socialista e

---

[91] Forster, *Life of Dickens*, II, p. 86.
[92] G. Otto Trevelyan, *The Life and Letters of Lord Macaulay*. New York, 1875, II, p. 320 (12 de agosto de 1854); Bagehot, *Literary Studies*, p. 157; *Dickens: The Critical Heritage*, p. 304.
[93] G. Gissing, *Dickens*, p. 242.
[94] *The Dickens Critics*, p. 132-33.
[95] George Orwell, op. cit., p. 416-17, 434.

não limitasse seu pensamento a "sistemas" econômicos, ele era ainda mais fiel à realidade do que a maioria de seus contemporâneos, incluindo muitos radicais. O que salta aos olhos em seus romances é a multiplicidade de pessoas de diversas condições e disposições, as quais não poderiam ser facilmente inseridas em nenhum esquema de classes porque não eram somente membros de uma, mas também personagens altamente individualizados – *characters* inimitáveis e inesquecíveis, no sentido idiomático da palavra.

Em 1853, um pastor inconformista disse a seu rebanho: "Três grandes agentes sociais têm atuado entre nós: a London City Mission, os romances do Sr. Dickens e o cólera".[96] Essa era uma homenagem que Dickens apreciaria, uma vez que sugere que seus romances haviam tocado – e até mesmo "melhorado" – a vida dos pobres não porque a reformara ou classificara, e sim porque a personalizara, individualizara e dramatizara. Talvez fosse isso o que Daniel Webster tivesse em mente ao afirmar, durante a visita do autor aos Estados Unidos em 1842, que Dickens fizera mais para "melhorar a condição dos pobres ingleses do que todos os estadistas que a Grã-Bretanha enviara ao parlamento".[97] Aquilo que os outros reformistas tentaram fazer por intermédio das leis, Dickens fez por meio de um ato supremo da imaginação moral. Ele elevou o pobre ao primeiro plano da cultura e, portanto, ao primeiro plano da consciência de sua geração e das gerações futuras – e isso não na condição de classe abstrata, mas na condição de indivíduos notáveis.

---

[96] G. M. Young, *Victorian England: Portrait of an Age*. New York, 1954, p. 89. (1. ed. 1936.) Em outro livro editado por Young, o pastor é identificado como Baldwin Brown. (*Early Victorian England, 1830-1865*. London, 1934, II, p. 4n.)

[97] Forster, *Life of Dickens*, I, p. 129.

Capítulo 5 | Benjamin Disraeli

A IMAGINAÇÃO TÓRI

Mais de um século depois da morte de Disraeli, uma conferência dedicada à política britânica atual deixou-se distrair por uma acalorada discussão sobre quem teria direito ao rótulo "disraeliano": Margaret Thatcher, líder do partido conservador, ou Michael Foot, líder do partido trabalhista. (Foot levava leve vantagem em virtude de seu cão, de nome "Dizzy".)[1] Alguns anos antes, nos Estados Unidos, Daniel Patrick Moynihan, então conselheiro do presidente, instigara Nixon a seguir os passos de Disraeli e adotar o Plano de Assistência à Família. Quando a questão dos direitos humanos estava sendo debatida em 1981, um artigo publicado no *Wall Street Journal* recordou os "Massacres Búlgaros" de 1876 e apresentou a política de Disraeli como modelo para casos semelhantes em nosso próprio tempo.[2] Mais recentemente, Disraeli foi enaltecido na qualidade de "inventor do conservadorismo moderno".[3]

---

[1] Foot se orgulhava de admirar mais Disraeli do que alguns conservadores – do que Lorde Butler, por exemplo, o destacado estadista conservador que escreveu a introdução pouquíssimo entusiasmada de uma nova edição de *Sybil*, de Disraeli. Foot também acusou o autor de uma obra dedicada aos romances de Disraeli de não saber apreciar suficientemente a "mente revolucionária" de Disraeli (*Times Literary Supplement*, 18 de abril de 1980, p. 434).

[2] Paul Seabury, *Wall Street Journal*, 23 de junho de 1981.

[3] David Gelernter, "The Inventor of Modern Conservatism: Disraeli and Us", *Weekly Standard*, 7 de fevereiro de 2005.

Os historiadores sentem-se desconfortáveis diante dessas referências posteriores a Disraeli; já lhes é suficientemente difícil lidar com o Disraeli verdadeiro, em seu próprio tempo e lugar. Não obstante, as alusões também nos revelam algo importante sobre o personagem histórico, algo que muitos historiadores ainda precisam aprender. Por mais inconsistente ou excêntrico que pareça, por mais oportunista ou charlatão, como afirmam seus críticos, Disraeli era dono de um estilo político distinto, de uma disposição e de uma sensibilidade que não se caracterizavam como filosofia sistemática, mas que eram reconhecidas como únicas e relevantes em sua época e que ainda reverberam nos dias de hoje. Ele tem para nós, hoje, uma relevância que seu grande adversário não possui; há muito que ninguém evoca o nome de Gladstone a fim de conceder autoridade a determinada figura ou causa política.

Biografias de Disraeli continuam a ser escritas mesmo após a grande *Vida* publicada por Monypenny e Buckle entre 1910 e 1920 – seis volumes fascinantes que desmentem o comentário de Carlyle sobre o gênero: "O quão delicada, o quão suave, é a biografia inglesa; bendita a sua dissimulação!".[4] A biografia de Robert Blake, lançada num só volume em 1966, é uma obra de enorme erudição, embora não almejasse rivalizar com Monypenny e Buckle.[5] O livro de Blake também não impediu que uma série de outras biografias desse sua contribuição; sua própria editora relançou a obra recentemente, em 1998, exemplo que outros biógrafos também seguiram. Todo ano parece trazer consigo mais um livro ou mais uma compilação de ensaios. Os trabalhos do próprio Disraeli também não foram desprezados. Seus dois romances mais famosos, *Coningsby* e *Sybil*, ainda são impressos, assim como um volume de "ditos" e cartas selecionadas. Mais gratificante ao

---

[4] William Flavelle Monypenny e George Earle Buckle, *The Life of Benjamin Disraeli, Earl of Beaconsfield*. London, 1929, 2 vols. (1. ed., 6 vols, London, 1910-1920); James Anthony Froude, *Thomas Carlyle: A History of the First Forty Years of His Life*. London, I, 1882, p. ix.

[5] Robert Blake, *Disraeli*. London, 1966.

pesquisador é a publicação, iniciada em 1982 e ainda incompleta, da edição definitiva de suas epístolas; o sétimo volume, abarcando os anos de 1857 a 1859, foi lançado em 2004.[6] O verdadeiro interessado em Disraeli também acolherá de bom grado uma obra menor, como *A Year at Hartlebury, or The Election*, romance publicado anonimamente em 1834 e cuja autoria só foi muito recentemente atribuída a Disraeli e à sua irmã Sarah (em maior grau, a Sarah, como hoje se supõe).

Tal qual acontece com todos os vitorianos de destaque, impressiona a quantidade de material escrito – no caso de Disraeli, não temos apenas discursos, cartas, ensaios, tratados políticos (um deles, alcançando trezentas páginas) e uma biografia política (de Lorde Bentinck, um colega e benfeitor), mas também dezenas de romances. (Churchill é dono de uma bibliografia ainda mais estarrecedora, mas esta abarca apenas um romance, e pouco memorável.) Disraeli tinha somente 21 anos quando, em 1826, a primeira parte de *Vivian Grey*, seu primeiro romance, foi publicada anonimamente (a segunda foi lançada no ano seguinte). História vigorosa sobre a alta sociedade, o livro alcançou uma espécie de *succès de scandale* em virtude das especulações sobre o autor e a identidade dos personagens. (A obra pertencia ao popular gênero dos *silver-fork novels*, os quais se debruçavam sobre a alta sociedade ou sobre aqueles que almejavam alcançá-la.) Outros quatro romances foram lançados antes de 1834, ano em que veio a público *A Year at Hartlebury*. Este romance, que girava em torno de uma eleição parlamentar, fora baseado nas próprias experiências eleitorais de Disraeli, que na época já havia sido derrotado duas vezes nas votações e, em outras duas ocasiões, buscara sem sucesso uma indicação. (No romance, o herói é eleito por um voto.)

Foi nesse período que o recém-derrotado Disraeli comunicou a Lorde Melbourne, secretário de Estado que logo viria a tornar-se

---

[6] Ilustra muito bem o estado atual da "pequena Inglaterra" o fato de essa edição das cartas de Disraeli, a exemplo das obras reunidas de John Stuart Mill, ter sido realizada por pesquisadores canadenses, subsidiada por fundações canadenses e publicada por uma editora universitária do Canadá (Toronto).

primeiro-ministro, que este último cargo ele mesmo desejaria um dia ocupar. A isso, um estarrecido Melbourne respondeu: "De modo algum isso acontecerá em nossa época. Tudo já foi organizado e estabelecido. Ninguém pode competir com Stanley [futuro conde de Derby]".[7] Disraeli ainda perderia duas outras eleições e publicaria ainda mais dois romances, duas obras políticas e um poema épico antes de finalmente conquistar, em 1837, quando contabilizava 32 anos, uma cadeira no Parlamento. Seu primeiro discurso foi um desastre, o que se deveu em parte a seu tema (questionar a validade de algumas eleições irlandesas não era muito bem-visto por outros membros) e, em parte, à sua inflada retórica. Vaiado, ele finalizou gritando, a fim de que pudesse ser ouvido em meio às manifestações: "Voltarei a meu lugar, mas chegará o dia em que os senhores me escutarão".[8] Trinta e um anos precisariam passar-se até que ele ocupasse o lugar de Derby como primeiro-ministro. Muito antes disso, porém, não obstante uma série de rejeições e reveses, Disraeli teria argumentos para justificar a autoconfiança e a autoestima.

As manobras eleitorais e a escrita não eram as únicas ocupações de Disraeli nesses anos primordiais. Com efeito, estas parecem ter sido distrações menores numa sequência infindável de festas e viagens (incluindo uma grande excursão ao Oriente Médio em 1830-1831), de flertes e aventuras amorosas, de esquemas empresariais, especulações financeiras e estratagemas destinados a acalmar credores e evitar tanto a falência quanto a cadeia. Fosse Disraeli enviado à prisão civil – o que quase aconteceu na primavera de 1837 –, sua carreira parlamentar muito provavelmente teria sido frustrada antes mesmo de começar. Seu casamento, no ano seguinte, com a viúva de outro membro do Parlamento também não foi auspicioso. Doze anos mais velha que ele, Mary Anne era uma companheira improvável: tagarela, frívola, impulsiva e leviana, notabilizara-se por suas excentricidades e gafes sociais, estando longe de ser a esposa certa para um político ambicioso.

---

[7] Sarah Bradford, *Disraeli*. New York, 1983, p. 75.
[8] Robert Blake, op. cit., 1966, p. 149.

Ao mesmo tempo, contudo, tratava-se de uma mulher afetuosa, benévola, generosa... e muito rica. Dizia-se à época que ele se casara por dinheiro; Disraeli negava. No entanto, ainda que fosse esse o caso, o casamento por conveniência logo se tornaria um casamento amoroso. Blake, seu biógrafo, pouco afeito a sentimentalismos, declarou-o bem-sucedido, com Disraeli demonstrando diante da esposa "uma devoção e um respeito que foram considerados exemplares até mesmo por Gladstone", o mais severo de todos os juízes (em especial se tratando de Disraeli).[9] Disraeli se dedicou por completo a ela nos anos finais da doença que a acometera, enlutando-se genuinamente quando de sua morte, dada em 1872. Privado de seu amor, ele logo se apaixonou por outra mulher (mais uma vez, esposa de um membro do Parlamento). As cartas amorosas que lhe enviava eram escritas no papel de margens negras que fazia em memória da falecida.

Ainda que não ocasionassem desastre algum, muitos outros elementos do estilo de vida de Disraeli também eram perigosos. Escrever romances – em especial aqueles *romans à clef* que caricaturavam políticos importantes para sua carreira, que zombavam dos ricos e poderosos, que enalteciam os pobres e oprimidos ou que fantasiavam e elogiavam a "raça" hebraica – estava longe de ser a receita para o sucesso político. Seu pai, em alguns aspectos ainda mais mundano que ele, certa feita perguntou-lhe: "Como o ficcionista se associará ao político?".[10] O problema não era tanto os tipos de romance que ele escrevia, e sim o fato mesmo de escrevê-los. Isso o prejudicava tanto na esfera social quanto na política; sua "fabulação" inveterada foi uma das razões que o impediram de ser admitido no prestigiado Athenaeum Club. (Ele acabou sendo eleito trinta anos depois.)

O mesmo também ocorria em relação ao seu dandismo. Após caminhar pela abarrotada Regent Street usando uma sobrecasaca azul,

---

[9] Ibidem, p. 158.
[10] Ibidem, p. 88.

uma calça azul-claro, meias negras com listras vermelhas e sapatos baixos (a maioria dos homens usava botas), ele relatou a seu amigo: "As pessoas abriam caminho para mim à medida que passava. Era como a abertura do Mar Velho, na qual agora creio por experiência própria". Sobre isso, o amigo comentou em seu diário: "Mas não tenho dúvidas!".[11] Em alguns círculos, é claro, o dandismo era uma convenção, tal como estar endividado. Com efeito, as duas coisas caminhavam de mãos dadas – mas não no círculo de aspirantes a primeiro-ministro e não no espírito insolente ostentado por Disraeli.

Havia nisso um quê de devassidão, um flerte deliberado com o perigo. Disraeli se gabava de suas dívidas tanto quanto de seus trajes. Ambos faziam parte de sua *persona* romântica, daquela mesma imagem que transparecia em seus romances e em suas relações com as mulheres. A fim de chamar a atenção para si, ele não somente desafiava as convenções burguesas, assumindo o ar e as maneiras do aristocrata boêmio, enfeitando-se narcisisticamente e mimando a si mesmo; a exemplo de todo herói romântico, Disraeli também dificultava a própria vida, forçando-se a dar mais de si e submetendo-se, diante dos próprios olhos e dos olhos dos outros, a inúmeras provas e testes. Em *Tancred* (terceiro romance da trilogia que incluía também *Coningsby* e *Sybil*), ele afirmou acerca de um de seus personagens: "Fakredeen gostava de suas dívidas; elas eram a fonte de seu único entusiasmo. Ele as agradecia por sua capacidade de instigar". Ainda mais revelador é a confissão do próprio Fakredeen: "Sou na verdade tão indolente que, se não recordasse de manhã que estou arruinado, jamais conseguiria distinguir a mim mesmo".[12]

O que tornava a aparência e o comportamento de Disraeli ainda mais rudes era seu judaísmo. Na realidade, ele não seguia a religião

---

[11] Idem, *Disraeli's Grand Tour: Benjamin Disraeli and the Holy Land, 1830-31*. New York, 1982, p. 7.
[12] Benjamin Disraeli, *Tancred, or the New Crusade*. London, Longmans, Green, s/d, p. 294, 370. (1. ed. 1847.)

judaica; foi batizado sob as ordens do pai aos 12 anos, a poucos meses de qualificar-se ao rito do Bar Mitzvá. Orgulhava-se, contudo, de pertencer à "raça" judia (expressão usada por ele, não por seus inimigos). "Tudo é raça, e não religião; lembre-se disso", pediu a Lady Rothschild. Em *Tancred*, o herói o retifica: "Tudo é raça; não há outra verdade".[13] Em sua biografia de Lorde Bentinck, ele usou a controvérsia da emancipação judaica para inserir um capítulo inteiro em louvor à história dos judeus. E, no que dizia respeito a si mesmo, sempre chamava a atenção para seu judaísmo, exagerando seus traços raciais ao moldar pequenos cachos em seus cabelos negros (os quais no futuro passariam a ser tingidos por sua esposa) e ao vestir trajes pouco convencionais, que o faziam parecer ainda mais exótico e estrangeiro. (O herói de *A Year at Hartlebury* era odiado pelos magnatas locais porque "não tinha nariz arrebitado, porque seus tecidos eram suspeitosamente singulares e porque seu casaco não fora talhado ao gosto deles".)[14] Mesmo enquanto ainda ascendia obstinadamente na pirâmide social, ele não se esforçava para dissociar-se de seus amigos e vínculos judaicos.

Ao mesmo tempo em que atribuía a si próprio uma ancestralidade mais romântica e nobre do que aquela que de fato tinha, Disraeli também romantizava e enobrecia a "raça" judaica como um todo.[15, 16] Os psicólogos podem muito bem explicar isso a partir da

---

[13] Sarah Bradford, op. cit., 1983, p. 186; Benjamin Disraeli, op. cit., s/d, p. 149.

[14] Benjamin Disraeli e Sarah Disraeli, *A Year at Hartlebury, or The Election*. Toronto, 1983, p. 103.

[15] Numa nota biográfica que prefacia as obras reunidas de seu pai, Disraeli afirmou descender de uma família que fora expulsa da Espanha em 1492 e se instalara em Veneza, onde teria adotado o nome Disraeli – até então jamais usado – "para que sua raça fosse reconhecida para sempre". Na realidade, não há qualquer indício de que sua família era espanhola; além disso, "Israeli", alcunha empregada pela família antes de seu pai alterá-la para "D'Israeli", era um nome árabe, comumente aplicado aos judeus da Espanha e do Levante. Nem mesmo "Disraeli" era exclusivo. Havia uma família protestante com o mesmo nome na Londres do século XVIII; seu último membro, também Benjamin Disraeli, fora um rico agiota de Dublin sem qualquer vínculo com o nosso personagem.

[16] Robert Blake, op. cit., 1966, p. 4-5.

"compensação" ou da "supercompensação", o que evidenciaria sua vergonha por ter sido judeu e sua culpa por ter deixado de sê-lo. Segundo qualquer interpretação direta das evidências, porém, não existe nisso insinuação alguma de vergonha, culpa ou mesmo desconforto. Antes, Disraeli parece genuíno ao achar que sua linhagem antiga e honrável o tornava superior. Há um quê de autenticidade em seu comentário: "Imagine só chamar alguém de aventureiro quando seus ancestrais provavelmente eram próximos da rainha de Sabá".[17]

As pessoas, porém, ainda assim o chamavam de aventureiro e de outras coisas piores. Na Inglaterra vitoriana, o antissemitismo não era uma doença tão virulenta quanto em outras épocas e lugares, mas não obstante se mostrava crônico e, muitas vezes, demasiadamente desagradável. Até 1829, o Ato de Prova excluiu judeus, católicos e dissidentes do serviço público e do Parlamento. Mesmo após a revogação das normas, e até a sanção da Lei das Incapacidades Judaicas, em 1858, os judeus ainda se viam excluídos caso se recusassem a jurar "sobre a verdadeira fé de um cristão". Todavia era a religião, e não a "raça", o que servia de obstáculo legal, de modo que mesmo antes de 1829 havia lugar no Parlamento para os judeus convertidos (sendo David Ricardo o mais célebre deles). Socialmente – nos círculos literários de Londres, por exemplo –, a barreira também não era tão grande quanto se poderia supor. O pai de Disraeli era um judeu reformado que não observava as leis alimentares, mas fez seus filhos serem circuncidados e instruídos no hebraico enquanto ele mesmo frequentava uma sinagoga. Somente quando a sinagoga exigiu, contra a sua vontade, que atuasse como fiscal é que ele abandonou a congregação e batizou seus filhos, muito embora não se submetesse, ele mesmo, ao batismo. Ainda assim, ele era membro do Athenaeum e tinha, entre seus amigos, luminares da literatura como Byron, Robert Southey, Walter Scott e os editores John Lockhart e John Murray.

---

[17] Cecil Roth, *Benjamin Disraeli: Earl of Beaconsfield*. New York, 1952, p. 60.

Caso Disraeli se contentasse em seguir o exemplo de seu pai e ser apenas "um membro calado de uma minoria tolerada", diz Blake, também ele teria desfrutado das amenidades do Athenaeum.[18] A verdade, porém, é que Disraeli não desejava ser tolerado. Seu objetivo era ser aceito nas condições que ele mesmo impunha, isto é, como o membro mais conspícuo da "raça" mais "superior" – e isso tendo em vista não só o ingresso no Athenaeum, mas também sua candidatura ao cargo público mais elevado. Quando surgia sobre o palanque usando seus trajes de sempre, Disraeli atraía para si as zombarias habituais: "Agiota"; "Roupas velhas"; "Judas"; "Tragam um pedaço de porco para o judeu".[19] Respondendo a um ataque feito por ele, o líder radical irlandês Daniel O'Connell afirmou que, embora houvesse "judeus respeitáveis", Disraeli não se encaixava nessa categoria: "Ele tem as mesmas características do judeu impenitente na Cruz"; era essa a sua genealogia e sua "infame distinção".[20] Menos provocativo, Carlyle insultou aquele "hebreu falso, filho quase declarado de Belial" – um "judeu velho que não valia o próprio peso em bacon frio".[21] Trollope desgostava de Disraeli porque ele era tóri e judeu (e também porque, como romancista, recebia adiantamentos mais generosos que os seus). Um agiota de seu *Barchester Towers* chamava-se Sidonia (nome do protagonista da trilogia de Disraeli); em *The Prime Minister* e *Phineas Finn*, um político tóri particularmente imoral foi claramente inspirado em seu rival.

Historiadores e biógrafos ainda discutem o significado e a importância do judaísmo de Disraeli. O quão autêntico era seu orgulho

---

[18] Robert Blake, op. cit., 1982, p. 129.

[19] Sarah Bradford, op. cit., 1983, p. 94, 113.

[20] Benjamin Disraeli, *Letters*. Toronto, Eds. J. A. W. Gunn et al., II, 1982, p. 42n (citando um discurso de O'Connell, 2 de maio de 1835).

[21] Lawrence e Elisabeth Hanson, *Necessary Evil: The Life of Jane Welsh Carlyle*. New York, 1952, p. 413 (citando o caderno de Carlyle, 28 de fevereiro de 1852); William Flavelle Monypenny e George Earle Buckle, *Life*, II, p. 698.

de pertencer à "raça" judaica, ainda que sua religião fosse a cristã? Ele falava sério quando reconciliou as duas em *Tancred*, declarando que o cristianismo era o judaísmo "completo" – o judaísmo para as "massas" – e que os judeus deveriam ser venerados, e não vilificados, por tornarem possível a crucifixação e a salvação subsequente da humanidade?[22] Ele de fato achava que, enquanto debatiam a lei de emancipação judaica naquele mesmo ano (1847), seus colegas do Parlamento aceitariam a explicação de que ele, enquanto cristão, apoiava a admissão daqueles "que pertencem à religião em cujo seio meu Senhor e Salvador nasceu?".[23] E de que modo ele, não obstante suas perspectivas excêntricas e sua retórica apaixonada, e mesmo em meio ao antissemitismo então predominante, conseguiu escalar o "escorregadio mastro" do sucesso – e isso no partido tóri, casa da aristocracia latifundiária e dos rústicos do campo?[24, 25]

---

[22] Benjamin Disraeli, op. cit., s/d, p. 427.

[23] William Flavelle Monypenny e George Earle Buckle, *Life*, I, p. 886. Lorde Rotschild, entre outros, ficou decepcionado com o fato de Disraeli não se expressar a favor de outros projetos apresentados posteriormente na Câmara. Tanto Monypenny e Buckle (p. 886-95) quanto Blake, *Disraeli* (p. 260-61), rejeitam a acusação de que Disraeli oscilou em seu apoio à causa e explicam sua incapacidade de expressar-se em tais ocasiões.

[24] Um século depois, Harold Macmillan, outro primeiro-ministro tóri, recordou ter escutado que, pouco antes de Disraeli tornar-se líder do partido, os filhos de Lorde Bentinck haviam dito ao pai que só existia um homem capaz de liderar o grupo e que esse homem era judeu. "Trata-se ao menos de um cavalheiro do campo?", indagou o duque. "Não", responderam, "ele nada mais é que um judeuzinho." "Apenas um cavalheiro do campo pode liderar o partido tóri", afirmou então o duque. "Nós faremos dele um", declararam os filhos, que, logo em seguida, compraram a propriedade de Hughenden para Disraeli. Eles, porém, como bem observou Macmillan, não lhe concederam o terreno de imediato, mas retiveram sua propriedade durante dezoito anos, ao longo dos quais Lorde Rotschild adquiriu os títulos e os repassou ao conde de Beaconsfield (designação por que Disraeli então atendia).

[25] George Hutchinson, *The Last Edwardian at Number Ten: An Impression of Harold Macmillan*, 1980, citado em *The Oxford Book of Political Anecdotes*. Oxford, Ed. Paul Johnson, 1986, p. 135-36.

Em sua biografia, Blake mostrou-se cético quanto à natureza romântica e quase mística das visões de Disraeli sobre o judaísmo. Somente anos depois, após ter visitado Jerusalém pela primeira vez e relido os livros e as cartas que Disraeli escrevera durante sua excursão ao Oriente Médio em 1830-1831, é que ele passou a estimar o profundo impacto dessa experiência. Um diário de Lorde Stanley (filho do conde de Derby, à época líder dos tóris) publicado após o lançamento de sua biografia confirmou a nova avaliação que Blake fazia das crenças e dos sentimentos de Disraeli. Stanley registrou uma conversa, travada no ano de 1851, em que Disraeli falava de modo comovente do retorno dos judeus à sua pátria, chegando até mesmo a elaborar formas de financiá-lo: os Rothschild, junto a outros judeus capitalistas, forneceriam fundos para a compra da terra, com o que o governo turco, desesperado por dinheiro, estaria perfeitamente de acordo. Esses planos eram, segundo Disraeli, bem conhecidos pelos judeus, e o homem que os realizasse seria "o próximo Messias, o verdadeiro Salvador de seu povo". Ao recordar essa conversa, Stanley observou que Disraeli parecia falar com enorme seriedade e que foi essa a única vez em que pareceu "dar sinais de qualquer emoção mais elevada". Ao ler a passagem, Blake não teve dúvidas de que Disraeli estava de fato falando sério, só não levou a proposta adiante porque nada podia ser feito e teria acolhido de bom grado a Declaração de Balfour, que, mais de um século depois, prometia apoiar uma pátria judaica na Palestina.[26]

Se hoje é possível levar a sério as ideias de Disraeli sobre a "raça hebraica", talvez seja hora de também levarmos a sério suas ideias sociais e políticas. É fácil zombar do grupo da "Jovem

---

[26] Robert Blake, op. cit., 1982, p. 130-32. Isaiah Berlin, por sua vez, julgava "anacrônica e implausível" toda e qualquer associação de Disraeli ao sionismo. (Isaiah Berlin, "Benjamin Disraeli, Karl Marx and the Search for Identity", *Against the Current: Essays in the History of Ideas*. London, 1982, p. 270.)

Inglaterra" com que Disraeli se identificava – e que, na realidade, fora por ele mesmo criado. Esse "partido" consistia nos quatro jovens recém-eleitos ao Parlamento e só se conservou unido durante duas sessões, em 1843 e 1844. Porém, mesmo enquanto a inútil iniciativa se desintegrava, as ideias que se lhe estavam por trás circulavam e se difundiam, e isso sobretudo a partir dos romances de Disraeli. (Ao contrário da advertência de seu pai, o "ficcionista" parece ter-se associado muito bem ao "político", resultando em algo mais vantajoso do que nocivo.) *Coningsby*, publicado em maio de 1844, talvez seja o primeiro romance político inglês. Ele também se destaca por ter sido satirizado por Dickens assim que veio a público: "The Chimes" traz um membro do Parlamento que se autointitula "amigo e pai dos pobres", que prega a "dignidade do trabalho" e que toma, em favor dos necessitados, atitudes paternalistas que consistem em jogar boliche de grama com eles e beber no ano-novo à sua saúde. Sua esposa ensina aos homens e meninos da aldeia como "recortar e fazer ilhós", compondo-lhes cantigas enquanto trabalham. "Que nosso trabalho adoremos, / O escudeiro e os seus exaltemos, / Das porções nos alimentemos / E nosso lugar recordemos."[27]

Havia muita coisa em *Coningsby* para Dickens parodiar (ele, afinal, não tinha Disraeli em alta conta), mas também muitos elementos que lhe devem ter soado agradáveis. Taper e Tadpole, versão de Disraeli para Tweedledum e Tweedledee, personagens que resolviam assuntos de Estado durante jantares e que, enquanto bebericavam suas taças de vinho tinto, acabaram por solucionar a inquietante questão do imposto do malte, poderiam ter saído diretamente dos romances do próprio Dickens, assim como as normas dos comissários e os relatórios dos subcomissários da Lei dos Pobres, os quais resumiam o utilitarismo que desagradava tanto a Dickens quanto a Disraeli. Dickens também apreciaria o diálogo entre Taper e Tadpole:

---

[27] Charles Dickens, "The Chimes", *Christmas Books*. Oxford, 1954, p. 106-07.

— Quieto! – disse o Sr. Tadpole. – Já se foi o tempo dos governos tóris; é de um bom governo conservador que o país precisa.
— Um bom governo conservador – repetiu Taper, refletindo. – Entendo: homens tóris e medidas liberais.[28, 29, 30]

Coningsby representava o lado político do movimento da Jovem Inglaterra – a filosofia tóri, em contraste com o conservadorismo de Peel. *Sybil*, obra publicada no ano seguinte, representava seu lado social. Foi nela que Disraeli elaborou a "questão das condições do povo", expressão que Carlyle cunhara, mas que Disraeli assumiu para si e transformou no âmago de sua causa.[31] A expressão por cuja difusão (mas não invenção) Disraeli poderia ser responsabilizado é "duas nações", a qual aparece como subtítulo de *Sybil* e, também, no célebre diálogo entre Egremont, o bom aristocrata (sentimo-nos tentados a pôr essas identificações em letras maiúsculas, tal qual se tratasse de uma moralidade), e o "estrangeiro" owenista Stephen Morley.

---

[28] *Conigsby, or the New Generation*. London, 1948, p. 106. (1. ed. 1844.)

[29] Esse não é o primeiro registro do uso de "conservador" como rótulo partidário. Já em 1830, o político e autor tóri J. Wilson Croker relatava que a palavra "conservador" estava substituindo o venerável termo "tóri". Dois anos depois, o líder irlandês Daniel O'Connell tratou a lei reformista como "conservadora": "Esse é o termo em voga, a nova expressão pomposa usada na alta sociedade para designar a ascendência tóri". Naquele mesmo ano, Macaulay estendeu o termo ao líder revolucionário francês Mirabeau, que teria morrido, "para usarmos o novo jargão, como 'conservador' convicto". Em 1847, após Peel ter conseguido revogar as Leis do Milho, sua facção no partido – a qual, segundo Monypenny e Buckle, representava uma contradição em termos, uma filosofia tóri "da classe média" – passou a ser identificada como conservadora. A definição de conservadorismo dada por Disraeli, porém, continua sendo a mais lembrada: "homens tóris e medidas liberais".

[30] Trechos retirados do *Oxford English Dictionary*.

[31] Num discurso proferido a seu eleitorado antes da publicação de *Sybil*, Disraeli dá a impressão de arrogar para si a autoria da expressão, afirmando que escrevera sobre o tema antes de ele ser debatido no Parlamento. A verdade, contudo, é que ele não afirmou ter usado a expressão, seja no Parlamento, seja alhures (William Flavelle Monypenny e George Earle Buckle, op. cit., I, p. 629. (31 de agosto de 1844.))

— Diga o que bem entender [observa Egremont], mas nossa rainha reina sobre a maior nação que já existiu.
— Que nação? — indagou o jovem estrangeiro. — Ela reina sobre duas, afinal.
O estrangeiro fez uma pausa; Egremont estava quieto, mas trazia um olhar inquiridor.
— Isso mesmo — retomou o jovem estrangeiro após um breve intervalo. — Duas nações, entre as quais não há relação nem afinidade; duas nações que ignoram os hábitos, pensamentos e sentimentos uma da outra, como se fossem habitantes de áreas diferentes ou moradores de planetas distintos; duas nações a que são dadas criações e alimentos diferentes, que se ordenam por costumes diferentes e que não são governadas pelas mesmas leis.
— Você está se referindo a... — disse Egremont, hesitantemente.
— Aos ricos e aos pobres.[32, 33, 34]

Na realidade, essa forma clara e inflexível da dicotomia não é esboçada no romance propriamente dito. É o cartista Stephen Morley quem assim se expressa, e não Disraeli, o tóri radical. Nem mesmo o faz o Disraeli romancista, pois o que o próprio romance comunica é que em ambas as nações, de modo especial na nação dos pobres, há subdivisões variadas: trabalhadores rurais e industriais, tecelões manuais, mineiros de carvão, funileiros — cada qual com suas características, suas maneiras, suas atitudes, suas falas. Além disso, cada

---

[32] Benjamin Disraeli, *Sybil, or the Two Nations*. London, Penguin, 1954, p. 72-73. (1. ed. 1845.)

[33] Em *Memoir on Pauperism*, de 1835, Tocqueville afirmou que a lei dos pobres rompia o elo entre as "duas nações rivais", os ricos e os pobres. Seis anos depois, William Channing, pastor unitarista americano, escreveu (num estranho antegozo de Disraeli): "Pode-se dizer que, na maioria das cidades grandes existem duas nações, as quais pouco se conhecem e pouco se relacionam, tal qual vivessem em terras diferentes".

[34] Alexis de Tocqueville, *A Memoir on Pauperism*. Trad. Seymour Drescher. Chicago, Ed. Gertrude Himmelfarb, 1997, p. 60; Asa Briggs, "The Language of 'Class' in Early Nineteenth-Century England", *Essays in Labour History*. New York, Eds. A. Briggs e J. Saville, 1960, p. 48.

grupo nutre uma visão preconceituosa dos outros. Morley pode ver os pobres como uma nação unida, mas os próprios pobres não o fazem. Os mineiros tratam os funileiros como o "diabo encarnado" e como "meros pagãos"; eles admoestam Morley a não ingressar na área deles, conhecida como "Casa do Inferno".[35] Do mesmo modo, esses grupos não são pobres na mesma medida ou no mesmo sentido. O romance está longe de ser um tratado contra as fábricas ou contra o industrialismo. Antes, lemos que a situação dos pobres do campo é muito pior do que a dos trabalhadores fabris e que a situação dos tecelões manuais é muito pior do que a dos que trabalham nos moinhos de algodão. Além disso, alguns trabalhadores fabris (como o pai de Sybil) têm a sorte de trabalhar numa fábrica-modelo situada numa cidade-modelo, na qual possuem boa remuneração e moradia – ao contrário do que acontece no campo, onde, nas palavras de um deles, os operários são "obrigados a queimar medas para passar o tempo".[36]

Nem mesmo os degenerados funileiros estão nessa situação por causa da pobreza; eles, na realidade, são trabalhadores hábeis, cujos produtos são procurados em toda a Inglaterra e até mesmo no restante da Europa. Não obstante, vivem em estado precário, menos como seres humanos do que como "animais, como seres inconscientes cuja mente é vazia e cujas piores ações não passam do impulso de um instinto rude ou selvagem". Eles não têm nenhuma igreja ou magistrado, nenhuma sacristia ou escola, nenhuma instituição ou edifício público – nem mesmo uma fábrica, visto que seu trabalho é realizado em suas próprias casas, onde cada mestre exerce um poder tirânico e extremamente brutal sobre os aprendizes.[37]

O dramático relato dessa comunidade, tão degradada quanto "inconsciente da própria degradação", dá lugar a um capítulo em

---

[35] Benjamin Disraeli, op. cit., 1954, p. 146.
[36] Ibidem, p. 104.
[37] Ibidem, p. 160-66.

que o pai de Sybil, o entusiasmado cartista Walter Gerard, discorre sobre "a degradação do povo":

> Há, neste país, grupos enormes de classes operárias cuja condição é hoje mais semelhante à dos selvagens do que em qualquer outra época desde a Conquista. Com efeito, nada vejo que os distinga dos selvagens, exceto o fato de que sua moral é inferior. O incesto e o infanticídio são tão comuns entre eles quanto entre os animais inferiores.[38]

Gerard acredita estar falando sobre as "classes operárias", mas no romance apenas o "estranho conjunto" de funileiros encontra-se nessa condição degradante. Claro está que ele nada sabe sobre eles ou sobre a maioria dos trabalhadores. Ele mesmo está empregado na fábrica-modelo, na qual trabalha, segundo relata prazerosamente sua filha, "em meio aos bosques e as águas", e não "confinado numa fábrica escaldante situada numa rua fumarenta".[39]

Sybil é sem dúvida um "romance social", mas não um tratado contra o industrialismo ou a favor do socialismo.[40, 41] O que Sybil, essa idealista romântica, acaba por descobrir no final da obra é que "os caracteres eram mais variados, as motivações eram mais heterogêneas, as classes eram mais mescladas e os elementos de cada uma

---

[38] Ibidem, p. 170.

[39] Ibidem, p. 175.

[40] *Coningsby* vai ainda além de *Sybil* em sua visão altamente romantizada do industrialismo. Ambos os romances trazem moinhos de algodão que figuram como fábricas-modelo em cidades-modelo. Ao visitar o moinho em Manchester, Coningsby enaltece o milagre das máquinas:

> A máquina é um escravo que não traz nem gera degradação. Ela é um ser dotado de um alto grau de energia e que age sob um enorme grau de estímulo, mas que, ao mesmo tempo, está livre de toda paixão e de toda emoção. Não se trata, portanto, de um mero escravo, mas de um escravo sobrenatural. E por que diríamos que a máquina não tem vida? [...] Os eixos não cantam como uma jovem que trabalha alegremente, o motor a vapor não ruge um refrão jubiloso tal qual o artesão forte que maneja suas ferramentas robustas e que recebe sua paga diária por um dia de trabalho duro?

[41] *Coningsby*, p. 150.

eram mais sutis e diversificados do que ela cria ser".[42] O herói, ademais, aquele que ela está prestes a ter como esposo, não é nem um trabalhador, nem mesmo o dono da fábrica-modelo: trata-se, antes, do aristocrata exemplar, daquele que, no início da obra, é conhecido como Sr. Egremont e que, no final, ao ingressar em sua propriedade (uma propriedade que, segundo as damas fofoqueiras, só é igualada pela de três homens no reino), tem já o título de conde de Egremont. É ele quem carrega o fardo moral do livro, pregando o evangelho social tal qual afirmado pelo próprio autor: "O poder só tem um dever: assegurar o bem-estar do POVO".[43] Egremont enfim retifica a repetida certeza de Sybil de que o abismo entre as nações é "intransponível" e de que a única solução é transferir o poder político ao povo,[44] o qual, diz-lhe ele, não é o repositório natural do poder. Uma aristocracia natural é isso, e, à época, surgia uma nova geração de aristocratas que possuía o espírito e a coragem necessários para assumir a responsabilidade. "Eles são os líderes naturais do povo, Sybil; acredite, eles são os únicos." E é deles também o verdadeiro princípio da igualdade – uma igualdade que deve ser alcançada "não pelo nivelamento dos Poucos, mas pela elevação dos Muitos".[45]

Em *Sybil*, o problema das duas nações é solucionado com o casamento de Sybil e Egremont, por meio do qual a radical e o tóri se emparceiram e adotam o nome conjugal de democrata tóri. Esse casamento fictício era quase uma tradução do casamento político que Disraeli almejava desde seus primórdios na vida pública. Em 1832, antes mesmo de dar seus primeiros passos na política eleitoral, ele publicou (anonimamente) um panfleto de duzentas páginas em que declarava que a política externa dos *whigs* era uma forma

---

[42] Benjamin Disraeli, op. cit., 1954, p. 280.
[43] Ibidem, p. 264.
[44] Ibidem, p. 240, 270.
[45] Ibidem, p. 268, 284.

de "galomania". Ele anunciou: "Não sou nem um *whig*, nem um tóri. Uma única palavra descreve minha política, e esta palavra é Inglaterra".[46] No ano seguinte, num panfleto publicado em apoio à sua candidatura (a terceira de suas frustradas tentativas de conseguir uma cadeira), ele formulou outro nome para seu partido. Numa passagem que poderia muito bem integrar um diálogo entre Sybil e Egremont, Disraeli explicou: "O tóri e o radical eu compreendo; o *whig*, o aristocrata democrático, foge ao meu entendimento". O verdadeiro princípio aristocrático só poderia ser restaurado se os tóris percebessem que seu dever era "aderir aos radicais e permitir que ambas as alcunhas se fundissem num título comum, o inteligível e digno título de Partido Nacional".[47]

Enquanto Disraeli corria atrás de sua cadeira, esse ideal permeava seus discursos e escritos. Em 1835, por exemplo, sua *Vindication of the English Constitution* atacou os *whigs* por violarem as tradições e instituições do regime inglês, declarando então que o tóri era o partido nacional e democrático; assim também, um panfleto do mesmo ano apoiava sua candidatura em nome do verdadeiro partido tóri:

> Sou ainda da opinião de que o partido tóri é o verdadeiro partido democrático deste país. Julgo que um dos primeiros princípios de sua filosofia é a crença em que o governo foi instituído para o bem-estar dos muitos. É por isso que os tóris conservam as instituições nacionais, cujos objetos são a proteção, a manutenção e a educação moral, civil e religiosa da grande massa do povo inglês; estas são instituições que, assumindo a forma de igrejas, universidades ou associações humanas, protegem os desamparados e auxiliam os necessitados, põem em prática a justiça e conservam a verdade, nascendo e florescendo para o benefício e a felicidade das multidões. Nego que os tóris tenham um dia se oposto ao verdadeiro espírito democrático e nacional do país; antes, foram eles que sempre o lideraram.[48]

---

[46] William Flavelle Monypenny e George Earle Buckle, op. cit., I, p. 214.

[47] Ibidem, I, p. 230.

[48] Benjamin Disraeli, op. cit., 1982, II, p. 60-61 (2 de julho de 1835).

Muitas vezes se diz que a oposição entre Disraeli e Robert Peel, explicitada no Parlamento em 1843-1844 e, de modo ainda mais dramático, em *Coningsby* e *Sybil*, nascera do não recebimento, por Disraeli, de um cargo no gabinete de Peel em 1841.[49] A verdade, porém, é que o fundamento dessa oposição remete aos primeiros passos de Disraeli na vida pública, a uma época em que ele sequer tinha uma cadeira no Parlamento e estava longe de aspirar a um cargo no gabinete. O "Partido Nacional" – o verdadeiro partido tóri que ele tanto destacou naqueles anos iniciais – era a antítese mesma do "governo conservador" (o governo de Peel, claro) que Taper definiu tão sucintamente: "homens tóris e medidas liberais". Nesse sentido, Disraeli continuou a ser um tóri mesmo depois de o partido se tornar oficialmente o partido conservador.

Foi também nesses primeiros anos que Disraeli antecipou a "ruína dos *whigs*", uma das vitórias mais célebres de sua carreira madura, dada quando de sua defesa, em 1867, do Ato de Reforma que concedia direitos civis às classes operárias urbanas. Em 1835, ele se orgulhara do apoio oferecido pelos tóris a uma cláusula de arrendamento a cinquenta libras que aumentava o eleitorado: "*medida assaz democrática*", enfatizou ele, "e que visava claramente a salvação do Estado". Seu oponente *whig*, observou ainda, ficou um tanto irritado com o fato de um tóri ter chamado para si a promoção da reforma. "Os *whigs*, afinal", protestou Disraeli, "querem toda a reforma para si!"[50]

Tanto em 1835 quanto em 1867, a tática de se apropriar da reforma não foi a manobra maquiavélica que muitos pensam ter sido. Disraeli jamais viu os *whigs* (ou, depois, os liberais) como o partido natural da reforma, uma vez que eram os tóris, ao menos o seu tipo de

---

[49] Blake dá a entender o mesmo, afirmando não haver pistas, nos discursos ou escritos de Disraeli, daquelas falhas de Peel que ele viria a expor em *Coningsby* e *Sybil* (p. 162). Do mesmo modo, não haveria quaisquer mudanças notáveis nas políticas deste que pudessem explicar a oposição de Disraeli (p. 183).

[50] Benjamin Disraeli, op. cit., 1982, II, p. 62.

partido tóri, os líderes "naturais" do povo. E, visto que ele jamais subscreveu à doutrina da "ociosidade" pregada pelo *laissez-faire* liberal, não lhe era difícil apoiar toda e qualquer reforma social que lhe parecesse de interesse popular. Ademais, também não lhe era difícil ampliar ao máximo o termo "povo", expressão que, a seus olhos, muito diferia de "distrito eleitoral" ou "eleitorado". O povo era a totalidade da nação, estivesse ou não representado no Parlamento; era a sua felicidade o que constituía o objetivo do governo. Em 1839, no auge do movimento cartista, ele proferiu um discurso no Parlamento que antecipava o debate de Egremont com Sybil. "Não tenho vergonha de dizer", declarou (para a consternação de grande parte de seu partido), "que, por mais que desaprove a Carta, vejo com bons olhos os cartistas." Ou seja: ele desaprovava a ideia de que o antídoto para o problema social (o problema das condições do povo) estava na reforma política, mas simpatizava com o problema em si e com a necessidade de reformas sociais.[51] Disraeli também foi um dos poucos no Parlamento a se opor às rigorosas medidas punitivas tomadas contra os cartistas.

Quando, no futuro, precipitou a "ruína dos *whigs*" por meio da aprovação do Ato de Reforma de 1867, ele o fez não porque se convertera à causa da igualdade política, e sim porque era neutro ou indiferente ao tema da representação. Seguro em sua confiança num "partido nacional", Disraeli era capaz de contemplar com equanimidade toda e qualquer alteração nas condições de acesso às franquias. (As franquias, nos burgos, estavam atreladas ao valor anual dos terrenos ocupados pelo proprietário.) Enquanto Gladstone calculava o efeito preciso que cada mudança teria sobre o tamanho e a natureza do eleitorado, Disraeli estava desdenhosamente (ou assim parecia aos olhos de Gladstone) preparado para aceitar toda medida ou reforma. Diante de uma infinidade de esquemas destinados a estabelecer o acesso às franquias em "oito, sete, seis libras e os mais distintos

---

[51] 3 Hansard, vol. 49, p. 246-52 (12 de julho de 1839).

valores", Disraeli decidiu que não havia "ponto pacífico sensato" senão o sufrágio por domicílio (concedendo os direitos a todos os contribuintes que residiam nos burgos).[52]

Gladstone ficou furioso e desconcertado. Um projeto "simples" dos conservadores, confidenciou a um colega, seria "uma franquia de oito libras sem truques", ao que ele poderia então se opor com a magnânima oferta de sete libras. Aquele "etíope", contudo, seria agora tão "dissimulado" quanto sempre fora, obrigando Gladstone a ser igualmente dissimulado e a propor medidas ainda mais liberais.[53] Foi isso o que de fato aconteceu, mas Gladstone jamais pôde entender ao certo o porquê. Ele não foi derrotado pelo astuto "etíope", e sim por uma falha imaginativa a que se associara sua falta de coragem. Ele só sabia jogar o jogo das libras, na esperança de chegar a um número que representasse um eleitorado seguro (para os liberais, é claro). Em determinado momento do debate, seus cálculos complicados e suas incessantes referências à "regra de três" fizeram a Casa explodir em gargalhadas, ao que ele debilmente respondeu dizendo-se feliz por seus "estudos em aritmética se mostrarem tão divertidos".[54] Disraeli não precisava desses cálculos aritméticos porque confiava na disposição natural das classes operárias e no caráter nacional de seu próprio partido. Como consequência, pôde levar o crédito pela reforma mais radical do século: uma duplicação do eleitorado que resultou na concessão de direitos à maior parte das classes operárias urbanas. O *Times*, no obituário que lhe dedicou muitos anos depois, resumiu esse aspecto de Disraeli na famosa metáfora: "Na massa inarticulada do populacho inglês, ele viu o trabalhador conservador do mesmo modo como o escultor vê o anjo aprisionado num bloco de mármore".[55]

---

[52] Ibidem, vol. 188, p. 1.603 (15 de julho de 1867).

[53] John Morley, *The Life of William Ewart Gladstone*. New York, II, 1903, p. 222-23 (30 de outubro de 1866).

[54] 3 Hansard, op. cit., vol. 182, p. 53 (12 de março de 1866).

[55] *Times*, 18 de abril de 1883.

Quando, em 1840, um destacado radical elogiou-o por defender os cartistas, Disraeli respondeu que "a união entre o partido conservador e as massas radicais é o único meio de preservar o império. O interesse de ambos é o mesmo; unidos, eles formam a nação".[56] A nação e o império – uma nação unida em casa e uma nação forte no exterior; também este fora o tema de suas primeiras alocuções políticas e de seus ministérios. Logo após a aprovação do Ato de Reforma de 1867, Disraeli esteve presente num banquete conservador em Edimburgo. Seu anfitrião, que até então não o conhecia, ficou fascinado por aquele "mago poderoso", dotado de uma "compleição olivácea" e olhos de carvão – um homem diferente de todos os outros que já conhecera. Embora Disraeli não parecesse inglês, seu anfitrião não tinha dúvidas de seu anglicismo. "A Inglaterra é a Israel de sua imaginação; caso tenha a oportunidade, ele certamente será ministro imperial antes de morrer."[57] A oportunidade de fato apareceu: primeiro em 1868, quando assumiu o lugar de Derby como primeiro-ministro nos poucos meses que antecederam a eleição que tirou o cargo dos conservadores; e depois em 1874, quando Disraeli assumiu o posto e iniciou um atribulado mandato de seis anos.[58, 59]

---

[56] William Flavelle Monypenny e George Earle Buckle, op. cit., I, p. 486 (7 de junho de 1840).

[57] Ibidem, II, p. 483.

[58] Recorde-se mais uma vez o princípio cardeal da política: boa ação alguma passa impune. Do mesmo modo como Churchill foi destituído do cargo após desempenhar um papel espetacular numa guerra vitoriosa, também Disraeli foi destituído do cargo, em 1868, após colocar o poder nas mãos de um novo eleitorado e, em 1880, depois de pôr em prática uma ambiciosa política de reforma social. Outra semelhança com Churchill, dessa vez mais banal: num discurso proferido em Manchester no mês de abril de 1876, Disraeli, então com 68 anos e uma saúde debilitada, falou durante três horas e quinze minutos, sendo amparado, segundo um dos organizadores do evento, por duas garrafas de conhaque branco (para que se misturasse à água que tomava).

[59] William Flavelle Monypenny e George Earle Buckle, op. cit., II, p. 526-27.

Monypenny e Buckle, seus biógrafos, distinguiram o Disraeli "promotor da democracia tóri" de Lorde Beaconsfield (título que ele viria a receber), "estadista imperial e europeu".⁶⁰ Essa distinção, porém, como os próprios autores assinalaram, não era assim tão clara. Muito antes de ser elevado ao pariato (em agosto de 1876) – na verdade, muito antes de ingressar no Parlamento –, ele já defendia o "império" como suplemento natural da "nação". Em 1833, ao candidatar-se sem sucesso a uma cadeira, ele clamou por uma aliança entre tóris e radicais, que assumisse o nome de "Partido Nacional" e se empenhasse para "conservar a glória do império e garantir a felicidade do povo". No ano seguinte, em *A Year at Hartlebury*, o herói trata os *whigs* como "antinacionais" e prevê que uma vitória deles culminaria no "desmembramento do império".⁶¹ Duas décadas depois, quando Palmerston propôs a entrega das Ilhas Jônicas à Grécia, Disraeli protestou vigorosamente, censurando aqueles "professores e retóricos" que sempre encontram motivos para alguma ação. "Todavia", declarou ele ao Parlamento, "tenho certeza de que os senhores não deixarão o destino do Império Britânico nas mãos de arrogantes e pedantes. Um país, em especial um país marítimo, deve tomar posse dos lugares fortes do mundo caso deseje contribuir com o seu poder."⁶²

O mesmo tema surgiu de modo mais claro no famoso discurso proferido no Palácio de Cristal em 1872, quando Disraeli enunciou mais uma vez o que lhe pareciam ser os três princípios fundamentais do partido tóri: conservar as instituições inglesas, melhorar a situação do povo e defender o império. No que toca o primeiro princípio, ele chamou a atenção para o respeito devido à instituição da monarquia em geral e à pessoa da rainha em particular. O segundo princípio, aquele que se refere à condição do povo, pedia uma defesa das reformas

---

⁶⁰ Ibidem, II, p. 873.

⁶¹ Sarah Bradford, op. cit., 1983, p. 58; *A Year at Hartlebury*, p. 104.

⁶² William Flavelle Monypenny e George Earle Buckle, op. cit., II, p. 68-69.

sociais que ele propusera no Parlamento – reformas relativas à habitação, ao saneamento, às condições fabris, à alimentação e à provisão de água –, as quais os liberais ridicularizavam chamando-as de "política do esgoto". Essas medidas, objetou Disraeli, eram para o povo uma questão de vida ou morte, uma vez que suas "consequências morais" seriam tão importantes quanto suas consequências físicas.[63]

Foi o terceiro item, porém, que atraiu para si maior atenção: a defesa do império contra os liberais, cuja política externa não passava, segundo Disraeli, de um esforço sutil, mas também enérgico e contínuo, para suscitar "a desintegração do império da Inglaterra". Os liberais haviam demonstrado, "com provas matemáticas", como se perdia dinheiro nas colônias, o quão dispendiosa era a Índia – aquela "joia na coroa da Inglaterra" – e o quão desejável era livrar os ingleses daquele "pesadelo". A política de autogoverno que eles propunham para as colônias almejava esse fim. Disraeli rapidamente acrescentou que ele mesmo não se opunha ao autogoverno. De que outro modo as colônias distantes poderiam ser administradas? No entanto, esse autogoverno deveria fazer parte de uma política mais ampla de "consolidação imperial", a qual definiria tanto as responsabilidades quanto as garantias do povo da Inglaterra e das colônias. Essa perspectiva mais ampla, porém, era vista por aqueles que tratavam das colônias e, de modo particular, da Índia como um fardo, uma vez que estes "viam tudo sob seu aspecto financeiro, ignorando por completo as considerações morais e políticas que tornam as nações importantes e que, por sua influência, distinguem os homens dos animais".[64, 65]

---

[63] Ibidem, II, p. 534.

[64] Ibidem, II, p. 534-35.

[65] É interessante que os contemporâneos de ambos os lados da questão considerassem o império – de modo particular a Índia – algo economicamente desvantajoso para a Inglaterra. O próprio Disraeli jamais tentou refutar isso, fundamentando sua posição apenas em argumentos morais e políticos.

A administração de Disraeli entre 1874 e 1880 refletiu o espírito dessa fala. As reformas que os liberais haviam denominado "esgoto" foram sancionadas; a rainha foi nomeada (contra uma amarga oposição) imperatriz da Índia; o governo adquiriu as quotas que davam à Inglaterra o controle do Canal de Suez; a Ilha de Chipre foi obtida pacificamente; e a disputadíssima "Questão Oriental", para o contentamento de Disraeli, foi solucionada. Esta última se mostrou para ele uma vitória tão pessoal quanto política. O problema eclodira em 1876, quando Gladstone publicou um panfleto extremamente bem-sucedido – 40 mil cópias foram vendidas numa semana e 200 mil, ao final de um mês – que denunciava o massacre de milhares de búlgaros pelos turcos após o desencadeamento de uma revolta em massa; o número de mortos, segundo dizem, varia entre 10 e 25 mil. Paixões religiosas e humanitárias se inflamaram, e o caso acabou por tornar-se um grande acontecimento internacional quando a Rússia ameaçou invadir a Turquia (o que de fato aconteceria), alegando iniciar uma cruzada em prol dos cristãos balcânicos oprimidos. Na Inglaterra, os "atrozes", que tinham os turcos em baixíssima conta, opuseram-se aos "jingoístas", que maldiziam os russos e estavam prontos para travar guerra contra eles caso necessário. (Um *music hall*, nessa época, popularizou o termo "jingo" numa cantilena.)

Disraeli não se iludia com relação aos turcos: durante a grande excursão que realizara meio século antes, ele relatou loquazmente ter jantado na Albânia com o bei, que "decapitava diariamente metade da província".[66] Suas ilusões, porém, eram ainda menores com relação à Rússia, tanto no que diz respeito à sua capacidade de realizar atrocidades quanto em relação àquilo que ela planejava para Constantinopla. Enquanto Gladstone instigava um furor antiturco e pró-russo (e também antissemita, acusando Disraeli de ser indiferente ao sofrimento dos cristãos em virtude de seu "criptojudaísmo" e sua

---

[66] Blake, op. cit., 1966, p. 579.

"antipatia racial"),⁶⁷ Disraeli contra-atacou insistindo em que, por mais deploráveis que fossem as atrocidades, a política britânica deveria basear-se em seus interesses nacionais. Esses interesses exigiam que a Rússia fosse impedida a todo custo de realizar seu sonho imperial e obter o controle de Dardanelos e do Mediterrâneo.

Disraeli não teve de convencer apenas o país de seus interesses nacionais; também foi preciso exortar o Ministério de Relações Exteriores e seu gabinete. No ápice da crise, ele escreveu para a rainha, sua defensora mais fiel: "De manhã, uma hora torturante com Lorde Derby [o secretário de Relações Exteriores], para quem nada deveria ser feito; à tarde, outra com Lorde Salisbury [secretário de Estado para a Índia], que claramente pensa mais em elevar a Cruz no alto da cúpula da Santa Sofia do que no poderio da Inglaterra".⁶⁸ Na realidade, como Disraeli veio logo a descobrir, Derby estava longe de achar que "nada deveria ser feito"; ele vinha comunicando, de maneira deliberada, alguns segredos do gabinete ao embaixador da Rússia em Londres. (No futuro, Salisbury se mostraria leal e capaz como secretário de Relações Exteriores.) Entretanto, era Disraeli o arquiteto da política externa – e em 1878, quando com 73 anos, também a figura que liderava o Congresso de Berlim. Adotando uma postura ousada e determinada, ele ameaçou dissolver o Congresso e até mesmo declarar guerra; assim, conseguiu privar a Rússia dos ganhos cruciais que obtivera após a vitória sobre a Turquia e suscitar um acordo mais ao gosto das forças europeias do que ao gosto da Turquia ou da Rússia. Disraeli retornou de Berlim como um herói vitorioso.

Os historiadores podem muito bem especular sobre o que teria acontecido caso Gladstone presidisse a Grã-Bretanha naquele momento e caso a Rússia tivesse a oportunidade de se expandir – possivelmente, até Constantinopla. Eles podem também questionar os princípios que guiaram Disraeli tanto naquela ocasião quanto, de

---

⁶⁷ Sarah Bradford, op. cit., 1983, p. 337.
⁶⁸ Robert Blake, op. cit., 1966, p. 624.

modo geral, também nos assuntos externos e imperiais. Sobre certos aspectos, porém, há pouco espaço para dúvidas. Sua preocupação com o império não era motivada pelos ganhos econômicos da Inglaterra; ele parecia crer no argumento dos anti-imperialistas (Disraeli ao menos jamais tentou refutá-lo), para os quais o império trazia mais despesas do que ganhos para a Inglaterra. Do mesmo modo, sua ideia de império não abarcava um engrandecimento amplo ou agressivo; na realidade, ele costumava se opor a toda anexação. Disraeli também não dava mostras de nutrir nada que se assemelhasse àquela ética do "fardo do homem branco" que viria a ser utilizada para justificar o imperialismo. O que o motivava era seu apaixonado interesse pela força, pelo prestígio e pela influência da Grã-Bretanha, tal como seu ânimo para buscar uma política externa vigorosa que alcançasse esse fim. Alguns historiadores deram a ele o título de "progenitor do neoimperialismo", um imperialismo que se contenta em governar, como afirmou Disraeli, um domínio "peculiar" espalhado ao redor do mundo, habitado por pessoas de raças, religiões, leis, modos e costumes diferentes. Era esse império "peculiar", o qual respeitava a diversidade de cada uma de suas partes, que estava por trás da orgulhosa afirmação de Disraeli: "A Inglaterra logrou a união das duas qualidades pelas quais o imperador romano era deificado: 'Imperium et Libertas'".[69]

Após a conclusão do Congresso de Berlim, Bismarck homenageou Disraeli: "*Der alte Jude, das ist der Mann*".[70] Essa é uma observação pungente. Os historiadores ainda se sentem fascinados pela imagem desse *alte Jude* que escalou o "escorregadio mastro" do poder; eles também se deixam intrigar pelo país e pelo partido que lhe permitiram fazê-lo. Não menos interessantes são as ideias que ele levou

---

[69] James Morris, *Pax Britannica: The Climax of an Empire*. New York, 1968, p. 177, 512.
[70] Robert Blake, op. cit., 1966, p. 646.

consigo ao alcançar essa posição de destaque – ideias que fazem dele alguém distinto na história britânica. A palavra final pode estar com o próprio Disraeli – com o jovem Disraeli que, em 1833, observou em seu diário: "Os utilitaristas, na política, são como os unitaristas na religião; ambos suprimem a imaginação em seus sistemas quando, na verdade, é a imaginação que governa a humanidade".[71]

A exemplo de sua carreira literária (e, nesse caso, também de sua vida pessoal), a carreira política de Disraeli representa o triunfo da imaginação. É uma homenagem à ousadia e à complexidade dessa imaginação o fato de, mais de um século depois, os biógrafos ainda debaterem o significado de suas ideias e os historiadores discutirem sobre seu legado e sua sucessão.

---

[71] Benjamin Disraeli, op. cit., 1982, I, p. 447.

Capítulo 6 | John Stuart Mill

O OUTRO MILL

Pode ser útil recordar uma época, não tão distante, em que se achava que grandes filósofos estavam imunes aos caprichos da biografia e da história, em que se supunha que suas ideias tinham validade universal e eterna e eram suficientes por si sós, independentes de raça, cor, classe, gênero, nacionalidade ou personalidade. Supunha-se, também, que tais ideias formavam um todo coerente e integral; se o leitor ou o crítico concluísse o contrário, seria em virtude de sua falta de estudo ou de entendimento. Nem todos os filósofos, é claro, foram capazes de satisfazer essas condições com a perfeição com que Kant o fizera. Conta-se, sobre Kant, que o grande acontecimento de sua vida foi um não acontecimento. Encorajado por amigos, e já ao fim de sua vida, ele concordou em trocar Königsberg por Berlim. Kant chegou de fato a fazer as malas e partir em sua carroça, mas tudo para retornar a algumas milhas dali. Isso parece resumir o filósofo puro, cuja vida pessoal fornece tão pouco material ao biógrafo que a obra-padrão sobre sua vida, *A Vida e o Pensamento de Kant*, de Ernst Cassirer, poderia muito bem ter como título apenas *O Pensamento de Kant*.

Os pensadores de destaque da Inglaterra vitoriana eram de outra estirpe. John Stuart Mill, Thomas Carlyle, Matthew Arnold, cardeal Newman, Lorde Acton: todos eles passaram por experiências pessoais abrasadoras. E todos eles também não deixaram que tais experiências lhes falassem apenas ao coração, mas também à mente, fazendo-os considerar, e muitas vezes reconsiderar, as questões mais amplas da filosofia, da sociedade, da política e da religião. Como os *philosophes* franceses no século anterior, eles eram intelectuais, e não filósofos, de destaque. E, assim como os *philosophes* deixaram uma marca indelével no iluminismo francês, também esses intelectuais concederam à Inglaterra vitoriana seu caráter e sua vitalidade únicos.

John Stuart Mill foi o mais eminente desses intelectuais. O drama de sua vida – e também o de sua mente – gira ao redor de duas figuras: seu pai e sua esposa. "Nasci em Londres", lemos no início de sua *Autobiografia* (após um parágrafo que justifica a redação de um livro como esse), "no dia 20 de maio de 1806, sendo o filho mais velho de James Mill, autor de *History of the British India*."[1] Essa introdução é inteiramente adequada a uma autobiografia em que o pai desempenha um papel de destaque e a mãe é tão somente mencionada, o que causou certo embaraço às feministas de hoje, que tratam Mill como um dos seus. As poucas frases que o rascunho original dedica à sua mãe (frases posteriormente suprimidas por sua esposa) são repudiantes, quase desdenhosas: descrevem-na como uma trabalhadora que labutava incansavelmente para sua família, mas que era incapaz de amá-la ou ser amada. E, por não ter conseguido criar uma atmosfera de ternura e afeto, seu marido também se viu privado, aos olhos de seu filho, dessas mesmas qualidades. No entanto, não era apenas afeição o que faltava naquele "casamento incompatível": inexistia também intelecto, uma vez que sua mãe não trazia consigo nenhum dos "incentivos da inteligência, dos gostos ou das buscas afins" que teriam tornado mais agradável a vida de seu esposo – e, ao que tudo indica, também a de seu filho.[2]

Se a mãe de Mill foi incapaz de lhe fornecer esses "incentivos" intelectuais, seu pai compensou-o com maestria. Foi ele quem

---

[1] *Autobiography of John Stuart Mill*. New York, 1924, p. 2. (Essa edição tem como base o manuscrito original que Mill quis publicado após sua morte.)

[2] *The Early Draft of John Stuart Mill's Autobiography*. Urbana, Ed. Jack Stillinger, III, 1961, p. 36, 66, 184.

cuidou da excelente educação do jovem: grego aos 3 anos, Platão (em grego, claro) aos 7, latim (com muito atraso) aos 8, etc. A lista de obras por ele lidas na juventude abarca uma espécie de bibliografia da literatura ocidental. No entanto, há nessa educação clássica uma diferença; ela vinha suplementada por uma iniciação à mais moderna das filosofias: o utilitarismo. Foi isso o que provocou a "crise em minha história mental", que Mill registrou de modo extremamente dramático, isto é, aquela profunda depressão que o acometeu quando da descoberta de que essa forma de pensamento tão analítica, racionalista e utilitária destruía a emoção, o sentimento e a imaginação e de que a vida para a qual ele estava sendo preparado – na condição de pensador e reformador da escola benthamiana – era sem sentido e cruel.

Um dos momentos mais comoventes da *Autobiografia* é o relato do "raio de luz" que começou a dispersar a profunda depressão de Mill. Enquanto lia as memórias do *philosophe* francês Jean-François Marmontel, ele se deparou com uma passagem que descrevia a morte do pai e a descoberta, por parte do garoto, de que ele agora assumiria o lugar daquele homem na família. Subitamente, Mill explodiu em lágrimas e seu "fardo ficou mais leve". É curioso que, mesmo num período pré-freudiano, Mill tenha descrito esse episódio sem aparentemente perceber o que ele dizia acerca de si mesmo e de seu pai, contentando-se apenas com a descoberta de que ele afinal poderia ser levado às lágrimas, de que seus sentimentos não estavam mortos e de que ele não era "uma tora ou uma rocha".[3]

Essa epifania foi reforçada nos anos seguintes pela leitura dos poetas românticos Wordsworth, Coleridge e Shelley e de espíritos dissidentes como Carlyle, Comte e os sansimonianos. Juntos, esses nomes lhe ofereceram um poderoso antídoto contra o utilitarismo, e, de uma forma ou de outra, percebemos a influência de cada um deles nos

---

[3] *Autobiography*, op. cit., 1942, p. 99.

primeiros ensaios de Mill. Publicados nas décadas de 1830 e 1840, eles continuam a figurar hoje entre seus escritos mais memoráveis – e não apenas memoráveis em si mesmos, expressando ideias sobre a cultura e a sociedade, a política e a história, que ressoam agora com a mesma intensidade com que ressoavam à época; eles são memoráveis, também, por apresentarem um contraponto à obra mais conhecida do autor: *A Liberdade*.

Do mesmo modo como o pai de Mill monopolizou sua juventude, também Harriet Taylor monopolizou sua vida madura – pessoalmente, claro, mas também intelectualmente, e em notável medida.[4] Mill a conheceu quando ainda não completara 25 anos (não há indícios de que ele se tenha interessado por qualquer outra mulher, tanto antes quanto depois) e quando ela, casada e mãe de dois filhos (tendo uma filha prevista para o ano seguinte), possuía ainda 23. Esse "caso", se assim pudermos chamá-lo – e alguns de seus amigos de fato o faziam –, teve início quase imediato e perdurou ao longo de mais ou menos duas décadas, sem que ela deixasse de estar casada com John Taylor. Os dois não escondiam o amor que sentiam um pelo outro, mas insistiam em que se tratava de um amor destituído de qualquer natureza sexual ou sensual. A um amigo alemão, Harriet descreveu-se como *Seelenfreundin*, e, quando Mill escrevia sua *Autobiografia*, ela aconselhou-o a descrever o relacionamento pré-conjugal de ambos como uma relação de "grande afeição e amizade íntima, isento de qualquer indecência". Isso, acrescentou ela, seria um "retrato edificante" para "aqueles pobres-diabos que são incapazes de conceber uma amizade

---

[4] A exemplo da maioria dos biógrafos de Mill, eu por vezes emprego o prenome Harriet (e o sobrenome Mill) por razões de conveniência, e não por desrespeito. Harriet foi Harriet Taylor muito antes de ser Harriet Mill, e seria estranho alternar entre esses dois sobrenomes de acordo com o período em questão (ou no caso de períodos sobrepostos, quando ela, de Sra. Taylor, passa a Sra. Mill).

sem sexo e que não acham que a conveniência e a consideração pelos sentimentos alheios possam vencer a sensualidade".[5] De acordo com certo biógrafo, eles fizeram "aquilo que era honrável" e deixaram de dormir um com o outro, mas isso "às custas de um enorme sacrifício pessoal"[6] – e com algum sacrifício, também, por parte do marido de Harriet, uma vez que "aquilo que era honrável" exigia que ela deixasse de dormir também com ele. John Taylor frequentava complacentemente o seu clube para que ela e Mill pudessem jantar juntos, assim como permanecia em casa quando ambos passavam o fim de semana na casa de campo de Harriet ou viajavam para o exterior – às vezes, mas não sempre, na companhia de seus filhos. Depois da morte de John Taylor, ambos esperaram quase dois anos antes de se casarem, em respeito às conveniências.[7,8]

Se o celibato perdurou após o matrimônio é ainda uma questão aberta. Caso tenha, ambos poderiam alegar em seu favor os motivos mais elevados. Já ao fim da vida, instigado pela leitura de um excerto

---

[5] F. A. Hayek, *John Stuart Mill and Harriet Taylor: Their Friendship and Subsequent Marriage*. Chicago, 1951, p. 196 (14-15 de fevereiro de 1854). (A folha de rosto, na publicação original, trazia o subtítulo *Their Correspondence and Subsequent Marriage*. Uma errata em anexo substituía "Correspondence" por "Friendsphip".)

[6] Nicholas Capaldi, *John Stuart Mill: A Biography*. Cambridge, Inglaterra, 2004, p. 108.

[7] O senso de conveniência de Mill era tão grande que, um ano após o casamento, ele enviou uma carta formal à esposa sugerindo que realizassem outra cerimônia, dessa vez na igreja, para eliminar quaisquer dúvidas quanto à sua legalidade. Ele tinha medo de que sua assinatura no registro matrimonial tivesse "uma aparência incomum", uma vez que assinara do modo costumeiro, com suas iniciais, e depois comprimira ao lado seu nome todo. Outra cerimônia, afirmou, garantiria o fim de todo questionamento, "tanto em sua mente quanto na dos outros", acerca da legalidade da união. (Não há registros de que outra cerimônia tenha sido realizada.)

[8] *The Later Letters of John Stuart Mill: 1849-1873. Collected Works of John Stuart Mill*. Toronto, Eds. Francis E. Mineka e Dwight N. Lindley, I, 1972, p. 96 (13 de julho de 1852).

que justificava a prostituição, Mill enviou uma carta a seu amigo Lorde Amberley explicando que uma civilização dominada por homens acabara por exagerar em demasia "a força das paixões naturais". Em sua opinião, porém, isso logo mudaria – e já estava começando a mudar – graças às mulheres.

> Parece-me provável que, nos homens, a exemplo do que já acontece com um grande número de mulheres, essa paixão específica será submetida por completo ao controle da razão. Assim aconteceu com as mulheres porque tem sido essa a condição que suscita nelas a esperança de conquistar o mais alto grau de amor e admiração dos homens. A gratificação dessa paixão em sua forma mais elevada, portanto, tem como condição a supressão dela em sua forma mais vil. [...] Os homens são naturalmente capazes de controlar essas paixões tanto quanto as mulheres.[9, 10, 11]

Não se sabe se Mill e sua esposa (talvez sob a influência desta, como sugere a passagem) de fato exercitaram esse tipo de "controle". O que se sabe é que ambos escolheram viver, se não uma vida ascética, ao menos uma vida extremamente reclusa, isolada da família dele e de todos os seus velhos amigos. O casamento foi curto. Harriet morreu sete anos depois, em 1858, na cidade de Avignon, onde porventura se encontravam. Mill comprou uma casa que dava para o cemitério em que Harriet foi enterrada, mobiliou-a com o que havia no cômodo em que ela morrera e, ao longo de toda a vida, passou parte de cada ano por lá. Em Londres, no entanto, ele retomou uma vida pessoal e pública ativa, reconciliando-se com os membros

---

[9] Ibidem, IV, p. 1.693 (2 de fevereiro de 1870).

[10] Na *Autobiografia*, Mill atribuiu a mesma opinião a seu pai, que antecipou, "como um dos efeitos benéficos do aumento da liberdade, o fato de a imaginação não mais debruçar-se sobre a relação física e tudo aquilo que lhe está relacionado". Essa sensualidade, na opinião do velho Mill, não passava de uma "perversão da imaginação e dos sentimentos [...], um dos males mais arraigados e difundidos no espírito humano".

[11] *Autobiography*, op. cit., 1942, p. 75.

sobreviventes de sua família, reacendendo velhas amizades, oferecendo e frequentando jantares, escrevendo e publicando em abundância e servindo brevemente ao Parlamento. Em 1851, recusou uma cadeira; em 1865, aceitou-a e permaneceu até a eleição geral, quando se candidatou novamente, mas não foi reeleito. Sua enteada Helen comandava sua casa e tornou-se sua testamenteira, supervisionando e, às vezes, editando a obra que viria a ser publicada postumamente.

Mesmo o biógrafo mais compassivo pode sentir-se constrangido ante as efusivas homenagens que Mill prestou a Harriet em sua *Autobiografia* (cujos rascunhos ela leu e, na realidade, chegou a vetar) e nas dedicatórias de seus livros. A extravagância da dedicatória que lemos em *A Liberdade* pode ser atribuída ao fato de ela ter sido publicada no início de 1859, apenas alguns meses após a sua morte.

> Dedico este volume à memória bem-amada e sentida daquela que foi a inspiração, e em parte a autora, de tudo o que há de melhor em meus escritos, à amiga e esposa cujo elevado senso de verdade e retidão foi meu mais forte incentivo e cuja aprovação foi minha principal recompensa. Como tudo o que escrevi ao longo de muitos anos, este volume pertence tanto a ela quanto a mim. Porém, tal qual agora se apresenta, ele só desfrutou em grau assaz insuficiente da inestimável vantagem de sua revisão, e alguns de seus trechos mais importantes não receberão o reexame cauteloso que lhes havia sido reservado. Fosse eu capaz de interpretar ao mundo metade das grandes reflexões e dos nobres sentimentos que jazem em seu túmulo, seria o instrumento de um privilégio que supera todo aquele que poderia surgir de minha pena sem o estímulo e a assistência de sua sabedoria incomparável.[12]

Esse não é apenas o sentimento piedoso de um marido enlutado, dado que o vemos retornar, de modo ainda mais vigoroso, numa revisão da *Autobiografia* escrita quase uma década adiante. "A 'Liberdade' foi, mais do que qualquer outra coisa que ostente meu nome, uma produção direta e literalmente conjunta, uma vez que não há ali

---

[12] G. Himmelfarb (Ed.). *On Liberty*. London, Penguin, 1974, p. 58.

uma frase sequer sobre a qual não nos tenhamos debruçado inúmeras vezes. [...] Toda a forma de pensamento a que o livro dá expressão é enfaticamente dela."[13, 14, 15]

A *Autobiografia* também previu a importância que *A Liberdade* teria para as gerações futuras. Mill escreveu:

> *A Liberdade* provavelmente sobreviverá por mais tempo do que qualquer outro texto meu (com a possível exceção da *Lógica*), visto que a união da mente dela com a minha fez desse livro uma espécie de compêndio filosófico de uma verdade única [...]: a importância, tanto para o homem quanto para a sociedade, de uma grande variedade de tipos de caráter e da plena liberdade que deve ser concedida à natureza humana para que ela se expanda em direções inúmeras e conflitantes.[16]

A Liberdade de fato sobreviveu por mais tempo do que os outros escritos de Mill (incluindo a *Lógica*) – na realidade, ele sobreviveu mais do que qualquer outro livro dos vitorianos de destaque, com exceção da *Origem das Espécies*, de Darwin (publicada no mesmo ano).

O capítulo introdutório da obra prepara o cenário para aquela "verdade única". Em todas as épocas precedentes, lemos, a luta entre liberdade e autoridade fora uma luta entre súditos e governantes

---

[13] *Autobiography*, op. cit., 1942, p. 176-77. Ver também o prefácio de Mill à reimpressão de "Enfranchisement of Women", na compilação de ensaios *Dissertations and Discussions*. London, 1859, II, p. 411.

[14] A declaração da importância de Harriet Taylor para *A Liberdade* ganha credibilidade à luz de um dos poucos textos de autoria dela a terem chegado até nós. Esse pequeno ensaio (de cerca de 2 mil palavras), provavelmente escrito em 1832 e jamais publicado, antecipa, de modo impressionante, alguns dos principais temas de *A Liberdade*: a conformidade e a sociedade como inimigos da individualidade, a excentricidade enquanto expressão valiosa do caráter individual, a importância absoluta da verdade e, ao mesmo tempo, a relatividade dessa verdade.

[15] Ver o ensaio de Harriet Taylor no apêndice de F. A. Hayek, op. cit., 1951, p. 275-79.

[16] *Autobiography*, op. cit., 1942, p. 177.

tiranos, entre o povo e o governo opressor. O problema moderno da liberdade surge quando o povo é o governo, quando a maioria exerce sua tirania não apenas sobre uma minoria, mas também sobre todos os indivíduos, e isso com uma força maior na sociedade do que no governo. "A sociedade é por si só o tirano – a sociedade em seu âmbito coletivo, além dos indivíduos isolados que a compõem." Essa "tirania social" é mais temível que a opressão política porque "deixa menos meios de fuga, penetrando de modo mais profundo nos pormenores da vida e escravizando a alma".[17]

É essa situação peculiarmente moderna que pede o "princípio bastante simples" da liberdade.

> O objetivo deste ensaio é afirmar um princípio bastante simples como parâmetro absoluto às imposições e aos controles da sociedade sobre o indivíduo, seja para as ocasiões em que se utiliza a força física na forma de punições legais, seja nas ocasiões em que se emprega a coerção moral da opinião pública. Esse princípio estabelece que a única justificativa para a intervenção individual ou coletiva na liberdade de ação de alguém é a autoproteção.[18]

O resto da passagem reafirma o caráter absoluto e simples desse princípio ("absoluto", "único" e "próprio" são palavras recorrentes), concluindo com a seguinte mensagem: "Sobre si mesmo, sobre o próprio corpo e a própria mente, o indivíduo é soberano".[19] Esse princípio é aplicado nos capítulos que se seguem, dedicados à liberdade de pensamento e debate, à importância basilar da individualidade e aos limites da autoridade exercida pela sociedade sobre os indivíduos.

Esse é o Mill de *A Liberdade* – o Mill histórico, por assim dizer, aquele que chega até nós como o grande expoente do princípio da liberdade. Há, contudo, um outro Mill, que é ainda menos conhecido

---

[17] *On Liberty*, op. cit., 1974, p. 63.
[18] Ibidem, p. 68.
[19] Ibidem, p. 69.

nos dias de hoje: o Mill liberal, cuja visão acerca da liberdade era mais sutil e complexa. Para ele, a liberdade de pensamento e debate não era nem um fim em si, nem a única forma de alcançar o fim elevado da verdade; a individualidade não era um bem em si, nem a forma de chegar aos bens superiores dos seres humanos; e a sociedade, por fim, não era o inimigo natural do indivíduo.

O Outro Mill precedeu e sucedeu o Mill de *A Liberdade*. Trinta anos antes, quando jovem (com apenas 23 anos), ele escreveu uma carta que hoje parece antecipar e refutar desde já os principais pressupostos e postulados dessa sua principal obra. A um amigo francês muito inclinado à filosofia positivista de Auguste Comte, Mill declarou que essa filosofia, fingindo fazer da política uma ciência, estava equivocada em seus próprios fundamentos, visto que tratava a política como se ela fosse um exercício de matemática, um conjunto de proposições que eram verdadeiras ou falsas, do mesmo modo como as proposições matemáticas o são. Os erros mais comuns na política, porém, não advinham de premissas falsas, e sim do fato de se estar ignorando outras verdades que limitavam ou qualificavam essas premissas. A falácia consiste na "insistência em ver apenas uma coisa quando, na verdade, existem várias ou em ver algo apenas por um lado, de acordo com uma só perspectiva, enquanto, de fato, há muitas outras igualmente essenciais à sua justa avaliação". O governo não existia com o objetivo de promover "um só fim". Do mesmo modo, a sociedade não se dirigia a "um fim único". "Os homens não vêm ao mundo para satisfazer uma finalidade específica, e não há uma finalidade única que, mesmo se satisfeita à perfeição, os faça felizes."[20]

---

[20] *The Earlier Letters of John Stuart Mill, 1812-1848. Collected Works.* Toronto, Ed. Francis E. Mineka, I, 1963, p. 36 (JSM a Gustave d'Eichthal, 8 de outubro de 1829), grifos no original. D'Eichthal obviamente não se deixou convencer por Mill, vindo a tornar-se um destacado sansimoniano.

Se esse ataque recorrente e quase obsessivo à ideia do fim único ou da única verdade estava no âmago da tese proposta em *A Liberdade*, "O Espírito da Época", uma série de artigos escrita menos de dois anos depois, desferiu os golpes finais. Aqui, outro princípio elementar de *A Liberdade* estava em questão – nada menos que o valor do livre debate. Mill agora trata sua própria época como um estágio de "transição", como uma era de "anarquia intelectual" na qual as velhas instituições e doutrinas haviam perdido sua boa reputação e as novas ainda careciam de autoridade para substituí-las. Uma época assim é marcada pela difusão de um saber superficial, e não pela aquisição de um conhecimento são. Os homens raciocinam mais, mas não melhor; eles têm mais opiniões, porém estão menos seguros delas. O debate floresce, mas ao "aumento da discussão" não se segue o "aumento da sabedoria". Na melhor das hipóteses, o debate é tão somente um meio eficaz de expor o erro, visto que um único fato é capaz de refutar uma doutrina, mas a verdade desta depende não do debate, mas da análise, isto é, do exame de um vasto número de fatos distintos. Na realidade, o clima gerado pelo debate poderia até mesmo impedir que a verdade fosse descoberta, uma vez que homens ávidos por debater tendem a ser impacientes e incapazes do raciocínio lento e cuidadoso pelo qual ela vem à tona; desse modo, eles se mostram demasiadamente prontos a se contentar com algo que está aquém da verdade.[21]

Aquele que tende ao debate também acaba por atribuir demasiado valor ao "exercício do juízo privado", chegando até mesmo a reivindicar o "direito" de fazê-lo. "Todo diletante", observa Mill, "acha que sua opinião é tão boa quanto a dos outros." Os homens supõem que a verdade possui "a peremptória obrigação de lhes ser inteligível,

---

[21] G. Himmelfarb (Ed.). "The Spirit of the Age", *Essays on Politics and Culture*. New York, 1962, p. 8-10. Esses ensaios não foram incluídos em *Dissertations and Discussions*. Em sua *Autobiography*, Mill classificou-os como "maçantes" e "inoportunos", servindo apenas para chamar a atenção de Carlyle, que acolheu-o como um "novo místico" (p. 122).

adotem eles os meios certos de compreendê-la ou não". Todavia os "meios certos de compreendê-la" não estão à disposição de todos os homens. Apenas aqueles que tiveram a oportunidade de estudar e experimentar, aqueles que se dedicaram à busca das verdades "física, moral e social", aqueles que seguiram sua "vocação peculiar", podem reivindicar "autoridade". Para esses homens, o desinteresse pela autoridade é uma virtude; para os outros, trata-se "tanto de um absurdo quanto de um vício".[22]

> Se porventura vier a convencer um ignorante ou alguém pouco instruído de que ele deve asseverar sua liberdade de pensamento, descartar toda autoridade e, não digo usar o próprio juízo, pois isso é algo que jamais poderá fazer em demasia, mas confiar apenas no próprio julgamento [...], qualquer ninharia bastará para desconcertar e confundir o seu espírito. [...] Certo é que todo homem procure compreender sua utilidade e seu dever. Certo é que ele siga sua razão à medida que ela o carregue e que cultive tal faculdade ao máximo. No entanto, a própria razão ensinará à maioria dos homens que eles deverão, no final das contas, recorrer à autoridade de espíritos mais doutos, sendo esta a sanção definitiva das convicções de seu entendimento.[23]

Para que não se pense que tais reflexões sobre o debate e a liberdade de pensamento só convêm a um estágio de "transição" da sociedade, Mill aplicou esses mesmos princípios ao estágio "natural" que se seguiria. Afinal, é precisamente nesse estágio que "as opiniões e os sentimentos do povo são, com sua voluntária anuência, formados *para* ele pela maioria das mentes doutas, chamadas à existência pela inteligência e moralidade dos tempos".[24] Quando aqueles que possuem o poder do mundo são privados do monopólio do poder, uma autoridade moral e intelectual legítima se reafirma. "Os mais virtuosos e

---

[22] *Essays on Politics and Culture*, op. cit., 1962, p. 12-17.

[23] Ibidem, p. 18.

[24] Ibidem, p. 41. Os grifos aqui, tal como nas outras citações de Mill, constam no original.

instruídos da nação verão as próprias opiniões superarem as opiniões do resto, e somente desse modo a Inglaterra poderá sair da crise da transição e ingressar mais uma vez no estado natural da sociedade."[25]

Essa série de artigos foi propagada anonimamente (como era costume) na radical *Examiner*. Uma segunda série, publicada por Mill no ano seguinte, fez o periódico perder cerca de duzentos leitores, graças a declarações provocadoras como: "O parâmetro do que é certo na política não é a *vontade* do povo, mas o seu *bem*; do mesmo modo, nosso objetivo não é forçar, e sim persuadir o povo a impor, para seu próprio bem, certas limitações ao exercício imediato e irrestrito de sua vontade".[26] Logo em seguida, Mill escreveu a Carlyle: "Não consigo perceber a vantagem daquilo que os homens do livre debate chamam de 'colisão de opiniões'; a meus olhos, a Verdade é *semeada* para germinar na própria mente. Ela não deve *nascer* subitamente de uma pancada, como o fogo que gera uma rocha quando outro corpo sólido se choca contra ela".[27] A verdade como algo que surge da "colisão de opiniões": aí Mill antecipa o próprio fraseado de *A Liberdade*, na qual a verdade é vista como "resultado de sua colisão com o erro".[28, 29]

Todos esses temas reaparecem em "Civilização", ensaio de 1836 que serve como prenúncio de *A Liberdade*, ainda que às avessas. Assim como na *Liberdade*, Mill lamenta o poder crescente das massas e o consequente declínio do poder individual. Ele, porém, agora

---

[25] Ibidem, p. 50.

[26] Citado por J. H. Burns, "J. S. Mill and Democracy", *Political Studies*, 1957, p. 161.

[27] *Earlier Letters*, I, p. 153 (18 de maio de 1833).

[28] *On Liberty*, op. cit., 1974, p. 76.

[29] Isso também sugere que Mill não era bem aquela voz solitária no deserto que muitas vezes *A Liberdade* dá a entender. Havia claramente, há 25 anos ou mais, um círculo de homens do "livre debate" que formulava exatamente a mesma crença.

atribui a influência decrescente dos indivíduos – e, de modo particular, dos indivíduos superiores – ao enorme crescimento da literatura e ao extraordinário número de ideias concorrentes em circulação. Mill cita parte de uma de suas primeiras análises da inversa relação que há entre a quantidade e a qualidade da atividade intelectual.

> O mundo lê demais, e com assaz velocidade, para ler bem. [...] Quando todo alfabetizado pode e deseja escrever, o que fazer? [...] O mundo, por conseguinte, empanturra-se de alimento intelectual, mas acaba por ingeri-lo *sem mastigar* para conseguir engolir ainda mais. [...] O público vê-se na situação do homem indolente que é incapaz de aplicar o próprio espírito a seus afazeres; sobre ele, portanto, obtém influência não aquele que fala com maior sabedoria, e sim aquele que o faz com maior frequência.[30]

Ao contrário do que lemos na *Liberdade*, em que a concorrência de ideias é encorajada até mesmo ao ponto de estimular, deliberadamente, ideias falsas, "o sistema de competição individual" é agora tido como obsoleto, como algo que já "se exaurira". O que se faz necessário hoje não é o aumento da concorrência, mas "um acordo maior e mais perfeito entre os indivíduos", uma "cooperação organizada entre as melhores inteligências da época", quiçá até algo como uma "guilda coletiva" de autores. O objetivo de uma guilda como essa seria permitir que obras de qualidade, independentemente de sua fonte ou seu ponto de vista, fossem lançadas "com o selo de aprovação daqueles cujos nomes concedem autoridade".[31]

Esse não foi um capricho temporário de Mill. Quatro anos depois, em seu ensaio sobre Coleridge, ele subscreveu à existência, proposta pelo poeta, de uma "classe intelectual" oficial, uma "instituição favorecida" a ser financiada e conservada pelo Estado para que fosse cultivada e transmitida não a religião, e sim a cultura nacional. Nessa

---

[30] "Civilization". *Essays on Politics and Culture*, op. cit., 1962, p. 69.
[31] Ibidem, p. 72-73.

classe, deveria haver uma espécie de hierarquia. Seus membros mais distintos, representando "a nascente das humanidades", teriam a responsabilidade de preservar e ampliar a reserva de conhecimento e instruir seus colegas inferiores. Estes profissionais comuns, por sua vez, serviriam como "guias residentes, guardiões e instrutores" de cada localidade. Desse modo, o conhecimento – e não a mera opinião – poderia difundir-se por todo o país.[32]

O mesmo princípio aplicava-se à sociedade política, visto que também aqui o debate irrestrito não representava uma virtude, mas um vício.

> Em todas as sociedades políticas de longa existência, verifica-se um ponto fixo, algo que os homens concordaram em conservar sagrado, algo que poderia ou não ser contestado licitamente, mas que jamais seria contrariado por medo ou receio de vê-lo titubear na prática – algo, em suma, que é por todos colocado *acima* de qualquer debate (exceto talvez durante crises temporárias). [...] Quando, porém, o questionamento desses princípios fundamentais é (não uma enfermidade ocasional, mas) a condição comum do corpo político, quando todas as animosidades são instigadas, nascendo naturalmente desse contexto, o Estado se vê quase em situação de guerra civil, sendo incapaz de permanecer livre dela por muito tempo.[33, 34, 35]

Essa forma de pensar era claramente contrária ao utilitarismo com que seu pai estivera comprometido e que também prevalecia

---

[32] Ibidem, p. 165-66.

[33] "Coleridge", Ibidem, p. 150-51.

[34] Mill admirava tanto essa passagem que acabou por reproduzi-la três anos depois em *Sistema de Lógica*, revisando-a levemente para a terceira edição, de 1851. (Ao trecho parentético "não uma enfermidade ocasional", por exemplo, ele acrescentou a expressão "ou um remédio salutar".)

[35] É essa versão editada que figura no ensaio reimpresso em *Dissertations and Discussions*, I, p. 419. Para outras alterações do texto, ver Gertrude Himmelfarb, *On Liberty and Liberalism: The Case of John Stuart Mill*. New York, n. 44, 1974, p. 47.

no círculo radical que o jovem Mill ainda frequentava. Logo após a morte de Bentham, em 1832, Mill criticou-o num texto que veio a ser publicado no ano seguinte (contra a sua vontade, afirmou) como um apêndice anônimo a *England and the English*, de Bulwer-Lytton. "Ninguém sabe, e nem deve saber", escreveu um angustiado Mill a um amigo, "que a autoria é minha."[36] Em 1838, já livre pela morte de seu pai, há dois anos, ele publicou um ensaio mais longo sobre Bentham, no qual repudiava quase completamente o utilitarismo. (Mesmo suas tentativas, escassas e frágeis, de encontrar méritos nessa filosofia – no âmbito do direito, por exemplo – estavam sujeitas a reservas e ressalvas.) A crítica de Mill se destinava não apenas aos cálculos de vantagens (de prazer e dor) que se encontravam no âmago do utilitarismo, mas também, e de modo mais notável, às concepções de ser humano e sociedade que subjaziam a esse cálculo. Ao reduzir a natureza humana a vantagens e paixões, Bentham sacrificou a consciência, o caráter e o senso de moralidade; ao fazer do indivíduo a única realidade, negou a legitimidade da sociedade e da história, portadoras da moral. "Nem mesmo a originalidade que ousa pensar por si própria", objetou Mill, "é parte mais essencial do caráter filosófico do que a reverência pelos pensadores de ontem e pelo espírito coletivo da raça humana."[37] A falta de respeito pela tradição, pelo espírito coletivo do passado, tinha reflexos negativos no caráter do indivíduo e no "caráter nacional" – o espírito coletivo que permite aos seres humanos se unir em sociedade, que faz determinada nação ser grande e outra decair, "que uma nação compreenda e aspire a coisas elevadas e outra se arraste sobre coisas vis".[38] Em suma, a filosofia de Bentham poderia convir à parte "comercial" da vida, mas era completamente inadequada aos lados moral e espiritual.

---

[36] *Earlier Letters*, I, p. 236 (a John Nichol, 14 de outubro de 1834). Ver também I, p. 172 (a Carlyle, 2 de agosto de 1833).
[37] "Bentham", *Essays on Politics and Culture*, op. cit., 1962, p. 102.
[38] Ibidem, p. 112.

Um ensaio semelhante sobre Coleridge, publicado dois anos depois, formulou essas mesmas ideias de modo mais vigoroso – e, do ponto de vista de seu pai, também mais herético. Mill, afinal, criticava agora não somente Bentham, mas também os *philosophes* franceses, que, a exemplo daquele, assumiram uma posição inteiramente negativa com relação à sociedade. Em lugar de atacar o velho regime por "subverter os fundamentos necessários da sociedade", os *philosophes* rejubilavam-se ante o fato de esses fundamentos serem solapados.

> No enfraquecimento completo do governo, eles viam apenas o enfraquecimento do mau governo. Acreditavam que o melhor que podiam fazer era dar fim à tarefa iniciada de maneira tão satisfatória: eliminar de cada espírito o último vestígio de fé naquele credo sobre o qual a disciplina restritiva dos países europeus ainda se fundamentava e com o qual, na consciência coletiva, estava ela inseparavelmente associada; deslocar tudo o que ainda era considerado fixo, fazendo os homens duvidarem das poucas coisas de que tinham certeza; e desarraigar da mente das pessoas o pouco que restava da reverência pelo que lhes era superior e do respeito aos limites que tanto o costume quanto as prescrições haviam imposto à condescendência para com as fantasias e inclinações do homem ou para com o apego a tudo o que lhes pertencia enquanto nação e lhes fazia sentir sua unidade.[39]

Em oposição a essa filosofia subversiva, Mill formulou as três condições que se faziam essenciais a uma "sociedade política permanente": educação, fidelidade e nacionalismo. Os dois últimos são óbvios. A "fidelidade", ou lealdade, requer a existência, em qualquer forma de governo duradouro, de "*algo* que se tenha consolidado, que seja permanente, que não possa ser colocado em questão" – algo que esteja "*acima* de qualquer debate".[40] O "nacionalismo", por sua vez – o qual, segundo Mill logo se pôs a dizer, não consiste na aversão a estrangeiros ou no cultivo de "peculiaridades

---

[39] "Coleridge", Ibidem, p. 154.
[40] Ibidem, p. 150.

absurdas" apenas por serem próprias –, é o sentimento de afinidade e de interesses comuns que une aqueles que partilham do mesmo governo e das mesmas fronteiras naturais ou históricas, nutrindo igual interesse por seu destino comum.[41] A educação, primeira das três condições, é mais original e provocadora, pouco se assemelhando ao significado comum da palavra.

Na concepção de Mill, educação é a educação moral – e um tipo de educação moral específico, cujo "principal ingrediente" é sua incessante "*disciplina restritiva*" (em itálico). Essa disciplina deseja infundir em todo cidadão, da infância ao fim da vida, o hábito "de submeter seus impulsos e ambições pessoais ao que se cria serem os fins da sociedade; de aderir, contra toda tentação, ao modo de conduta que esses fins prescreviam; de controlar os sentimentos que tendiam a combater esses fins; e de encorajar todos aqueles que se inclinavam a eles". É isso o que diferencia o cidadão do escravo. Com efeito, o relaxamento dessa disciplina teria impactos catastróficos sobre a sociedade, a nação e o Estado, visto que culminaria no retorno àquela anarquia que constitui "a tendência natural da humanidade". O Estado então se desorganizaria de dentro para fora, a luta em prol dos objetivos egoístas neutralizaria as energias exigidas para afastar as "causas naturais do mal" e, após um período de crescente declínio, a nação se tornaria presa de um déspota, ou de um invasor estrangeiro.[42]

Do ponto de vista de *A Liberdade*, a retórica desse ensaio é notável por si só. Naquela, todos os termos pejorativos, todas as expressões hostis a uma sociedade duradoura – "impulsos pessoais", "sentimentos", "desejos", "inclinações" –, tornam-se positivos; em *A Liberdade*, eles agora são a "matéria bruta" da natureza humana, os ingredientes básicos da individualidade, da excentricidade e da variedade que formam a pedra de toque da liberdade. Ao mesmo tempo,

---

[41] Ibidem, p. 151.
[42] Ibidem, p. 149.

todos os termos positivos que naquele texto compunham a sociedade viável – "restrição", "controle", "subordinação", "disciplina" – acabam por tornar-se negativos, isto é, a antítese mesma da liberdade. Em *A Liberdade*, é o indivíduo que deve ser protegido da sociedade, e não o contrário. Tem-se a impressão de que Mill escreve *A Liberdade* numa renúncia deliberada a suas perspectivas anteriores: "A sociedade obteve com justiça o melhor da individualidade, e o perigo que ameaça a natureza humana não é o excesso, e sim a carência de impulsos e preferências pessoais".[43]

Que as condições que o ensaio impunha à sociedade duradoura não eram inspirações fortuitas ou transitórias suscitadas por Coleridge é algo sugerido, em primeiro lugar, pelo fato de Coleridge não ser citado, nem mesmo mencionado, uma única vez em toda essa discussão e, depois, pelo fato de Mill ter republicado o ensaio em sua totalidade (cerca de 1.500 palavras) no ano de 1843, quando incluiu-o em seu *Sistema de Lógica*. (A *Lógica* foi relançada em sete novas edições durante toda a vida de Mill, cada qual com pequenas alterações nesse trecho; isso revela que a passagem foi relida com cuidado.) Na seção final da *Lógica*, dedicada às "Ciências Morais", Mill declarou ser necessária uma "etologia política" que explicasse o caráter dos povos e uma "ciência da estática social" que descobrisse "os requisitos da união política estável".[44] Em seguida, ele citou,

---

[43] *On Liberty*, op. cit., 1974, p. 125. Não obstante, o próprio texto de *A Liberdade* contém uma instigante referência a algo que se assemelha à "educação" proposta no ensaio sobre Coleridge. No capítulo derradeiro, tendo descrito sua própria proposta educacional, Mill examina brevemente a ideia de uma "educação nacional" que livraria os cidadãos de seu "egoísmo pessoal e familiar", acostumá-los-ia a agir de acordo com "motivações públicas ou semipúblicas" e guiaria sua conduta de modo a uni-los, e não isolá-los. Sem esses hábitos, acrescentou, uma constituição livre "não pode ser elaborada ou preservada". Esses dois vereditos, encontrados no meio de um parágrafo sobre outro tema, foram prefaciados pela observação, improvisada, de que esse assunto deveria ser deixado para "outra ocasião" (p. 181).

[44] Mill, *A System of Logic*. London, 1949, p. 590-91.

"de minha própria autoria", aquelas mesmas páginas do ensaio sobre Coleridge (sem identificá-lo, porém, pelo nome), ilustrando assim os tipos de "teoremas" a que uma tal ciência poderia chegar. A fim de que o leitor de fato compreendesse sua mensagem, Mill a repetiu: "A existência social só é possível pelo disciplinamento daquelas inclinações [egoístas] poderosas, o que consiste na submissão delas a um sistema comum de opiniões. A medida dessa submissão é a medida da completude da união social".[45, 46, 47, 48]

A principal obra a ocupar a mente de Mill após a *Lógica* foi *Princípios de Economia Política*, livro concluído em dezembro de 1847 e publicado em abril do ano seguinte. O resultado final agradou Mill ao ponto de suscitar nele o desejo de dedicá-lo a Harriet Taylor, mas as objeções de seu marido acabaram por convencê-lo do contrário. Ele, porém (com a permissão dela e contra a vontade do esposo), acabou por fazer a dedicatória numa edição privada que veio a ser distribuída como presente. (Ao que parece, ela não se opôs à descrição que a retratava como "a pessoa mais qualificada, entre todas aquelas

---

[45] Ibidem, p. 601-03, 605. O ensaio sobre Coleridge foi reimpresso em *Dissertations and Discussions*.

[46] A *Lógica* também antecipou – e refutou – outra parte crucial do raciocínio de *A Liberdade*: a distinção entre os atos "referentes a si", nos quais a liberdade era tida como absoluta (não estando sujeita a regulações sociais ou políticas), e os atos "referentes aos outros", nos quais a liberdade poderia ser restringida legitimamente. Havia pessoas, admitiu Mill em *A Liberdade*, que se recusavam a reconhecer essa distinção. Na *Lógica*, Mill era uma dessas pessoas. A grande dificuldade, dizia ele então, na descoberta das leis morais e sociais era o fato de todos os fenômenos da sociedade travarem íntima relação entre si. "Tudo aquilo que afeta em grau sensível qualquer elemento do estado social também afeta, por meio dele, todos os outros elementos. [...] Não há fenômeno social que não seja mais ou menos influenciado pelas outras partes da mesma sociedade."

[47] *On Liberty*, op. cit., 1974, p. 146.

[48] *Logic*, p. 586.

conhecidas pelo autor, para produzir ou valorizar especulações acerca do aprimoramento social".)[49] Uma parte importante do livro era sua forte crítica ao socialismo (ou ao comunismo: Mill empregava ambos os termos), que para ele não era nem economicamente viável, nem política e socialmente desejável. Uma edição revista, publicada no ano seguinte, mostrou-se mais mansa com relação ao socialismo; uma terceira, enfim, após ter passado por uma extensa revisão, aparenta ser quase favorável a ele.[50]

Separando a primeira e a segunda edições, estivera a Revolução Francesa de 1848, a qual dominou a imaginação de Harriet e foi por ela interpretada como um convite ao socialismo e, portanto, também à revisão da *Economia Política*. Sua interferência é documentada nas cartas de Mill, que concordou com cada uma das objeções por ela levantadas. Quando Harriet se opôs, "completa e veementemente", a uma frase da primeira edição que criticava a crença na possibilidade de o socialismo "libertar da angústia", ele recordou que a frase fora originalmente incluída "sob sua solicitação e quase em suas próprias palavras", que se tratava de "uma parte forte do argumento" contra o socialismo e que alterá-la seria o mesmo que abandonar por completo sua posição. Mill, no entanto, garantiu que cogitaria fazê-lo, pois "se refletir o bastante é provável que eu venha a pensar do mesmo modo [que você] – o que acontece quase sempre, ou mesmo sempre, creio, quando pensamos por muito tempo". "Muito tempo", nesse caso, foram duas ou três semanas, ao fim das quais ele reescreveu a frase e fez da libertação da angústia algo de grande utilidade para a "felicidade humana", oferecendo assim um argumento em prol do socialismo.[51] Com relação

---

[49] F. A. Hayek, op. cit., 1951, p. 122.
[50] Para as mudanças da seção sobre o socialismo, ver "Principles of Political Economy: With Some of Their Applications to Social Philosophy", *Collected Works*. Toronto, Ed. J. M. Robson, II, 1965, p. 975-87 (Apêndice A).
[51] Ibidem, II, p. 978n.

a outra passagem que ela queria suprimir, ele respondeu que, se o fizesse, todo o seu raciocínio sucumbiria e nada poderia ser dito contra o comunismo. "Bastaria mudar de opinião e defendê-lo", o que seria mais adequado num livro separado do que numa edição nova. Não obstante, a passagem foi suprimida. E, quando enfim nada mais restou de sua oposição ao comunismo a não ser uma advertência referente à aplicabilidade da versão de Fourier, Mill se dispôs a suprimi-la também caso ela assim desejasse, "ainda que não haja para isso nenhum outro motivo além da certeza de que jamais devo continuar com uma opinião diferente da sua acerca de um tema sobre o qual você meditou por muito tempo". Assim a correspondência continuou, tendo fim com a afirmação de que Mill seguira "à risca cada recomendação".[52]

Se essas cartas, assim como as edições sucessivas da *Economia Política*, fornecem provas dramáticas da influência de Harriet Taylor nesse período da vida de Mill, seu retorno ao tema ao final de sua vida dá testemunho do ressurgimento do Outro Mill, o Mill dos primeiros ensaios e da primeira edição da *Economia Política*. O livro sobre o socialismo que ele começou a escrever em 1868 jamais foi finalizado, mas cinco capítulos (cerca de cinquenta páginas) vieram a público na *Fortnightly Review* em 1879, sob o título "Capítulos sobre o Socialismo". Ao publicá-los, Helen Taylor recordou aos leitores que se tratava de "rascunhos" e que Mill costumava reescrever e reorganizar seus escritos.[53] Seria necessário muito esforço, porém, para mitigar a seriedade da crítica ao socialismo (e/ou ao comunismo) ali apresentada. Rejeitando as objeções dos socialistas ao atual sistema, Mill assinalou que os salários, longe de decaírem, na verdade aumentavam; do mesmo modo, os juros pessoais, a propriedade privada e a concorrência, não obstante suas falhas (as quais poderiam ser

---

[52] F. A. Hayek, op. cit., 1951, p. 134-37, 144 (19 de fevereiro de 1949; 21 de março de 1949).

[53] "Chapters on Socialism", *Essays on Economics and Society. Collected Works*. Toronto, Ed. J. M. Robson, II, 1967, p. 705.

retificadas no sistema já existente), eram os únicos estímulos naturais e eficazes à atividade econômica. Ademais, a alternativa que os socialistas ofereciam era pior. A ideia de conduzir a economia desde um único centro era "quimérica"; assim também, a tentativa de fazê-lo seria extremamente infeliz porque, desse modo, a sociedade teria ainda mais controle sobre a opinião dos indivíduos e a vida privada seria submetida, "como jamais foi, ao domínio da autoridade pública".[54]

Utilitarismo, sua primeira grande obra após *A Liberdade*, é, em certo sentido, uma ponte que liga ambos os Mill. Iniciado em 1854 – mais ou menos na mesma época do primeiro rascunho de *A Liberdade* – e concebido como um conjunto de ensaios, ele foi publicado em série em 1861 (dois anos após *A Liberdade*), na *Fraser's Magazine*, e num só volume em 1863. Enquanto refinava e qualificava a doutrina do utilitarismo, Mill encontrou dificuldades para deduzir, do princípio de utilidade, um princípio de moralidade social. Enquanto utilitarista (e um utilitarista qualificado), ele deveria rejeitar toda ideia de um senso moral inato ou intuitivo. Em vez disso, ele encontrou no homem "um sentimento natural poderoso" que derivava de sua própria natureza e que servia como fundamento da moralidade social.

> Esse é o sólido fundamento das emoções sociais da humanidade, o desejo de estar em unidade com as criaturas afins. É já um poderoso princípio da natureza humana, e, com sorte, um princípio que tende a se fortalecer mesmo sem um apregoamento expresso por parte da civilização que progride. O estado social é tão natural, tão necessário e tão comum ao homem que, exceto em circunstâncias raras ou por um esforço voluntário de abstração, ele jamais concebe a si mesmo isolado de um corpo. Essa associação se aprofunda mais e mais à medida que a humanidade se afasta de seu estado de independência selvagem.[55]

---

[54] Ibidem, p. 746-48.
[55] "Utilitarianism", *Essays on Ethics, Religion and Society. Collected Works*. Toronto, Ed. J. M. Robson, 1969, p. 231.

Esse "estado social", esse sentimento de "unidade", era claramente natural, mas também poderia ser "apregoado", "ensinado como uma religião". Reverbera aqui a ideia de "educação" descrita no ensaio sobre Coleridge, visto que Mill propõe o uso "da força da educação, das instituições e da opinião para fazer, a exemplo do que acontece no âmbito religioso, as pessoas crescerem cercadas desde a infância por sua profissão e sua prática".[56] Isso, obviamente, não remetia ao sentido convencional de religião ou de educação. Tratava-se, antes, de algo muito parecido com a Religião da Humanidade que Comte propusera e que sempre intrigara Mill: uma religião secular em que o homem – não o homem individual, mas a "humanidade" coletiva, dotada de uma vontade, um interesse e um objetivo moral comuns – era deificado.

Utilitarismo afastou-se muito do utilitarismo de Bentham e de seu pai – assim como de *A Liberdade*, em que se valorizava os "sentimentos pessoais", e não os "sentimentos sociais", e o estado mais elevado de civilização não era a "unidade com as criaturas afins", e sim o grau máximo de individualidade, o qual chegava até mesmo ao ponto da "excentricidade" e dos "experimentos de vida". Obviamente, ao contrário do que se dá em *Utilitarismo*, na *Liberdade* o indivíduo – mesmo o indivíduo voltado para si mesmo – não poderia ser tratado como um "egoísta cujo único sentimento e cuidado se dirigem à própria e miserável individualidade".[57] Do mesmo modo, a educação *cum* religião que Mill agora propunha, destinada como era a fomentar os sentimentos sociais e o senso de unidade, estava longe da religião descrita em *A Liberdade*.

"Religião", em *A Liberdade*, nada mais era do que o cristianismo. Uma boa parte do primeiro capítulo, intitulado "Pensamento e Debate", tratava-o como promotor arquetípico da perseguição e da

---

[56] Ibidem, p. 232.
[57] Ibidem, p. 216.

repressão, e isso tanto no presente quanto no passado. Após debruçar-se longamente sobre alguns célebres exemplos de perseguição em nome do cristianismo, Mill mencionou três exemplos correntes de "perseguição legal". Muito embora ele admitisse que esses não eram mais do que "trapos e restos de perseguição", nada garantia que a perseguição de opiniões heréticas teria fim enquanto houvesse religião, uma vez que "a restauração da religião", no mínimo, equivalia, "nos espíritos fechados e incultos, à restauração da beatice".[58]

É fato interessante que uma das últimas obras de Mill, escrita (como os "Capítulos sobre o Socialismo") poucos anos antes de sua morte e publicada postumamente, tenha-se dedicado ao tema da religião. "Teísmo" é um longo ensaio (um livro pequenino, na verdade, totalizando sessenta páginas em uma de suas versões publicadas) que analisa cautelosamente os célebres argumentos teológicos a favor da existência de Deus: a causa primeira, o desígnio natural, os atributos divinos (onipotência, onisciência, benevolência), a imortalidade, a revelação e os milagres. Seu tom é consistentemente respeitoso; Mill não se apresenta nem como crente, nem como ateu, e sim como um mero cético. No entanto, ele vai além do ceticismo ao atribuir alguma "probabilidade", ainda que um "grau de probabilidade pequeno", à ideia de Deus – uma Mente Inteligente que não criara o universo, mas que governava sua "ordem presente"[59] – e ao conceder, de modo ainda mais importante, um enorme valor à própria crença.

A crença, explicou Mill, é algo que difere da verdade. Esta se encontra no "âmbito da razão" e só é alcançável pela faculdade racional. Todavia é precisamente quando a razão se mostra forte que "a imaginação pode buscar com segurança seu próprio fim", fazendo o melhor para "tornar a vida aprazível e deleitosa no interior do castelo" protegido pelas fortificações que só a razão pode construir. A combinação

---

[58] *On Liberty*, op. cit., 1974, p. 90-93.

[59] Mill, "Theism", *Three Essays on Religion. Essays on Ethics, Religion and Society*, p. 482. (1. ed. 1874.)

de razão e imaginação dá origem a uma "indulgência da esperança" que diz respeito tanto à existência de Deus quanto à imortalidade do homem – uma esperança que é "legítima e filosoficamente defensável", ao mesmo tempo em que traz ao homem benefícios consideráveis.

> Ela torna a vida e a natureza humana muito mais agradáveis às emoções e dá maior vigor e maior solenidade a todos os sentimentos que são despertos em nós por nossos companheiros e pela humanidade como um todo. Ela mitiga a dor causada por aquela ironia da Natureza que percebemos ao ver os esforços e os sacrifícios de uma vida inteira culminando na formação do espírito sábio e nobre, mas apenas para desaparecer do mundo na hora em que este parece prestes a colher as vantagens que ele traz.[60]

Não é apenas a ideia da imortalidade que tem esse efeito humanizante e elator, mas também a ideia de Deus, a concepção de um "Ser moralmente perfeito" que tem "os olhos fixos em nós", que "cuida de nosso bem" e fornece aos seres humanos o padrão de excelência a partir do qual suas vidas e seus caracteres são regulados. Além disso, não é apenas Deus que serve a esse objetivo, mas também a "Pessoa Divina" de Cristo.

> Pois é Cristo, e não Deus, quem o cristianismo propõe aos fiéis como parâmetro de perfeição para a humanidade. Foi o Deus encarnado, mais do que o Deus dos judeus ou da Natureza, que, ao ser idealizado, exerceu tão grande e salutar influência sobre o espírito moderno. [...] Quanto à vida e aos dizeres de Jesus, há ali uma marca de originalidade pessoal que se mistura com uma perspicácia profunda, as quais, se abandonarmos a vã esperança de encontrar precisão científica onde era algo muito diferente o que se almejava, colocam o Profeta de Nazaré, mesmo aos olhos dos que não creem em sua inspiração, no primeiro escalão daqueles homens de gênio sublime que enchem de orgulho a nossa espécie.[61]

---

[60] Ibidem, p. 485.
[61] Ibidem, p. 487-88.

Mill deixa claro que essas reflexões são de um "cético racional" que percebeu que, além de toda crítica racional passível de ser lançada contra as "provas" da religião (a revelação, os milagres, o sobrenatural), o que resta é a indubitável evidência do efeito salutar que a religião exerce sobre o caráter e a moral. A religião convencional, portanto, pode suplementar aquela "religião puramente humana" denominada Religião da Humanidade, fortalecendo-a com as "esperanças sobrenaturais" que são permitidas até mesmo a um cético racional como ele.[62]

De acordo com os padrões da ortodoxia religiosa, essa "indulgência da esperança" não passa de uma religião atenuada, talvez de uma mera vontade de crer. Ela, porém, é tão comovente e eloquentemente expressa que acaba por alcançar a força e a condição da crença genuína. No que diz respeito a seu tom e sua substância, "Teísmo" se opõe dramaticamente à visão religiosa apresentada em *A Liberdade*, a qual era mais hostil do que cética. Também se opõe a um ensaio muito mais antigo, "A Utilidade da Religião", escrito (embora não publicado) em 1854, pouco antes de *A Liberdade*. Nesse ensaio, que é muito mais curto, Mill afirmou que a religião pode ter sido útil num estágio primitivo da civilização, servindo como sustentáculo da moralidade social. Num estágio avançado, porém, ela costuma servir mais para proteger práticas e crenças errôneas do debate e da crítica. Apenas a Religião da Humanidade, declarava Mill, "encontra-se perfeitamente livre da contradição do intelecto e da obliquidade moral"; apenas ela satisfaz as necessidades do indivíduo e da sociedade sem ser estorvada pelas "dificuldades e perversões" morais do cristianismo. Até mesmo a ideia da imortalidade é mais um fardo do que um conforto para a "ordem comum da humanidade", quanto mais para os "filósofos".[63]

---

[62] Ibidem, p. 488-89.
[63] "Utility of Religion", Ibidem, p. 424-28.

Após a morte de Mill, esse antigo ensaio – assim como "Natureza", que data do mesmo período – foi publicado ao lado de "Teísmo", sob o título *Três Ensaios sobre a Religião*. Uma introdução escrita por Helen Taylor explicava que esses textos haviam sido escritos em épocas diferentes e que originalmente não iriam figurar juntos; não deveriam, portanto, ser tratados como um "corpo conectado de reflexões". "Por outro lado", continuou, "não há dúvidas de que o autor via as opiniões expressas nesses diferentes ensaios como algo fundamentalmente consistente", do que dava testemunho o desejo de Mill de publicar, após o fim de "Teísmo", uma versão de "Natureza" com pouquíssimas retificações. (Ela não menciona qualquer intenção, por parte de Mill, de publicar "A Utilidade da Religião". Isso sugere que, ao contrário de "Natureza", ele não tinha o desejo de fazê-lo.) Toda e qualquer "discrepância" que parecesse acometer esses ensaios ela atribuía ao fato de o último não ter passado pelas revisões a que Mill costumava submeter suas obras.[64] (Na realidade, de acordo com o que ela mesma relata, "Teísmo" foi escrito entre 1868 e 1870, de modo que Mill tivera muito tempo naqueles dois anos, tal como nos três que se seguiram, para realizar tais revisões.)

Alguns dos amigos do autor adotaram uma postura mais séria com relação a essas "discrepâncias", tratando "Teísmo" como um afastamento radical do secularismo que associavam a Mill. John Morley condenou o texto na *Fortnightly*; na *Pall Mall*, Fitzjames Stephen o chamou de "dieta de anestésicos"; e seu biógrafo Alexander Bain, embora louvasse a coragem de Mill em admitir que mudara de opinião, pressupôs que ele estivera em busca de um analgésico para a perda de sua esposa.[65] Eles talvez viessem a se mostrar ainda mais desconcertados ao lerem uma carta que Mill enviou a outro amigo na época da redação do ensaio: lá, ele sugere que o efeito das orações

---

[64] Ibidem, p. 371-72.
[65] Michael St. John Packe, *The Life of John Stuart Mill*. London, 1954, p. 443.

não poderia ser considerado um fenômeno inteiramente natural e não era possível descartar uma espécie de "influência sobrenatural".[66]

"Teísmo" pode ser lido como o testamento final do Outro Mill – um Mill livre tanto da influência de seu pai quanto da influência de sua esposa. Talvez pareça inadequado enfatizar os fatores pessoais do pensamento de um filósofo e intelectual tão sério. Não obstante, o próprio Mill o fez, de modo que é com base em sua autoridade, e não em especulações voluntariosas de biógrafos e comentaristas (despojadas, talvez, das efusões de um marido devotado), que devemos dar crédito às suas declarações sobre a influência de Harriet Taylor. Ele pode ter exagerado essa influência, mas que se tratava de uma influência considerável é algo de que dão testemunho as suas cartas, sua *Autobiografia* e suas dedicatórias.[67]

O drama da história intelectual de Mill é obscurecido por aqueles que acham que tratar de questões como essa é algo que o rebaixa – quase um crime de lesa-majestade. Involuntariamente, contudo, essa negação acaba por diminuir sua verdadeira distinção como intelectual, talvez o mais interessante de seu tempo. Tentar impor unidade e consistência a suas ideias não é apenas homogeneizá-las, enfraquecê-las e embotá-las; fazê-lo é também minimizar a real relevância de *A Liberdade* – as implicações radicais daquele "princípio simples" – e, de modo ainda mais importante, negar esse Outro Mill, autor que é, no mínimo, igualmente digno de nossa atenção.

Durante quase um século e meio, *A Liberdade* tem sido, tanto aos olhos dos liberais quanto dos conservadores, um texto de enorme importância para a história intelectual e uma relevante fonte de

---

[66] *Later Letters*, III, p. 1.414 (a Henry Jones, 13 de junho de 1868).

[67] Aqueles comentadores que insistem em ler o texto, e somente o texto, dos pensadores sérios devem incluir as próprias declarações de Mill como parte da obra. Eles podem até fazer pouco caso delas por uma razão ou outra, mas não podem ignorá-las ou fazer vista grossa.

inspiração para assuntos de ordem prática. Todavia, há ainda aquele Outro Mill, que escreveu ensaios assaz arrojados e originais para a sua época – ensaios que, mesmo hoje, parecem notavelmente prescientes e relevantes. A ideia de liberdade, explicou ele no parágrafo que abre *A Liberdade*, possuía um significado especial "no estágio de desenvolvimento em que haviam adentrado os quinhões mais civilizados da espécie". Talvez as ideias do Outro Mill se tornem ainda mais significativas no "estágio de desenvolvimento" em que adentramos hoje. Nós aprendemos muito com o Mill famoso. Nesse momento em que a sociedade se torna mais autocrítica, precisamos aprender a conviver também com o Outro Mill.

No final de seu ensaio sobre Coleridge, Mill enunciou a célebre declaração daquilo que, a seus olhos, assegurava a reputação do poeta: "Talvez tenhamos logrado demonstrar que um filósofo tóri não pode ser tóri por inteiro, que ele deve muitas vezes ser um liberal melhor que os próprios liberais; ele é o meio de resgate natural das verdades que os tóris esqueceram e que as escolas liberais predominantes jamais vieram a conhecer".[68] Podemos dizer o mesmo do Outro Mill: ele nos revelou que um liberal não pode ser liberal por inteiro, que ele deve muitas vezes ser um tóri melhor que os próprios tóris; ele é o meio de resgate natural das verdades que os liberais esqueceram e que as escolas tóris predominantes jamais vieram a conhecer.

---

[68] "Coleridge", *Essays on Politics and Culture*, op. cit., 1962, p. 185.

Capítulo 7 | Walter Bagehot

"UMA NATUREZA DIVIDIDA"

As modas intelectuais de hoje dão enorme valor à simplicidade e ao ativismo. As sutilezas, as complicações e as ambiguidades que, até pouco tempo, eram a marca do pensamento sério passaram a ser vistas como falta de coragem, tolerância ao mal, medo de julgar e "imparcialidade". É como se os que "nasceram uma só vez" (para usarmos a expressão inventada por Francis Newman e imortalizada por William James) estivessem reafirmando-se em oposição aos que "nasceram duas vezes": estes, espantados com Seu mistério, impressionados ante a recalcitrância dos homens e as anomalias da ação social; aqueles, simples e "de mente sadia", crendo num Deus benevolente e num universo perfectivo.

Em Walter Bagehot, é possível encontrar a reconciliação de ambos os tipos. Ele foi um comentarista político que, por muito pouco, não se tornou também filósofo; um crítico social que tinha empatia por seus objetos e ao mesmo tempo os transcendia; um editor, responsável pela *Economist*, que escrevia sobre Shelley ou Coleridge com a mesma facilidade e discernimento com que redigia sobre a taxa de juros ou sobre a reforma monetária. (Sua escrita era tão incisiva e epigramática que qualquer comentário sobre ele não passa de uma série de citações.) Bagehot certa vez descreveu sua posição política como "intermediária".[1] A verdade, porém, é que ele era assim com

---
[1] Sra. Russell Barrington, *Life of Walter Bagehot*. London, 1914, p. 11.

tudo. Pertencia à rara espécie daqueles que, tendo nascido duas vezes, conseguiam reconhecer os direitos e méritos dos que só haviam nascido uma vez. E ele não o fazia em negação à sua própria natureza, mas sim em virtude das mesmas sutilezas, complicações e ambiguidades que davam forma a ela. Ele era, como certa vez disse de São Paulo, uma "natureza dividida".[2]

As "realidades negras" da vida a que ele muitas vezes aludia tinham um fundo pessoal claro. Sua mãe, com quem era muito ligado, tinha ataques recorrentes de insanidade, enquanto seu meio-irmão sofria de debilidade mental; ambos só o precederam em poucos anos na morte, de modo que toda a vida de Bagehot se desenrolou à sombra deles. "Todo problema na vida é uma piada se comparado à loucura", observou.[3] Alhures, escreveu: "Vemos um só lado de nosso próximo, do mesmo modo como só vemos um lado da Lua: em ambos os casos, há ainda um lado negro que nos é desconhecido. Todos nós descemos para jantar, mas cada qual possui um cômodo só para si".[4]

No entanto, não há nada de trágico nem em sua pessoa, nem em suas ideias. O problema dos duplamente nascidos, de modo especial Bagehot, está no fato de as "realidades negras" serem apenas metade da realidade: cada um de nós tem um cômodo só para si, mas também acaba descendo para jantar. Norman St. John-Stevas, biógrafo de Bagehot e editor de suas obras reunidas, distinguiu o Bagehot "místico" do Bagehot "homem do mundo": o primeiro revelava-se em sua vida privada; o outro, em seus escritos.[5] Isso, contudo, é negar a qualidade peculiar do homem e a genialidade de sua obra. Afinal, o que caracterizava ambos era a capacidade de unir o que é díspar, de manter o foco em ambos os lados da Lua, ser, como o

---

[2] Walter Bagehot, *Literary Studies*. London, Everyman's Library, I, 1911, p. 67.

[3] Idem, *Historical Essays*. New York, Ed. Norman St. John-Stevas, Anchor Books, 1965, p. vii.

[4] Idem, op. cit., I, 1911, p. 134.

[5] Idem, op. cit., 1965, p. xv.

próprio Bagehot disse de si mesmo, "alegre, mas não otimista".[6] Bagehot era um homem do mundo tanto quanto possível – um homem, na verdade, de muitos mundos: o mundo bancário, do jornalismo, da literatura, da política. E foi a experiência prática desses mundos, filtrada por um espírito sutil e sensível, que lhe concedeu seu notável poder intelectual.

Se seus escritos abundam em ironia e paradoxos, é porque seu senso de realidade era multiface, modelado pelo simples e pelo complexo, pelo lugar-comum e pelo recôndito. "Tomado como um todo", declarou ele, "o universo é absurdo" do que dava testemunho a disparidade entre "a mente humana e suas atividades": "Como a alma pode ser comerciante? Que relação com o ser imortal tem o preço da semente de linho, a baixa da manteiga, a tara do sebo ou a comissão do cânhamo? Pode uma criatura imortal debitar 'despesas insignificantes' e cobrar pelos 'custos do transporte'?". Ao que ele respondia: "A alma amarra os próprios cadarços; a mente lava as mãos numa bacia. Tudo é incongruente".[7]

Essa sensação de incongruência e absurdez permeou os escritos históricos, políticos, sociais e literários de Bagehot. Do mesmo modo, permitiu-lhe que percebesse os vícios privados à guisa das virtudes públicas; que apreciasse a ironia do fato de a "grande estupidez" talvez ser "a qualidade mental mais basilar do povo livre";[8] que compreendesse por que o estadista que levou a cabo o Ato de Reforma o fizera precisamente por possuir péssima oratória e uma mente lenta, e isso numa assembleia que valorizava o discurso fluente e a perspicácia;[9] ou que censurasse um filósofo hostil à "formidável

---

[6] Alistair Buchan, *The Spare Chancellor*. London, 1959, p. 107 (citando carta de Bagehot, 1º de dezembro de 1857).

[7] Walter Bagehot, op. cit., I, 1911, p. 31.

[8] Idem, op. cit., 1965, p. 403.

[9] Ibidem, p. 166-67.

comunidade de tolos" que compunha o mundo – um mundo que muitas vezes era mais sábio do que esse filósofo mesmo.[10] De maneira semelhante, ele viu também as virtudes privadas funcionando como vícios públicos. A lucidez e a sobriedade intelectual que distinguiam o político liberal eram defeitos políticos graves, uma vez que a paixão que nele inexistia o levava a interpretar equivocadamente a paixão alheia: "Uma calma mental tão extremada não é favorável ao estadista; é bom carecer de vícios, mas não é nada bom carecer de tentações".[11]

No mesmo espírito, Bagehot censurou os poetas e escritores que se mostravam incapazes de recorrer à experiência e à sabedoria do mundo. Shelley exemplificava, de maneira notável, esse defeito: ele era demasiadamente fantasioso, etéreo, "incondicionado" pela realidade. "Antes de imaginar o que passará por realidade, o homem deve estar familiarizado com o que a realidade é."[12] Shelley não estava. "Vemos sua mente colocada à luz do pensamento, com fantasias puras e sutis indo e vindo. Subitamente um impulso surge; está sozinho e não há com o que competir; [...] logo, precipita-se à ação."[13] Shelley era como uma criança achando que todo aquele que era mau era na verdade muito mau, que quem fazia um mal desejava fazê-lo e se sentia impulsionado a isso, a exemplo do que acontecia com ela própria. Como a criança, Shelley foi incapaz de conceber no adulto um "tipo de caráter em luta", o qual só dava vazão ao bem, ao mal ou a uma combinação de ambos após ter enfrentado um conflito no interior de sua natureza dupla.[14] Esse impulso decidido e dominante vinha expresso em sua autodeclarada "paixão pela reforma da humanidade":

---

[10] Idem, *Biographical Studies*. London, 1889, p. 237.

[11] Ibidem, p. 219.

[12] Idem, op. cit., I, 1911, p. 83.

[13] Ibidem, I, p. 68-69.

[14] Ibidem, I, p. 76.

Sociedade alguma, independentemente do quão organizada, seria forte o bastante para fugir de seu ataque. Ele não se detinha. Fora acometido pelo impulso. Estava pronto para pregar que a humanidade deveria ser "livre, igualitária, pura e sábia", para pregar em prol da "justiça, da verdade, do tempo e da esfera natural do mundo" – no Império Otomano, diante do czar, para Jorge III. Essas verdades independiam de tempo, lugar e circunstâncias; em algum momento, algo ou alguém (sua fé era um pouco vaga) certamente interferiria para realizá-las.[15]

Que Bagehot não atacava Shelley apenas por seu radicalismo é algo que fica claro à luz de uma acusação semelhante lançada contra o tóri Southey. Se a falta de sabedoria vulgar em Shelley o tornava propenso à impulsividade intelectual, a mesma incapacidade, em Southey, culminava no academicismo e num profissionalismo mecânico. Southey era como o professor alemão capaz de se dedicar a qualquer assunto porque não sentia a necessidade de conhecer mais do que aquilo que os outros autores lhe haviam dito. Pouquíssimos livros bons eram escritos, queixou-se Bagehot, porque "poucos dos que podem ler sabem algo". O profissional cria suficiente ler e escrever; sua função não era pensar, sentir ou conhecer íntima e profundamente. "Ele [o profissional] escrevia poesia (como se isso fosse possível) antes do desjejum; durante, lia. Até o jantar, escrevia história; entre o jantar e o chá, corrigia provas tipográficas; em seguida, redigia um ensaio para a *Quarterly*."[16]

O que Bagehot afirmou em tom de crítica sobre o escritor profissional – que produzia poesia antes do desjejum, história até o jantar, etc. – poderia ser dito em tom de louvor por outro vitoriano. Leslie Stephen, por exemplo, autor eminentemente profissional (e muito prolífico), orgulhava-se de sua capacidade de aplicar o bom senso a qualquer

---

[15] Ibidem, I, p. 69.
[16] Ibidem, I, p. 122.

tema.[17, 18] Para Bagehot, isso não era exercer o senso comum, e sim filistinismo – o mesmo tipo de filistinismo encontrado na *Edinburgh Review*. Não fora à toa, disse, que autores assim haviam criado um gênero de literatura popular tão adequado à época das estradas de ferro, quando qualquer viajante poderia pegar uma revista na estação, lê-la compenetradamente e descartá-la ao final da linha. "As pessoas ingerem sua literatura aos bocados, do mesmo modo como abocanham sanduíches em suas viagens."[19] Como uma marmita, os ensaios impressos nos periódicos deveriam ser saborosos, digestíveis e agradáveis a todos os gostos: supunha-se que todos os letrados tinham a vontade e a capacidade de absorver o mesmo alimento, que todas as ideias poderiam ser servidas da mesma maneira. Tanto o autor quanto o leitor se beneficiavam dessa organização: o autor, porque isso lhe permitia escrever sobre tudo, inflando assim sua vanglória; e o leitor, porque os artigos eram redigidos numa forma facilmente assimilável.[20,21]

Bagehot reconhecia que as virtudes da *Edinburgh Review* eram grandes, em especial em seus primórdios. Contra a "estúpida aderência" dos tóris ao *status quo*, ela reunia uma filosofia *whig* moderada,

---

[17] No que diz respeito a Leslie Stephen, ele criticava Bagehot pelo motivo inverso. Embora o elogiasse por ser capaz de dar vida a um tema tão árido quanto a constituição britânica, Stephen o acusava de ser excessivamente teórico e cínico, e não simples, direto e "másculo".

[18] Leslie Stephen, *Studies of a Biographer*. London, III, 1902, p. 157, 165.

[19] Walter Bagehot, op. cit., I, 1911, p. 2.

[20] Ibidem, I, p. 22.

[21] É um indicador da distância entre nossa cultura e a época vitoriana o fato de as efêmeras daquele período (para usarmos as palavras que Bagehot publicou na *Edinburgh Review*) nos parecerem hoje dotadas de uma solidez exemplar. Esses "bocados" consumidos casualmente durante as viagens de trem consistiam em artigos de 20 mil a 35 mil palavras, e a própria revista formava um volume de tamanho considerável. Do mesmo modo, impressionamo-nos ante o estilo elegante com que cada gulodice era distribuída ou ante o número de pessoas que as consumia. (A *Review* era lida por mais de 10 mil pessoas numa população cujo número de alfabetizados talvez não passasse de 100 mil.)

serena, prática e "melhorada".[22] Essa inteligência moderada, porém, engendrava sua própria espécie de filistinismo. Sua "masculinidade firme e plácida"[23] rejeitava o zelo, a excentricidade e a novidade, fosse a serviço da poesia, da filosofia, da religião ou da política. "Isso nunca funcionará": as célebres palavras com que Lorde Jeffrey inicia a resenha de "Excursion", de Wordsworth, poderiam ser usadas (o que de fato acontecia) em outras ocasiões, a fim de condenar efusões igualmente destoantes. "Desse modo", comentou Bagehot, "os amantes do liberalismo polido a todo momento falarão, referindo-se ao profeta intenso e solitário."[24]

Bagehot não teria a audácia de denominar-se "profeta solitário". No entanto, ele valorizava esse profeta e até mesmo se identificava com ele. "Um intelecto claro, preciso e judicioso evita imediatamente o simbólico, o ilimitado, o indefinido. O azar é que o misticismo é verdadeiro."[25] Desse modo, Bagehot se distinguia tanto do racionalismo radical de um Shelley quanto do racionalismo liberal de um Sydney Smith. Shelley não carecia apenas do bom senso que lhe teria feito valorizar as complexidades da natureza humana, mas também da intuição que fazia os homens trocarem o mundo exterior pela contemplação de um mundo interior, "as coisas que são vistas pelas realidades invisíveis". Ele era capaz de rejeitar tão prontamente a ideia de Deus porque não possuía aquele "sentimento moral assombroso, contínuo e opressor" que integrava a vida interior da maioria dos homens e que os tornava receptivos à ideia de Deus.[26]

Do mesmo modo, Sydney Smith era, na opinião de Bagehot, um liberal bom demais para a teologia (em tom e temperamento, e não por sua filiação partidária). "O liberalismo foi definido por alguém

---

[22] Walter Bagehot, op. cit., I, 1911, p. 14.
[23] Ibidem, I, p. 19.
[24] Ibidem, I, p. 25.
[25] Ibidem, I, p. 5, 23.
[26] Ibidem, I, p. 81-82.

como o espírito do mundo. Ele representa seu gozo cordial, sua sabedoria, seu juízo firme, sua preferência pelo próximo em detrimento do distante, pelo visto em detrimento do não visto; retrata, também, seu afastamento dos dogmas complexos, da declaração austera, da superstição imperiosa."[27] O único tipo de religião agradável a esse tipo de gente é uma "religião natural", uma "religião simples". O espanto, o medo e o mistério não lhe dizem respeito. "É impossível conceber um Isaías clássico; é impossível imaginar um São Domingos *whig*; não existe um Agostinho liberal."[28]

A ideia que perpassa cada um dos ensaios literários de Bagehot é a das duas faces da Lua, da natureza dupla do homem, do aspecto dual da realidade. Determinado escritor foi censurado por não partilhar das experiências comuns do homem; outro, por não se aprofundar o bastante em sua própria alma. Ambas as censuras, porém, se resumiam a uma coisa só, visto que ninguém era capaz de conhecer a si próprio sem conhecer os outros e ninguém era capaz de conhecer os outros sem conhecer a si próprio. De modo semelhante, a realidade e a irrealidade estavam simbioticamente ligadas, unindo as coisas vistas às coisas não vistas. Shakespeare foi um mestre da realidade, no sentido comum da palavra; no entanto, foi também mestre "daquelas fantasias / que a sã razão é incapaz de assimilar". Foi a imaturidade de Shelley que o fez ver o mundo material como uma "prepóstera impostura";[29] e foi a sabedoria de Cowper que o fez perceber que "o lúdico é, de certa forma, a imaginação da vida comum".[30] A tragédia de Arthur Clough (poeta amigo de Matthew Arnold) estava em sua incapacidade de harmonizar-se com o prepóstero e o lúdico, de tirar, como o faziam os seres humanos normais, o melhor de ambos

---

[27] Ibidem, I, p. 27.
[28] Ibidem, I, p. 34.
[29] Ibidem, II, p. 273.
[30] Ibidem, I, p. 260.

os mundos – de modo que, "sabendo que vemos por um espelho e em enigma, ainda vejamos o espelho".[31]

A julgar pela quantidade de escritos de Bagehot e pela variedade de temas sobre os quais se debruçou, sentimo-nos tentados a suspeitar de que há nele a mesma fluência superficial criticada na *Edinburgh Review*. O que o redimia, porém, era seu ponto de vista – ou, antes, seu ponto de vista duplo. Essa dualidade não era uma estratégia intelectual, da admissão desconcertante, do tranquilizante contraponto entre "um lado" e "o outro". Tratava-se de uma visão coerente e persuasiva que necessariamente trazia consigo uma complexidade, uma sutileza e uma profundidade que, em sua opinião, inexistem em grande parte do discurso da época.

Nos escritos políticos de Bagehot, os termos dessa dualidade eram o comum e o incomum, o povo e os estadistas, a opinião pública e a sabedoria política. Notável não é apenas a indissociabilidade de ambos os lados, mas também o grande valor atribuído ao primeiro. Mais do que qualquer outro comentarista político ou crítico social, Bagehot evocava constantemente conceitos como o de "opinião popular", "opinião pública", "espírito público", "sentimento popular", "imaginação popular", "sentimento do país". E isso não apenas com relação à Inglaterra de seu tempo – quando seria possível dizer que as pessoas comuns finalmente formavam um poder e suas opiniões ganhavam alguma relevância –, mas também com relação a toda época e todo tema. Macaulay tem sido justamente valorizado por seu famoso capítulo sobre "O Estado da Inglaterra em 1685". Porém, enquanto Macaulay confinou o "povo" a esse capítulo e raramente permitiu que ele interferisse no restante de sua narrativa, Bagehot colocou sob seu domínio toda a história, dando-lhe destaque nos lugares e épocas mais inesperados. Essa constante evocação do povo

---

[31] Ibidem, II, p. 271.

se torna ainda mais impressionante se recordarmos que seus escritos políticos mais memoráveis (com a exceção de *A Constituição Inglesa* e *Física e Política*) são ensaios acerca de estadistas específicos.

O tema de cada um desses ensaios era a relação de seu herói com o público, da sabedoria política com o bom senso. Bolingbroke não partilhava do preconceito contra a Casa de Hanôver que as "pessoas comuns e não pensantes" sentiam, mas fez de si próprio o instrumento desse preconceito: ele foi importante no Parlamento por ser "o eloquente porta-voz de muitas pessoas inaudíveis".[32] O grande dom de Pitt era sua capacidade de expressar, "de modo extraordinário, as verdadeiras emoções e sentimentos dos homens comuns – não suas ideias superficiais, não seus sentimentos mais grosseiros, dado que, com esses, qualquer homem inferior poderia lidar, mas sua natureza mais íntima, aquela que, nos momentos mais elevados, faz deles o que de fato são".[33] Burke, por outro lado, muito mais brilhante que Pitt, trazia o defeito de sua genialidade: em sua cabeça, "as grandes ideias eram um fardo sobrenatural, uma inspiração sobranceira; ele via uma verdade imponente e nada mais que isso".[34] Adam Smith popularizou a ciência política "no único sentido em que ela pode popularizar-se sem ser corrompida: colocando na cabeça dura de alguns homens certas conclusões amplas, as quais são as únicas que eles precisam saber e as únicas com as quais a maioria deles jamais se importará".[35] Palmerston "não era um homem comum, mas um homem comum poderia ser dele recortado"; além disso, tinha o bom senso de saber que só seria bem-sucedido enquanto conservasse sua fé na "parte vulgar de sua mente".[36] O azar de Disraeli estava no fato

---

[32] Idem, op. cit., 1965, p. 12.
[33] Ibidem, p. 73.
[34] Ibidem, p. 72.
[35] Ibidem, p. 106.
[36] Ibidem, p. 216.

de ele ser um romântico político, preferindo lidar com "medidas" e "heróis" ideais quando deveria chegar ao "âmago de uma convicção nacional profunda".[37]

Se era papel do estadista respeitar a sabedoria do povo comum, o mesmo cabia ao pensador político. No entanto, o próprio Bagehot foi muitas vezes acusado de agir diferente. St. John-Stevas, ele mesmo um integrante conservador do Parlamento, afirmou que Bagehot "não nutria qualquer simpatia pelas massas de homens, e seu conservadorismo nascia, em parte, de sua falta de compaixão".[38] De modo particular, A Constituição Inglesa tem sido lida sob essa perspectiva. A principal tese do livro, isto é, a distinção entre as partes "dignas" e as "eficientes" da constituição – estas, para o funcionamento do governo; aquelas, necessárias à satisfação das pessoas comuns –, é tratada como algo condescendente e aviltante. A condescendência, porém, pode estar naqueles que assim supõem, achando que o populacho é rebaixado por uma distinção como essa.

Com efeito, pode-se dizer que Bagehot respeitou mais o povo do que seus críticos, visto que atribuía às pessoas comuns uma reverência peculiarmente intelectual pelas ideias. O povo interessava-se mais pela teatralidade do que pelas operações mundanas do governo porque via tal teatralidade como "corporificação das maiores ideias humanas". As pessoas não se deixavam "absorver pelo que era útil" porque não gostavam de "nada tão pobre". Não era possível agradá-las com base em necessidades materiais, exceto quando tais necessidades eram tidas como resultado da tirania. Elas, na verdade, queriam sacrificar seus bens materiais, sacrificar a si mesmas, "por aquilo que é denominado ideia – por alguma atração que parece transcender a realidade, que almeja elevar os homens por meio de um interesse mais elevado, profundo e amplo do que aquele da vida comum". Como

---

[37] Ibidem, p. 280-81.
[38] Ibidem, p. xvi.

consequência, as classes altas é que tinham a mente e a alma pobres a ponto de se contentar com o que era útil, material e eficiente.[39]

Bagehot não media palavras: as pessoas comuns eram "estúpidas". No entanto, a estupidez delas era na verdade uma virtude – assim como sua sabedoria. Afinal, ela não apenas lhes poupava dos tumultos vãos e dos excessos suicidas de um povo de mentalidade mais ágil, como o francês; ela também evitava que elas fossem engolidas pela falácia, tipicamente francesa, que era supor que os problemas políticos poderiam ser resolvidos racionalmente, de acordo com os parâmetros da consistência, da simplicidade ou da coerência lógica. O que o sábio estadista inglês tinha em comum com o povo bastava para fazê-lo sentir a força e o bom senso da estupidez popular. Bagehot não estava dizendo que o bom estadista era aquele que sabia como bem explorar ou manipular as massas em prol da boa administração. Para ele, as próprias massas sentiam pelo bom governo uma inclinação que o estadista deveria respeitar.

O estadista não tinha apenas de respeitar o povo; ele tinha de respeitar também a si mesmo, isto é, tanto a parte "incomum" quanto a "comum" de sua mente. "O estadista inglês de hoje vive segundo a opinião pública; ele pode afirmar que, em certa medida, pode tentar modificá-la um pouco; ele pode tentar ajudar a exagerá-la e desenvolvê-la, mas dificilmente pode almejar algo mais."[40] Por essa razão, e porque a opinião pública era tão convincente e o senso comum tão urgente, o estadista precisava saber quando se avaliar à luz do público e quando contrapor seu próprio bom senso ao senso comum. Isso era ainda mais difícil para o "estadista constitucional" (o estadista democrático, diríamos hoje), que necessariamente dedicava grande parte de seu espírito e de seu tempo à persuasão, à tentativa oratória de modificar e converter a opinião pública.

---

[39] *The English Constitution*. London, Oxford World's Classics, 1952, p. 6-7.
[40] Walter Bagehot, op. cit., 1965, p. 260.

No papel do orador, a ambivalência essencial do estadista revelava-se. Por meio da oratória, o estadista/orador tentava intermediar não apenas entre o público e a si próprio, mas também entre as duas partes de sua própria mente. Ao fazê-lo, ademais, ele expunha também sua grande fraqueza. "Sabemos que o instinto popular suspeita do juízo dos grandes oradores; sabemos que ele não crê em sua paciente equanimidade. E o instinto popular está certo."[41] O instinto popular suspeitava corretamente de que o orador era assaz servil à opinião do povo. Aqui, como de costume, o povo revelava sua sabedoria e sua virtude peculiares: a sabedoria de suspeitar do orador e a virtude de encontrar razões para essa suspeita não tanto na tentativa do orador de impor, sobre as pessoas, suas próprias posições, mas em sua excessiva solicitude com relação às próprias ideias do povo.

O processo oratório, concluiu Bagehot, era um processo necessário, mas profundamente desorganizador, tentando o estadista a mudar de posição e adaptar-se, em sinal de obediência, a uma opinião oscilante; a defender o que poderia desaprovar privadamente; a se opor, em determinada ocasião, a algo que talvez defendesse noutra; a defender ou criticar sem refletir o bastante; e a perder de vista o propósito geral. Ele se mostrava ainda mais desorganizador num estadista como Gladstone, cuja mente era naturalmente "impressionável, impetuosa e desprendida", "pouco fiel a seus axiomas", inclinada a um "heroísmo elástico".[42] E, numa época como a de Gladstone, quando o que se desejava eram políticas ponderadas, construtivas e abrangentes, parecia particularmente perigoso aderir a um princípio estabelecido em vez de acomodar-se aos humores populares transitórios.

O ensaio de Bagehot sobre Peel nos fornece um comentário brilhante sobre o tema. Não há marxista ou sociólogo capaz de melhorar o relato de como esse homem de negócios de Lancashire atuou

---

[41] Ibidem, p. 253.
[42] Ibidem, p. 248, 254, 261.

como estadista – esse filho de baronete que fora educado em Harrow e na Christ Church e que, aos 21 anos, já era um membro tóri do Parlamento. Ainda que pessoalmente dissociado da fonte de sua fortuna, Peel deixava transparecer nos modos, na linguagem e na substância de sua política aquela inextirpável "semente da classe média", a marca do "povaréu dos negócios e do comércio".[43] Foi dessa classe que ele herdou os traços característicos do estadista constitucional. "Homem de opiniões comuns e talentos incomuns", dotado "dos poderes de um homem de primeira classe e do credo de um homem de segunda", Peel conseguiu não estar jamais à frente de seu tempo, mas no mesmo passo.[44] Era um grande administrador, dotado da energia, do apetite pelos detalhes, da paciência, do tato e da adequação do homem de negócios, ao mesmo tempo em que carecia daquelas "opiniões fixas" que poderiam inibir esses talentos.[45] Além disso, ele possuía o estilo de oratória que convinha à sua classe. Peel era incapaz de competir com a elegância, a fluência, a inteligência ou os adornos clássicos de uma geração mais velha de oradores parlamentares, mas dominava a "eloquência da classe média", a retórica da exposição e o detalhamento aritmético.[46] Sua oratória refletia suas ideias – que eram menos suas do que as "sobras silenciosas" de outros homens.[47] E, dado que sua inteligência era prática, e não especulativa, sua retórica era "especiosa", aparentando ser plausível em vez de verdadeira.[48]

Em outras épocas – na época de Gladstone, por exemplo –, essas qualidades se teriam mostrado inadequadas, até mesmo fatais. Peel viveu numa época mais propícia, porém, na qual sua mente e seus modos convinham às tarefas que desempenhava. A maior parte da

---

[43] Ibidem, p. 190-91.
[44] Ibidem, p. 182, 185.
[45] Ibidem, p. 196.
[46] Ibidem, p. 211.
[47] Ibidem, p. 193.
[48] Ibidem, p. 201.

legislação necessária dizia respeito a problemas de administração e regulação, ao passo que a maioria das reformas indispensáveis não era construtiva, mas destrutiva, exigindo a revogação de leis obsoletas (as Leis do Milho, as medidas anticatólicas, os estatutos criminais). Em Peel, a Inglaterra encontrava as virtudes e os vícios que a satisfaziam naquela época e naquele lugar:

> Possuía uma natureza ao mesmo tempo ativa e agradável, a qual facilmente obtinha de fora suas opiniões e com dificuldade as desenvolvia do lado de dentro; possuía também um intelecto plácido e adaptável, destituído da irritante intensidade que a originalidade suscita, propenso a esquecer as ideias de ontem e inclinado às ideias do momento. [...] Enquanto a política constitucional continuar como está hoje, enquanto sua função consistir em registrar as visões de uma nação confusa, enquanto apenas mentes plásticas, mutáveis e administrativas tiverem sucesso nela, não haverá homem melhor que esse. Vocês baniram o pensador profundo; devem então se contentar com o que podem obter: o cavalheiro de negócios.[49]

Lancashire, observou Bagehot noutra ocasião, era às vezes chamada de "Estados Unidos com água"; ele cria, porém, tratar-se de "Estados Unidos com pouquíssima água".[50] A Lancashire de hoje não é a Lancashire daquele tempo; também os Estados Unidos de hoje não são a Lanchashire de outrora. Contudo, as reflexões de Bagehot sobre a arte do estadista – sobre a relação entre a massa e o político, entre a opinião pública e a imaginação política, entre o senso comum e a sabedoria –mostram-se tão pertinentes aos Estados Unidos de nosso tempo quanto eram para a Inglaterra de sua época.

---

[49] Ibidem, p. 203, 213.
[50] Ibidem, p. 241.

Capítulo 8 | John Buchan

UM RECONHECIMENTO EXTEMPORÂNEO

John Buchan – romancista, biógrafo, historiador, membro do Parlamento, governador-geral do Canadá e, ao final da vida, Lorde Tweedsmuir de Elsfied – morreu em 1940 como um dos últimos representantes articulados da velha Inglaterra. Ele é o paradigma (a paródia, segundo alguns) de uma espécie de cavalheiro inglês hoje quase extinta. Os costumes e a moral que seus livros enaltecem, os preconceitos sociais que eles inconscientemente revelam, as atitudes e a filosofia ali implícitas: tudo isso já possui hoje o tom desbotado de algo obsoleto. Antes que desapareçam por completo, talvez seja interessante fazer uma pausa e investigar um etos que, para alguns, não passa de uma lembrança constrangedora e, para outros, da recordação de uma grandeza perdida.

Há, de fato, alguns elementos constrangedores nos romances de Buchan. Tem-se a vida pura e boa desfrutada por quem acorda cedo, toma banhos frios e parte em meio à bruma e à umidade, em oposição ao citadino de olhos vermelhos, preguiçoso e libertino. Dá-se a bravura casual, e classicamente implícita, de seus heróis. ("Comigo não há nada de muito errado. [...] Uma bomba caiu ao meu lado e machucou meu pé. Dizem que terei de amputá-lo.")[1] Há o provincialismo e o amadorismo alegre do espião aventureiro que, numa feira curda, se queixa de que os nativos não compreendem "língua civilizada"

---

[1] *Mr. Standfast*. London, Penguin, 1956, p. 312. (1. ed. 1919.)

alguma ou o membro do Parlamento que é incapaz de pronunciar nomes alemães e que confunde Poincaré com Mussolini, ou o ministro do gabinete que não se incomodará em ler os jornais durante as férias.[2] Tem-se o gosto pelo esporte que exige que cada herói (tal como cada vilão respeitável) seja um atirador de primeira classe e veja tanto a política quanto a espionagem e a guerra como oportunidades para praticar o bom espírito esportivo inglês. Ao abusar da hospitalidade de um vilão particularmente atroz, Richard Hanny, herói de vários romances de Buchan, aflige-se por não estar "seguindo as regras do jogo"; noutra ocasião, em vez de alvejar um agente alemão que tramava infectar o exército britânico com germes de antraz, ele permite a sua fuga. Do mesmo modo, pode-se ouvir Sandy Arbuthnot, outro herói, bradar durante um enorme ataque de cavalaria envolvendo tropas cossacas, turcas, alemãs e britânicas: "Bom trabalho, equipe!".[3]

Rememorando ainda mais o estudante inglês de alta classe, há o curioso embaçamento das fronteiras sexuais. Todos os heróis de Buchan possuem "algo feminino". Um robusto guia de montanha ostenta cabelo "linhoso como o de uma menina"; Peter Pienaar, rude aventureiro bôer, traz o rosto "delicado como o de uma garota"; e o líder negro de quase dois metros de altura possui mãos "mais parecidas com as de uma mulher de nobre estirpe do que com as de um homem".[4] Até mesmo alguns de seus heróis históricos possuem essa sexualidade ambígua – Augusto, por exemplo, cujos "traços assaz delicados eram quase femininos".[5] Suas heroínas, por sua vez, apresentam mais do que meros traços de menino: são masculinos os seus quadris, seu modo de caminhar, seus costumes e seus interesses.

---

[2] *Greenmantle*. London, Penguin, 1956, p. 127 (1. ed. 1916); *John Macnab*. London, Penguin, 1956, p. 123, 143.

[3] *Greenmantle*, op. cit., p. 269.

[4] *Mountain Meadow* [título inglês: *Sick Heart River*]. Boston, 1941, p. 155; *Greenmantle*, op. cit., p. 22, 41; *Prester John*. New York, 1938, p. 111.

[5] *Augustus*. Boston, 1937, p. 4.

Entretanto, nem mesmo essa masculinidade é capaz de mitigar por completo o desconforto do herói. Quando Hannay, tendo há muito já passado dos quarenta anos, conhece a encantadora Hilda von Einem, a possibilidade de sentar-se ao lado dela enche-o de pânico: "Jamais estivera num automóvel com uma dama. Sentia-me como um peixe num banco de areia".[6] Seu amigo Archie Roylance também "se assustava como uma galinhola" diante daquelas criaturas "misteriosas e ininteligíveis". "Vivaz e não insulso pela desilusão", ele enfim se apaixona por Janet, mas, como o autor orgulhosamente esclarece, não é aos encantos vulgares dos "seios fartos, dos lábios carnudos, das curvas suaves e dos olhos lânguidos" que ele sucumbe. As expressões vigorosas e sápidas que saem de seus lábios são "alegre", "vibrante", "um ordinário espírito esportivo" e, após posterior reflexão, "incrivelmente elegante".[7]

De vez em quando, era possível ver Buchan zombando desse exagero. Sobre Walter Scott, ele declarou: "Pelas mulheres, tinha ele uma reverência à moda antiga, [...] tratando-as como uma bebida a ser tomada em honra ao Rei e à Constituição". A timidez de Scott, porém, era respeitada: "Não subscrevo aqui à rigorosa doutrina segundo a qual homem algum pode escrever intimamente sobre sexo sem violar seu direito à nobreza; o que quero dizer é que, para o tipo de cavalheiro que é Scott, fazê-lo seria impossível sem o abandono dos padrões".[8]

Até aqui, o etos de Buchan diverte mais do que ofende. É somente quando suas fraquezas privadas atravessam as fronteiras da moral pública que ele se torna desagradável. O elemento mais sério das acusações contra Buchan é sua preocupação com o sucesso, sua

---

[6] *Greenmantle*, op. cit., p. 171.

[7] *John Macnab*, op. cit., p. 53, 139, 194-95.

[8] *Homilies and Recreations*. London, 1926, p. 29-30.

ética da excelência.⁹ Em seus romances, os jantares reúnem um sortimento típico de convidados: Bonson Jane "fora um célebre esportista e ainda tinha grande habilidade no polo; seu nome difundira-se na Europa em virtude de sua atuação nas finanças internacionais. [...] Dizia-se que, na mesma semana, lhe haviam oferecido a secretaria de Estado, a presidência de uma antiga universidade e a diretoria de uma grande empresa industrial". Simon Ravelstone é presidente de "um dos principais bancos do mundo"; seu filho tornava-se "famoso como cirurgião pulmonar". Outro convidado é "praticamente nosso mais destacado erudito; [...] havia poucos homens capazes de competir com seu conhecimento clássico".¹⁰ Tão fechado era o universo desses personagens de espírito calvinista que eles se mostravam capazes de estimar o nível e a ordem de seu sucesso. Sandy Arbuthnot é "uma das duas ou três pessoas mais inteligentes do mundo". Julius Victor é "o homem mais rico do universo". Medina é "o melhor atirador inglês depois de Sua Majestade". Castor é "o maior agente provocador da história". E, sobre um deles, diz-se, com uma bela mistura de precisão e vagueza, que "não há cinco nos Estados Unidos cuja reputação seja maior".¹¹

Não obstante, uma leitura mais atenta dos romances sugere que essas marcas de sucesso não são os fins que os heróis ou vilões de Buchan almejam. Trata-se, antes, das precondições de seu heroísmo ou de sua vileza, a exemplo do que se dá com os personagens dos contos de fada – sempre os mais belos, os mais elevados e os mais malvados de sua espécie. Tais marcas são os pontos de partida do romance, e não seu termo. Com efeito, o tema mais interessante de seus livros é o fastio, o *taedium vitae* que aflige precisamente aqueles que alcançaram a posição mais elevada – e isso pelo motivo de a terem alcançado. Em

---

⁹ Richard Usborne, *Clubland Heroes*. London, 1953.

¹⁰ *Mountain Meadow*, op. cit., p. 23-27.

¹¹ *The Three Hostages*. London, Penguin, 1956, p. 25, 48 (1. ed. 1924); *Mountain Meadow*, op. cit., p. 32.

John Macnab, três dos homens mais destacados na Inglaterra, desalentados pela profusão de sucesso, envolvem-se deliberadamente numa aventura ilegal a fim de flertarem com a exposição e a desgraça. Em *Mountain Meadow*, um famoso financista americano e um advogado inglês igualmente renomado deixam o conforto de seus estabelecimentos no intuito de se submeterem à dor e à morte no extremo norte. Todos os heróis de Buchan são periodicamente acometidos pela fadiga e pela lassidão, por um "desejo de morte" que só é superado quando eles se despojam de suas identidades urbanas – sendo o sucesso uma condição das cidades – e revestem-se dos trajes surrados e anônimos do homem do campo. Somente quando os perigos da natureza e da busca enrudecerem a suave pátina do sucesso, enchendo o corpo de cicatrizes e a mente de tormentas, é que eles se veem em condição de retomar suas vidas e identidades normais.

Se os heróis de Buchan não são tão resolutos na busca do sucesso quanto uma leitura casual poderia sugerir, eles também não são tão simplórios ou filistinos. Revisitando Oxford em 1938, Sandy se queixa de que a juventude se tornara "introvertida demais – não é essa a palavra obscena?".[12] (*Too much introverted*: quando Sandy se vê obrigado a usar a palavra obscena, ele ao menos emprega a sintaxe correta.) Não obstante, Sandy mesmo está longe de ser um extrovertido. Ele é dado a ataques de depressão e desespero, a uma busca incessante pelo graal inalcançável e por uma identidade nova (daí sua predileção por disfarces exóticos).

Com efeito, o intelectual introvertido protagoniza muitas obras de Buchan. Launcelot Wake, de *Mr. Standfast*, afundou, de tal maneira, na introversão e no intelectualismo que acabou por tornar-se pacifista. Ele é descrito, na abertura da obra, como o intelectual de sempre, dono de uma compleição débil e olhos vermelhos, partidário

---

[12] *Mountain Meadow*, op. cit., p. 7.

da poesia e da arte modernas. Ao fim do livro, porém, como resultado de uma daquelas reviravoltas por que Buchan, a exemplo de outros romancistas, têm predileção (seus críticos não parecem perceber que as verdades ostensíveis do prólogo se converteram nas meias verdades do epílogo), Wake encontra-se na posição de herói. Ele não abandonou nem seu intelectualismo, nem seu pacifismo, sendo ainda incapaz dos fáceis sentimentos de patriotismo e dever:

> Vejo mais do que os outros veem, e também sinto mais. Essa é a minha maldição. Você só é feliz e só consegue terminar as coisas porque vê um lado apenas de cada caso, uma coisa de cada vez. Porventura seria agradável ter mil turbilhões passando pela sua cabeça, ver que uma única ação envolve o sacrifício de coisas adoráveis e desejáveis, talvez até mesmo a destruição daquilo que você sabe ser insubstituível? [...] Para mim, lutar seria pior do que, para outro homem, a fuga.

Quando ele morre realizando um corajoso ato heroico, Hannay profere seu panegírico: "Se fosse preciso levar os melhores, ele seria o primeiro; era, afinal, um homem grande, diante do qual eu tirava meu chapéu".[13]

Os personagens históricos (não fictícios) que Buchan retrata prestam semelhante tributo a esse homem complexo que se vê dividido entre ideias e emoções conflitantes, esse homem que sequer é capaz de conservar um equilíbrio precário: Lorde Monrose, por exemplo, que começa como pactuante em rebelião contra o rei e termina como "o mais nobre dos cavaleiros", muito embora conservando-se presbiteriano; ou o revolucionário Oliver Cromwell, "místico prático" apaixonado pela lei e pela ordem, comandante dado a ataques de retração e autoquestionamento.[14] Tanto na história quanto na ficção, seus heróis estão longe de ser homens de ação bem definidos e simples que

---

[13] *Mr. Standfast*, op. cit., p. 234, 341.

[14] *Montrose*. London, Oxford World's Classics, 1957, p. 16, 422. (1. ed. 1928.)

abrem caminho para a vitória. Eles são almas sensíveis, destinadas a fracassos nobres e vitórias onerosas.

De acordo com os padrões modernistas, isto é, com os parâmetros literários de sua época e também da nossa, ele talvez seja considerado um filistino. Em *Mr. Standfast*, sua descrição da "avançada" comunidade de Biggleswick não passa de uma paródia; as pessoas são pretensiosas e metidas a artistas: moram em casas gritantes, ostentam pinturas "excêntricas e ao gosto da moda", estão determinadas a "jamais admirar algo obviamente belo, como um ocaso ou uma bela mulher, mas a encontrar surpreendente delicadeza em coisas que para mim eram repugnantes".[15] Em sua autobiografia, Buchan relata como se empenhava para estar "de acordo com meus contemporâneos" – isso já na década de 1920 –, o que, porém, só resultou numa série de fracassos. O verso daqueles (ele aparentemente se refere a T. S. Eliot) lhe pareciam "um jornalismo não melódico, [...] um pastiche de Donne". Muito embora reconhecesse seus talentos literários, ele desgostava do "mundo assaz intelectual" de Proust; quanto ao Henry James tardio, lamentava seus "tortuosos arabescos". Com exceção de *Guerra e Paz* e de uma ou outra história de Turgueniev, Buchan não encontrou mérito algum nos russos e optou por jamais lê-los de novo. Alguns contemporâneos lhe agradavam: Sinclair Lewis e Booth Tarkington tinham o dom narrativo dos bons romancistas, e alguns dos romances de H. G. Wells poderiam ter valor duradouro. Pelos "rebeldes e experimentalistas", porém, ele confessou sua "radical falta de simpatia". Tinham seus méritos, claro, mas o mundo que representavam era "inefavelmente lúgubre".[16]

Ainda assim, por mais isolado que ele estivesse da literatura da modernidade, sua mente possuía um alcance e uma seriedade que

---

[15] *Mr. Standfast*, op. cit., p. 36.

[16] *Memory Hold-the-Door* [título americano: *Pilgrim's Way*]. London, 1940, p. 211-12.

desmentem a acusação de filistinismo. Não eram apenas Scott, Tennyson e Macaulay os autores que ele (e os personagens mais amáveis de seus romances) citava de bom grado, mas também autores tão diferentes quanto Shakespeare, Hakluyt, Thomas Browne, Bunyan, Hazlitt, Walton, Thoreau, Whitman, Johnson, Chateaubriand, Calvino e Agostinho. Impaciente com os experimentos realizados nas artes e na política, e temendo as tentativas de sondar o inconsciente nos romances e na vida, suas respostas estéticas ficaram claramente limitadas. Não obstante, dificilmente poderíamos declará-lo "filistino" ou "anti-intelectual", como muitas vezes se diz, por preferir Homero no grego a T. S. em inglês, por admirar Tolstói mais do que Dostoiévski ou por escrever sérias obras de erudição histórica que também são revigorantemente literárias.

Compreender Buchan é adentrar uma tradição cultural com costumes sociais e literários diferentes. O intelectual inglês da geração de Buchan era contrário à ostentação de inteligência; formar-se com honras na universidade era algo que deveria ser feito sem esforços e preparos visíveis. (Os personagens de Buchan jamais admitem ter memorizado algo; eles possuem "memórias adesivas", nas quais longos trechos de poesia grudam facilmente.) Sua própria escrita era assim, sugerindo não a angústia da criação, e sim a casualidade de um colóquio civilizado. Assim descontraído, ele produziu 57 livros nos interstícios das ocupações que o sugavam: o direito – interrompido por um breve período na África do Sul, ao lado de Milner –, os negócios, o Parlamento e, por fim, o governo-geral do Canadá.

Essa produtividade só podia ser alcançada caso se escrevesse não apenas *como* se falava, mas também *aquilo* que se falava. Essa é a verdadeira chave da assombrosa produção de Buchan (e também de outros vitorianos). Muitos autores hoje possuem a mesma riqueza de recursos intelectuais; poucos, porém, são aqueles que se sentem livres para recorrer a esse capital. Buchan confiava não apenas em seu conhecimento, mas também em suas opiniões, atitudes, intuições e em seus preconceitos. O que escrevia para o público era o mesmo que sentia em particular; ele não se esforçava para alcançar uma sutileza ou uma profundidade que não viesse espontaneamente. Do mesmo modo, ele não censurava seus pensamentos espontâneos antes de passá-los para o papel. Buchan não tinha os escrúpulos que hoje são tão inibitórios, não se sentia tentado a aderir aos cânones do politicamente correto. Ele era franco acerca das questões de raça, nação, religião e classe porque não lhe ocorria que seus sentimentos ou suas opiniões pudessem ser repreensíveis. Sua força criativa era a força do caráter.

Eram tanto a autenticidade quanto a produtividade o que a fé e a confiança em si mesmo aprimoravam. Seu conhecimento do interior escocês não fornece apenas o pano de fundo de muitas de suas histórias. Minuciosamente descritos, os episódios de caça e pescaria em *John Macnab* não são anexos da trama; eles *são* a trama. Em *Huntingtower*, os detalhes rústicos da vida doméstica de um mercador aposentado de Glasgow, permeados como são por comentários acerca do freudismo, do comunismo e da política internacional, concedem verossimilhança ao caráter fantasioso da princesa russa e às espantosas improbabilidades do enredo. Verossimilhança, diga-se, e não veracidade – seus livros, afinal, continuam sendo histórias de amor desembaraçadas. Como para ele a fantasia e a realidade se alimentavam e se nutriam naturalmente, Buchan não se preocupava tanto com a trama; ele confiava nas coincidências, nos pressentimentos, no caráter ordinário e nas situações cotidianas de um modo que nenhum autor popular hoje ousaria confiar. E, por não se preocupar em demasia com as delicadezas do estilo, ele não se deixava constranger pelo clichê, exceção feita a uma ou outra digressão ou trecho monótono. A própria lassidão do roteiro e do estilo servia a esse propósito, ajudando não apenas a desenvolver o enredo com um grau mínimo de esforço, mas também a construir o pano de fundo trivial em que a aventura romântica se desenvolve de maneira mais adequada. Num ensaio em que trata de Scott,

Buchan argumentou a favor de um *punctum indifferens*, isto é, um centro calmo ao redor do qual a tempestade do amor se encoleriza: "O núcleo da história de amor é o contraste, o florescer da beleza e da bravura em lugares insólitos, o ponto de contato entre o celeste e o mundano. O verdadeiro romântico não é o herói de Byron; é, antes, o soldado britânico cuja ideia de boa ação é dar uns dribles com a bola de futebol nas trincheiras do inimigo".[17]

Mais grave que a acusação de filistinismo era a acusação de que Buchan era racista. Pelo menos uma editora americana cogitou a ideia de republicar *Prester John*, mas acabou abandonando-a para não ofender as sensibilidades liberais. Publicado em 1910, *Prester John* é a história de um levante de nativos africanos liderado por um negro educado no Ocidente que busca usar a religião primitiva e o nacionalismo dos selvagens para estabelecer-se como semideus de uma república nativa. Uma vez que a trama se mostra suficientemente provocativa, a linguagem o é ainda mais: o herói, um garoto branco, fala dos "pretos" e de suas "feições ridículas".[18] Aos olhos de Buchan, o que era inferioridade racial motivava não a exploração, e sim um humanitarismo compassivo. Para o leitor moderno, isso só aumenta o ultraje. Laputa, o líder dos nativos, é representado como uma figura nobre e como um digno antagonista. Quando é derrotado numa honrosa batalha, vemos ressoar o clássico Fardo do Homem Branco:

> Eu sabia então qual era o dever do homem branco. Ele deve correr todos os riscos sem se importar com sua vida e seu destino; deve contentar-se em encontrar sua recompensa no cumprimento de sua tarefa. Está aqui a diferença entre o branco e o negro: no dom da responsabilidade, na capacidade de tornar-se, em alguma medida, um rei; e, enquanto soubermos disso e agirmos dessa maneira, dominaremos não

---

[17] *Homilies*, p. 27.
[18] *Prester John*, op. cit., p. 38.

somente a África, mas todo e qualquer lugar em que houver homens escuros pensando apenas no hoje e nos próprios interesses. Além disso, o trabalho tornou-me compassivo e afável. Aprendi muito sobre o enorme desgosto que acomete os nativos e vi um pouco de seu raciocínio estranho e deformado.[19]

Prester John foi um dos primeiros livros de Buchan – um livro destinado a garotos, o que talvez explique por que sua mensagem soa tão lancinante. Noutras obras, a linguagem e os tons racistas mostram-se mais casuais do que ideológicos. "Um grupo de pretos", observou ele, "mais parecidos com macacos uniformizados, batucava uma espécie de melodia selvagem."[20] Esse é um tipo de linguagem muito comum na literatura da época, encontrado até mesmo num autor tão distinto quanto Joseph Conrad, que não demonstrava qualquer escrúpulo ao falar da "repulsiva máscara da alma de um preto", da "névoa escura", da "influência sutil e funesta" que dela emanava.[21] Como atenuante – possivelmente fraco –, é preciso dizer que tais sentimentos, comuns à época, eram concebidos como algo descritivo, e não prescritivo; ou seja: não se tratava do estímulo a uma ação social ou política, e sim de uma tentativa de expressar diferenças de cultura e cor por meio de expressões que eram usadas sem qualquer questionamento há gerações.

O mesmo comentário pode ser feito acerca do antissemitismo de Buchan. Na Inglaterra da época, que era etnicamente muito mais homogênea do que hoje, de fato havia judeus que trabalhavam como comerciantes de trapos e judeus que trabalhavam como penhoristas, judeus comunistas e judeus financistas. No entanto, continua sendo desconcertante notar que a trama de um de seus romances mais

---

[19] Ibidem, p. 365.
[20] *Three Hostages*, op. cit., p. 97.
[21] Joseph Conrad, *The Nigger of the Narcissus*. New York, 1960, p. 43, 56.

bem-sucedidos, *Thirty-Nine Steps*, gira em torno de uma conspiração internacional elaborada por judeus anarquistas e por judeus financistas, os quais têm como líder um "judeuzinho de rosto branco e olhos de cascavel que, no comando de um ciclo-riquixá", se vinga de séculos de perseguição.[22] Se, porém, devemos levar em consideração os vilões judeus de Buchan, o registro deve incluir também os judeus heróis de *Three Hostages*: o "homem mais rico do mundo", por exemplo, figura honrosa que se torna vítima de outra conspiração precisamente por ter como incumbência garantir a paz no mundo; ou sua bela filha, noiva do marquês de la Tour du Pin, um dos amigos mais antigos e nobres de Hannay.[23] Além disso, o vilão judeu nem sempre é o vilão mais asqueroso; em *Mr. Standfast*, ele é o mais decente do lote.

Isso não quer dizer que os romances de Buchan possam ser absolvidos da acusação de antissemitismo. Eles eram antissemitas tanto quanto eram racistas. Nas palavras com que um de seus heróis americanos descreve um de seus heróis judeus (aos americanos comuns era dado o direito de verbalizar aquilo que os ingleses educados apenas pensavam), ele simplesmente "não gostava de sua raça".[24] Esse tipo de antissemitismo, tolerado naquela época e naquele lugar, era comum e passivo demais para ser escandaloso. Os homens eram antissemitas em geral, exceto se alguma particularidade em seus temperamentos e ideologias os levasse ao contrário. Desde que o mundo continuasse o mesmo, isso não tinha grandes consequências. Somente depois, quando os impedimentos sociais se tornaram inabilidades fatais, quando o antissemitismo deixou de ser prerrogativa dos cavalheiros ingleses e caiu sob o domínio de políticos e demagogos, é que os homens sensíveis se sentiram forçados a silenciar-se. Foi Hitler quem pôs fim ao antissemitismo casual dos clubistas. E foi só então, quando as conspirações dos

---

[22] *Thirty-Nine Steps*. London, Penguin, 1956, p. 17. (1. ed. 1915.)

[23] *Three Hostages*, op. cit.

[24] Ibidem, p. 17.

contos aventurescos ingleses se tornaram a realidade da política alemã, que Buchan e outros tiveram a graça de perceber que aquilo que era permitido sob circunstâncias civilizadas não era tolerado numa civilização *in extremis*. Escrito às vésperas da Segunda Guerra Mundial e às sombras de sua própria morte, o último livro de Buchan, *Mountain Meadow*, é um tratado que exalta a "fraternidade". Dos muitos financistas presentes em suas páginas, não há judeu algum.

No início de 1934, muito antes de a maior parte dos ingleses tomar ciência do nazismo, Buchan denunciou publicamente o antissemitismo de Hitler e abraçou o sionismo. É tentador sublinhar o quão irônico é ver inscrito solenemente, no Livro de Ouro do Fundo Nacional Judeu, o perpetrador fictício de conspirações que unem judeus, capitalistas e comunistas. O próprio Buchan, porém, não veria nada de irônico nisso. No discurso em que reconheceu as distinções que lhe eram atribuídas, ele escolheu como tema a semelhança racial entre escoceses e judeus, fazendo especial referência ao alto valor que ambos atribuíam ao saber. Um dos participantes da cerimônia, o qual dividia o palanque com Buchan, observou-o inclinar-se, na fala que se seguiu à sua, para notar, com evidente deleite e evidente fascínio, os gestos e movimentos corporais expansivos do rabino que se expressava em iídiche.[25]

Na síndrome dos clubistas da moda, uma consciência de classe precisa só perdia para a consciência racial. Às vezes lemos que, para Buchan, a consciência de classe se tornava mais grave e repreensível por ser adquirida, e não natural. Filho de pastor presbiteriano, aluno de escolas aldeãs, da escola de gramática e, por fim, da Universidade de Glasgow, esse escocês estava muito distante dos personagens ingleses de classe alta que descrevia de modo tão adorável. Ele sequer gostava dos jogos escolares – e, embora se divertisse em

---

[25] Carta privada enviada a mim por um participante.

esportes campestres como a caça e a pescaria, fazia-o sem os rituais que os ingleses abastados lhes associavam. Somente em 1895, quando aos 20 anos ingressou em Oxford, é que ele vislumbrou a vida da classe alta. E, durante certo tempo, isso continuou sendo apenas um vislumbre. Mais velho do que a maioria dos calouros, muito mais pobre e mais puritano, ele inicialmente só se associou a outros bolsistas. Apenas no terceiro ano, quando seus prêmios e sua bibliografia já o haviam tornado relativamente rico, é que seu círculo passou a abarcar estrelas do remo e do rúgbi, tal como poetas, escritores e oradores. Sua iniciação social teve fim em Londres, onde estudou direito, e na África do Sul, onde, em 1901, integrou a equipe administrativa de Lorde Milner.

É seu caráter escocês o que redime Buchan da dupla acusação de desconhecer a sociedade clubista que tencionava retratar ou, caso a conhecesse, de só ter nela ingressado após um esforço de ascensão e esnobismo social. Ao contrário de um *cockney* ou de um provinciano, o escocês não era nem um estrangeiro, nem um intrometido. Como o americano, é forasteiro demais para ser assimilado sem preconceitos e móbil demais para esperar algum tipo de assimilação. Sua cultura não é uma subcultura desprezível, e sim uma cultura própria. Seu sotaque e sua educação são indícios de sua peculiaridade nacional, e não de seu pertencimento a uma classe inferior. Isso não quer dizer que não havia ascensão social. Os homens acostumados com a mobilidade social estão habituados à ascensão. Para o estrangeiro, porém, não se trata do mesmo processo humilhante a que se submeteria o nativo, uma vez que não envolve o mesmo repúdio ao passado ou o mesmo afastamento de si mesmo.

Foi também seu caráter escocês o que fez de Buchan um tóri diferente. (Um tóri, e não um conservador, distinção que Disraeli compreendeu muito bem.) O tóri escocês, como ele mesmo reconheceu, era um tipo especial. "Um jovem escocês que se denominasse tóri certamente estaria referindo-se à política, e não apenas cultivando uma lealdade familiar."[26] Buchan era tóri por opção e princípio, e não porque sê-lo ia ao encontro de seus interesses econômicos e seus interesses de classe. Para ele, a estrutura de classes existente era ao mesmo tempo inevitável e desejável. A exemplo de William Morris, Buchan poderia dizer que respeitava tanto a classe proletária que desejava transformá-la em classe média; e, a exemplo de Disraeli, também ansiava cultivar a aliança entre a aristocracia e a classe dos trabalhadores. "A democracia e a aristocracia", afirmou Buchan, "podem coexistir, visto ser a oligarquia o seu inimigo comum."[27] A palavra "oligarquia" era utilizada com cautela, pois o que Buchan lamentava era a tendência a fazer da classe uma categoria exclusivamente econômica e a usar a posição social como instrumento lucrativo. Ele não nutria qualquer afinidade pelos "verdadeiros reacionários" de seu partido, os quais "só acordavam para a vida em época de orçamento".[28] Sem comprometer-se com os princípios do *laissez-faire*, Buchan não via problema algum nas reformas sociais, nas autoridades públicas ou na economia de bem-estar social.

A classe era maleável: a história e o caráter poderiam muito bem alterar aquilo que o berço e o dinheiro haviam estabelecido. Foi a possibilidade – a realidade – de tal mudança o que atraiu Buchan ao estudo da Guerra Civil inglesa. Do mesmo modo, foi seu excelente juízo político o que o levou a escolher como heróis Lorde Montrose e Oliver Cromwell: Montrose, pois este reconhecera a existência de ocasiões em que a revolução se justificava; Cromwell, pois este admitira que havia momentos da revolução em que a autoridade precisava ser reafirmada. Cromwell, afirmou Buchan, não era nivelador ou igualitário. "O mundo precisava de seus mestres, mas por que

---

[26] *Memory*, p. 153.
[27] Ibidem, p. 67.
[28] Ibidem, p. 239.

reverenciar uma marionete brocada e untada por um sacerdote quando havia homens que não precisavam de qualquer paramento ou consagração para agirem como reis?"[29] Mesmo quando as autoridades eram depostas, a soberania se conservava, e certas figuras eram seus repositórios naturais. "É fato melancólico, com o qual os exponentes da democracia devem confrontar-se, que os homens continuem a ser absurdamente desiguais aos olhos do Estado quando, na verdade, poderiam muito bem ser iguais."[30]

Essa última citação poderia constar na obra em que Buchan relata a vida de Cromwell; encontramo-la, porém, no romance *John Macnab*. O tema do livro não é apenas a autoridade natural e justa que alguns homens exercem em virtude de seu berço, de sua experiência e de seu caráter, mas também o impulso natural e justo que busca atacar essa autoridade própria. O nobre jogo de John Macnab – matar e recolher, com grandes dificuldades, um veado e um salmão da propriedade de seu vizinho – não é apenas um canto de louvor à aventura – à aventura pura, gratuita e cavalheiresca, *le sport* propriamente dito. Trata-se, antes, de uma parábola da autoridade e da propriedade, tal como da perpétua contestação a que ambas estão submetidas. As famílias antigas, cultivando os vestígios de sua gloriosa antiguidade e procurando não se deixar macular pelo espírito moderno, estão fadadas à extinção, e com justiça. A heroína descreve sua irmã: "É uma sentimentalista que se casará com Junius, partirá para os Estados Unidos, onde todo mundo é sentimental, e se tornará o que há de mais doce no Ocidente". A vontade de lutar sucumbiu ao desejo de sobreviver, e, como resultado, os fiandeiros de algodão de Lancashire passam a ocupar as casas antigas. Além disso, aos manufatores da região também se aconselha prestar atenção, uma vez que o direito de propriedade "está longe de ser um direito". Nem a propriedade, nem

---

[29] *Oliver Cromwell*. London, 1934, p. 303.
[30] *John Macnab*, op. cit., p. 233.

a posição são direitos eternos. Tudo está sujeito ao consentimento; todo privilégio deve ser defendido e legitimado novamente.[31]

Enganados pelo aparente romantismo dos livros de Buchan, os críticos afirmaram que sua postura tóri era daquele tipo romântico que ama o soberano, venera o passado e despreza os escriturários e empreendedores da classe média. A realidade, no entanto, é que sua postura tóri era radical, e não romântica; além disso, ele respeitava os empreendimentos tanto quanto o trabalho. Buchan concordava com Samuel Johnson, para quem a "vida é assaz estéril mesmo com os seus adornos" e, por isso, devemos cuidar "do modo como a despimos";[32] ao mesmo tempo, ele nutria pouca simpatia pelos adornos que interferiam nas atividades da vida e nenhum pesar pelo regime que morrera na Primeira Guerra Mundial: "O radicalismo que faz parte do credo tóri estava chegando a seu ponto máximo, enquanto eu ansiava pela limpeza de tanto entulho".[33]

As posturas de Buchan acerca da nação e do império são tão complicadas quanto suas posturas com relação às raças e às classes. "Pelo rei e pela pátria", mensagem difundida por gerações de mestres, é tida como a mensagem arcaica e irreal de sua obra. Ele mesmo descreveu, em retrospecto, a visão imperial de sua juventude: "Eu sonhava com uma fraternidade mundial que teria, como pano de fundo, uma raça e um credo comuns e que estaria consagrada à promoção da paz; a Grã-Bretanha enriqueceria o resto a partir de sua cultura e tradições, o espírito dos domínios refrescaria, tal qual uma forte brisa, o abafamento das terras antigas".[34] Ao fim de sua vida, recordando o papel que desempenhara no "jardim de infância de Milner",

---

[31] Ibidem, p. 136-37.
[32] *Memory*, op. cit., p. 95.
[33] Ibidem, p. 174.
[34] Ibidem, p. 130.

Buchan reconheceu que "o fardo do homem branco" se tornara então uma expressão quase sem sentido. No entanto, insistiu ele, à época ela significava uma nova filosofia política e um novo padrão ético que eram "sérios e certamente honrosos".[35] Na biografia de Cromwell, essa mensagem foi comunicada nas palavras do republicano James Harrington: "Não é possível plantar um carvalho num vaso de flores; ele deve ter terra para suas raízes e um céu para seus ramos".[36] Se os imperialistas podem ser acusados de ser excessivamente românticos ou sentimentais, os anti-imperialistas às vezes ostentavam um cinismo e um pessimismo inadequados. Raymond Asquith, seu amigo de Oxford, defendeu a pequena Inglaterra diante de Buchan com o soberbo desdém de um aristocrata:

> O dia do grosseirão engenhoso está próximo. Sempre achei que as coisas chegariam a esse ponto caso nos deixássemos seduzir pelo império. Se os ingleses ao menos conhecessem um pouco mais seu Ésquilo, não teriam percorrido o mundo para apropriar-se de tudo. Um cavalheiro pode fazer grande fortuna, mas apenas um grosseirão pode cuidar dela. Seria muito mais agradável viver numa comunidade pequena em que cada qual conhecesse o grego, organizasse jogos e banhasse um ao outro.[37]

O dilema do ideal imperial era também o impasse do ideal nacional. Também aqui as visões de Buchan são muito mais nuançadas do que se poderia supor. No final das contas, ele foi incapaz de decidir entre as crenças de Cromwell e de Montrose: o primeiro buscava criar uma nação "espiritualizada e dedicada"; o outro se contentava com um governo modesto e judicioso, fundamentado no equilíbrio dos poderes.[38] Buchan percebeu o quão glorioso era aquele, mas notou também que os homens poderiam se fartar de ideais altamente

---

[35] Ibidem.
[36] *Oliver Cromwell*, op. cit., p. 486, 502.
[37] *Memory*, op. cit., p. 62.
[38] *Oliver Cromwell*, op. cit., p. 523.

coletivos e espirituais, preferindo dedicar-se a seus afazeres particulares. O primeiro caminho, sabia ele, não carecia de perigos; o segundo, de virtudes.

Houve de fato um período romântico na política de Buchan, mas não se tratava do romantismo sentimental a que os conservadores muitas vezes são associados, isto é, do apego estúpido à tradição, à hierarquia e às pompas. Seu romantismo consistia numa visão gótica e quase apocalíptica das forças negras e destrutivas contidas nos seres humanos e na sociedade. O vilão vitoriano ou eduardiano típico era malcriado e grosseiro, sedutor de menininhas inocentes, extortor de dinheiro, às vezes traficante de segredos nacionais. O vilão de Buchan age numa ordem diferente de vilania. Ele não é um cavalheiro caído, e sim um homem caído – a personificação mesma do mal. Interessa-se por magia negra, e não por sexo; não busca dinheiro, mas poder; negocia os segredos da alma tanto quanto os da nação. Comparado a ele, mesmo o sádico dos *thrillers* de hoje parece frívolo, pois, em lugar das perversões sexuais privadas, os vilões de Buchan se satisfazem com a subversão da sociedade e da civilização.

Muito antes da bomba de hidrogênio, da bomba atômica e até mesmo das bombas aéreas mais antigas, muito antes da ameaça do fascismo e da infância do comunismo, Buchan pressentiu o que os acontecimentos posteriores viriam a confirmar: que "em toda parte a civilização não passa de uma crosta muito fina".[39] Essa máxima, incluída num romance de 1922, reverberou em sua autobiografia em 1940. O perigo da revolução, escreveu ele, não estava no fato de que ela derrubaria qualquer instituição social e política em particular, e sim no fato de que ela solaparia todo o governo e toda a sociedade. Nem o bolchevismo traria tantos riscos quanto o niilismo que ela desencadearia:

---

[39] *Huntingtower*. London, Penguin, 1956, p. 130.

Uma civilização desnorteada por um materialismo opulento tem-se encontrado diante de um violento desafio. As pessoas livres têm sido desafiadas pelos servos. As goteiras exsudaram um veneno que provavelmente infectará o mundo. O mendigo a cavalo tem menos consideração pelos desamparados do que o cavaleiro. Uma combinação de multidões que perderam a coragem e uma junta de demagogos arrogantes destruíram a política da boa vizinhança. A tradição europeia tem-se deparado com a revolta asiática, que traz consigo a companhia de janízaros e assassinos. Há também, nisso tudo, um desagradável traço patológico, como se uma sociedade madura estivesse sendo assaltada por crianças enfermas e cruéis.[40]

Infelizmente, o veneno que hoje infecta o mundo sempre lhe esteve latente; as crianças enfermas e cruéis são, afinal, nossa própria prole. O que aterroriza o herói Richard Hannay é o fato de os vilões estarem no alto do *establishment*, de eles serem encontrados uns ao lado dos outros numa caçada em Suffolk ou num jantar em St. James. Mesmo quando o vilão, nas histórias de espionagem, é um alemão, não é nem a espionagem nem sua nacionalidade o que caracteriza a vilania (Buchan não odiava os alemães ou os russos), e sim uma depravação moral que chegava às beiras da diabrura.

Isso passa longe da crença do mestre no país e na pátria. Mais uma vez, o que distinguia Buchan era seu calvinismo escocês, sua percepção das irrequietas profundezas que se encontram sob a superfície humana. Quando os instintos subconscientes e desgovernados dos homens forem libertos e violarem a barreira erguida pela civilização, "veremos o enfraquecimento da capacidade de raciocinar, que é afinal aquilo que aproxima os homens do Onipotente; veremos também a perda da coragem".[41] Não era a razão de Estado, mesmo aquela de um Estado hostil, o que o alarmava, e sim a força da falta de razão. Logo após a Primeira Guerra Mundial, ele previu o desenvolvimento

---

[40] *Memory*, op. cit., p. 300.
[41] *Three Hostages*, op. cit., p. 15.

de um novo tipo de propaganda, ao lado do qual o tipo prussiano de propaganda militarista se mostrava relativamente inócuo. "Só agora começamos a perceber as estranhas fendas da alma humana", diz Sandy Arbuthnot a Hannay. "O verdadeiro bruxo, caso surgisse hoje, não daria a mínima para remédios e drogas. Interessar-se-ia por métodos muito mais letais, pela imposição de uma natureza abrasadora àquele débil elemento que os homens chamam de mente."[42] Os vilões de Buchan não apenas subornam, chantageiam ou torturam suas vítimas; eles também se valem do hipnotismo, da histeria, do fanatismo e de um misticismo quase religioso. Hannay se consola com o fato de não ser suscetível ao hipnotismo; encontra-se, porém, sujeito a um "pavor especial": à turba. "Eu odiava pensar nela – na bagunça, no conflito cego, na sensação de que há ali paixões soltas que diferem das paixões de qualquer vilão. Era um mundo escuro para mim, e eu não gosto da escuridão."[43]

Alguns de seus personagens podem parecer ingênuos – alguns podem até mesmo sê-lo –, mas seu criador não é. Quando opõe o "alegre grupo de camaradas limpos, rudes e decentes" à "abominável terra do mistério e do crime",[44] Buchan parece subscrever à ética da decência que forma a caricatura do inglês fleumático e obtuso. Para ele, contudo, essa ética adquirira a urgência de uma medida defensiva desesperada; ela era inseparável do mal que lhe dera existência. Bem ao estilo calvinista, Buchan é severo e realista, pouco sentimental e preocupado. Em 1934, ele escreveu não num romance, mas em sua biografia de Cromwell, algumas palavras que acabaram por se mostrar assaz perceptivas: "Era dogma do liberalismo mais antigo que a violência não levava a nada e que a perseguição, longe de matar algo, inevitavelmente o alimentava. Não há na história qualquer justificativa para

---

[42] Ibidem, p. 61.

[43] *Greenmantle*, op. cit., p. 130.

[44] *Three Hostages*, op. cit., p. 229.

esse otimismo; repetidas vezes, quando levada à sua conclusão lógica, a violência alcançou inteiramente o seu propósito".[45]

O que hoje deixa Buchan, tal como o etos com que ele é identificado, tão fora de moda não é somente a visão da vida agradável como uma vida composta de banhos frios, de jogos estimulantes e de sexo indiferente; nem mesmo o fazem o aparente filistinismo que tanto desprezava a arte e a literatura modernas, as imagens estereotipicamente desagradáveis da raça e da religião, a glorificação improvável da nação e do império. Além de tudo isso se encontra um temperamento e uma mentalidade hostis àquilo que Lionel Trilling denominou "imaginação liberal" – uma imaginação que enaltece o caráter maleável e benevolente dos seres humanos em lugar de seu caráter recalcitrante e malévolo; que vê o mal como mero traço negativo, como uma aberração temporária, irreal tanto em seus impulsos quanto em seus efeitos; que não tem paciência para as complicações, as dificuldades, as ambiguidades e as adversidades.

Buchan – homem de religião calvinista, de postura tóri e sensibilidade romântica – é claramente a antítese do liberal. Não foi por acaso que ele se viciou num gênero – numa história de aventura e suspense – que se distinguia da história de detetive clássica, ambientada em salas de visita ou na praça de uma aldeia; seu gênero era o *thriller* que tinha como ambiente os ermos da natureza, nos quais o bem se opunha ao mal em escala quase cósmica.

Buchan faleceu em 1940, antes que se revelassem por completo os horrores do nazismo e do comunismo. Em certo sentido, sua ficção antecipou a realidade. Tão inacreditáveis quanto alguns de seus vilões, Hitler e Stalin poderiam ter sido personagens de suas histórias. Infelizmente, não foi isso o que aconteceu.

---

[45] *Oliver Cromwell*, op. cit., p. 355.

Pós-escrito[46]

Em resposta à publicação original deste ensaio, dada em 1960, Alistair Buchan discordou da caracterização de seu pai como a antítese da "imaginação liberal". A seus olhos, o uso que dei à expressão seria irônico, visto que seu pai, pouco antes de morrer, tratara Lionel Trilling como "um dos maiores críticos literários vivos". Não há, porém, qualquer ironia nisso. John Buchan teria admirado a obra de Trilling em virtude daquilo mesmo a que aludi. Trilling, afinal, na famosa obra que veio a receber esse nome, não enalteceu a imaginação liberal. Antes, ele assinalou suas limitações, o fato de as virtudes políticas do liberalismo exigirem, quase de modo inevitável, a constrição da imaginação e da realidade social. Toda a obra de Buchan é uma confirmação da tese de Trilling.[47]

---

[46] Esse pós-escrito foi reproduzido como nota de rodapé na versão do ensaio publicada, em 1968, em *Victorian Minds*.
[47] *The Liberal Imagination*, de Trilling, foi publicado em 1950, muito depois da morte de Buchan. Foi *Matthew Arnold*, lançado em 1939, o livro de Trilling que Buchan lera e admirava.

Capítulo 9 | Os Knox

UMA FAMÍLIA PERSEGUIDA POR DEUS

Há meio século, Noel Annan publicou "The Intellectual Aristocracy", célebre ensaio no qual investiga as genealogias que vinculam, por meio do nascimento e do casamento, os grandes nomes da cultura inglesa dos séculos XIX e XX: Macaulay, Trevelyan, Arnold, Huxley, Darwin, Wedgwood, Galton, Stephen, Wilberforce, Dicey, Thackeray, Russell, Webb, Keynes, Strachey, Toynbee...[1] Enfiado em minha cópia da obra que contém esse ensaio está o recorte de uma resenha, escrita uma década depois, de *The Amberley Papers*, volume que contém os diários e as cartas dos pais de Bertrand Russell. O resenhista, Philip Toynbee, não menciona Annan, mas também especula acerca dos "mistérios da hereditariedade" que associam o filósofo do século XX à aristocracia *whig* do período vitoriano. Lorde Amberley era filho do primeiro-ministro Russell e, "como por herança", amigo ou conhecido de outros vitorianos de destaque, como Mill, Carlyle, Grote, Darwin e Huxley. A melhor confirmação dessa "aristocracia intelectual", porém, vem num aparte casual do resenhista: "Acontece que a irmã mais nova de Kate Amberley era minha bisavó" – aquela "tirana velha e monstruosa", nas palavras com que Philip Toynbee a descreve.[2] (Philip não se deu o trabalho de mencionar que era filho do ilustre historiador

---

[1] N. G. Annan, "The Intellectual Aristocracy", *Studies in Social History: A Tribute to G. M. Trevelyan*. London, 1955, p. 241-87.

[2] Philip Toynbee, "Lord Russell and Lord Amberley". In: *New Republic*, 21 de janeiro de 1967.

Arnold Joseph Toynbee e sobrinho-neto de outro Arnold Toynbee, o historiador vitoriano.)

Annan poderia ter incluído outra árvore genealógica em seu panteão de aristocratas intelectuais: a dos Knox. Em 1977, essa omissão foi retificada com a publicação de *The Knox Brothers*, de Penelope Fitzgerald (nascida Penelope Knox). Filha do mais velho dos irmãos, mas mais conhecida como uma notável romancista, ela demonstra aqui toda a inteligência e sabedoria que em sua ficção se fazem evidentes.[3]

A história da família Knox começa e termina com uma mistura de religiões. Presbiterianos fervorosos instalados no norte da Irlanda, alguns de seus membros, como declarou o patriarca da família, "viviam para serem enforcados", envolvendo-se no levante contra os ingleses realizado ao fim do século XVIII. Um dos 26 filhos partiu para fazer fortuna nas Índias Ocidentais, casou-se com uma herdeira doentia e retornou para Londres como mercador, mas apenas para descobrir que as posses dela haviam sido repassadas para um primo. Seu filho, George (avô dos irmãos Knox, imortalizados por Fitzgerald), abraçou o anglicanismo de sua mãe, foi ordenado e tornou-se capelão da Companhia das Índias Orientais em Madras. Foi lá que conheceu sua esposa, uma quacre que também empobrecera e que fora enviada à Índia em vez de trabalhar como governanta. Livre deste destino infame, ela se casou com o capelão – segundo Fitzgerald, o tipo de irlandês que, como o Watt de Samuel Beckett, "jamais sorria, mas cria saber como fazê-lo". Em 1855, eles retornaram para a Inglaterra com sete filhos (mais um nasceria depois); por fim, após percorrer diversos curatos, George finalmente se instalou numa aldeia vizinha a Croydon, trabalhando como secretário da Sociedade Missionária da Igreja. Cruzamento entre "a parcimônia de Ulster e a sobriedade

---

[3] Penelope Fitzgerald, *The Knox Brothers*. Melrose, Mass., 2000. (1. ed. London, 1977.)

quacre", diz-nos Fitzgerald, a família era pobre tanto espiritual quanto economicamente. Os livros eram restritos; os romances, proibidos; os açoites, administrados por um pai que acabou por mostrar-se tão tirânico quanto seu próprio pai o fora. (Além de excêntrico; ele jamais verificava o horário dos trens, mas "apenas ia à estação e perguntava ao responsável se não havia um pronto para ele".)[4]

Se as gerações mais velhas haviam escapado para as Índias, a geração mais nova encontrou refúgio na educação. Foi George, o pai intolerante e repressor, quem encorajou isso; sua "mania" de educação fez dela algo semelhante a um pré-requisito para a salvação – uma educação que abarcava tanto as meninas quanto os meninos; uma de suas filhas chegou até mesmo a ter bolsa em Oxford e a tornar-se diretora de uma faculdade em Toronto. Também com bolsa, seu filho Edmund (pai dos irmãos Knox deste volume) recebeu uma excelente instrução clássica na St. Paul's; no futuro, ele recordaria com satisfação que ela não custara à família mais que 1 xelim, gorjeta dada ao porteiro por cada aluno novo. As aulas eram acompanhadas de surras diárias (também isso parecia obrigatório), mas tais surras eram brandas, o que se devia "sobretudo à distração do diretor". Da St. Paul's, Edmund passou, novamente com bolsa, à Corpus Christi, Oxford, onde recebeu três primeiros lugares (a maior de todas as honras): em letras humanas (estudos dos clássicos e da filosofia), direito e história moderna.[5]

Ordenado e eleito membro do Merton College, Edmund rejeitou o circunspecto anglicanismo da Igreja baixa trazido por seu pai e optou pela tradição quacre da mãe, por ele transformada num evangelicalismo humano e cordial. Em seguida, viu-se atraído pelos romances (de modo particular, por Austen e Trollope). Muito embora seus companheiros de universidade não pudessem casar-se, naquele

---

[4] Ibidem, p. 3-6, 17.
[5] Ibidem, p. 8-9.

momento, Merton abrandou seus estatutos para permitir o matrimônio de uma série de seus membros. Edmund tirou vantagem dessa autorização para unir-se, em 1878, a Ellen Penelope French, filha do pastor de uma igreja vizinha. Seis anos (e quatro filhos) depois, ele trocou Oxford por um curato em Leicestershire.

Ellen trouxe à família um pano de fundo religioso muito diferente, recordando-nos, mais uma vez, não apenas da extraordinária diversidade do clero anglicano, mas também dos evangélicos. Seu pai, Thomas French, era quase uma paródia do entusiasta religioso: um "santo", diz-nos Fitzgerald, "no sentido mais nobre da palavra, e tão exasperante quanto todos os outros santos".[6] Filho de um clérigo comum e despreocupado, também ele fora para as Índias – não para ser, como George Knox, capelão da comunidade inglesa, e sim missionário entre os nativos. Levando uma vida de radical austeridade, ele, de algum modo, encontrou tempo e energia para dominar sete dialetos indianos, casar-se com a filha de uma abastada família quacre e gerar oito filhos. Após breves estadias na Inglaterra, retornou para a Índia e deixou sua família para trás. Nomeado bispo de Lahore, permaneceu na região até 1889, quando sua frágil saúde o obrigou a voltar para a Inglaterra. Dentro de um ano, conseguiu retornar ao Oriente Médio, dessa vez sem cargo ou autoridade; vestido como muçulmano, pregou diante das mesquitas e nos bazares, distribuiu Bíblias aos nativos e morreu, em 1891, na cidade de Mascate (entre outras coisas, por quase não ter o que comer), quando somava 66 anos. (Naquele mesmo ano, o pai de Edmund faleceu em circunstâncias muito mais confortáveis na Inglaterra.)

Foi também em 1891 que Edmund trocou sua agradável paróquia do interior por um distrito industrial em Birmingham. Ele acolheu a ocasião como uma chance de servir num mundo maior e mais

---

[6] Ibidem, p. 12.

desafiador, o que não se deu, porém, sem sofrimento para a sua família, formada por quatro meninos e duas meninas com idades entre dez e três anos – um grupo alegre e barulhento, muito diferente da família em que o próprio Edmund crescera. O novo vicariato, pequena casa localizada numa rua tipicamente escura, estreita e fumacenta, não poderia ser mais diferente da casa de campo alegre e extensa em que eles antes viviam. As crianças adaptaram-se bem à nova morada, mas sua esposa não teve a mesma sorte. Doente desde o nascimento do último filho, ela faleceu em menos de um ano. Os filhos foram então divididos entre os parentes, e apenas o mais velho, Edmund, permaneceu na casa, ao lado do pai e de uma tia. As duas meninas, Winifred e Ethel, tal como Dillwyn, um dos garotos, tiveram o azar de serem enviados para a casa de uma tia-avó viúva em Eastbourne, a qual tinha o temperamento de seu avô e professava um protestantismo "do tipo 'negro'". Wilfred e Ronald, os caçulas, tiveram um destino mais fácil na casa de um tio, vigário despreocupado de uma paróquia interiorana em Lincolnshire, evangélico "doce e primitivo", capaz de partilhar com os meninos de seus deleites infantis ao mesmo tempo em que os enchia, de um modo que parecia quase involuntário, de uma quantidade impressionante de saber. "Os meninos", observa Fitzgerald, "começavam a parecer selvagens, falando latim e grego."[7]

Quando, quatro anos depois, o pai foi nomeado sufragâneo de Coventry, "tornou-se evidente", disse, "que devo casar novamente", pelo bem da diocese e, talvez, das crianças. Uma candidata adequada era Ethel Newton, filha de um vigário. Felizmente para ele, e ainda mais para seus filhos, aquela jovem (ela tinha 27 anos, vinte a menos que ele) não somente sabia que lugar lhe cabia, mas era também elegante, afável e douta. Muito embora não houvesse recebido qualquer educação formal, ela aprendera grego clássico "porque assim desejara". Uma das piadas da família dizia respeito ao texto

---

[7] Ibidem, p. 26-29.

que escreveu em seu diário no dia de seu casamento: "Terminei a *Antígona*. Casei com o Bis [Bispo]".[8]

Com o segundo casamento do bispo, a família voltou a estar alegremente reunida, com a "Sra. K" – título por que as crianças a chamavam – adaptando-se a uma vida muito mais austera do que a vida luxuosa a que estivera acostumada. (Muito embora seu pai fosse bastante rico, era para ele questão de princípios não gastar dinheiro com as filhas quando elas se casassem.) Ela também conseguiu lidar com crianças que eram muito mais respondonas do que seus irmãos. Aquela era uma casa alegre, mas, ao mesmo tempo, séria, visto que todas as crianças (com exceção de Ethel, a mais velha, que apresentava alguma deficiência) se preparavam para conseguir bolsas – uma preparação "tão intensa", afirma Fitzgerald, "que quase violava os limites da sanidade".[9]

Todos os filhos receberam bolsas, e todas em escolas da elite: Edmund foi para a Rugby e para a Corpus Christi, da Universidade de Oxford; Winifred, para a Lady Margaret Hall, também da Oxford; Dillwyn, para Eton e para o King's College, da Universidade de Cambridge; Wilfred, para a Rugby e para o Trinity College, da Oxford; e Ronald, para Eton e para o Balliol College, Oxford. Isso, porém, era tudo o que tinham em comum. Se permaneciam leais uns aos outros enquanto parentes, suas vidas, suas carreiras, seus temperamentos e, sobretudo, suas afiliações religiosas conduziam-nos por caminhos muito diferentes.

Autora de talento (e incrivelmente encantadora), Penelope Fitzgerald entrelaça muito bem a vida dos irmãos em cada estágio de suas carreiras; desse modo, é capaz de conservá-los intactos como uma só família ao mesmo tempo em que permite que divirjam no plano individual. As diversidades profissionais são identificadas com facilidade:

---

[8] Ibidem, p. 29-32.

[9] Ibidem, p. 35.

Edmund foi editor da *Punch*; Dillwyn, criptógrafo; Wilfred, sacerdote anglocatólico; Ronald, sacerdote da Igreja Romana. No entanto, o diabo – ou Deus, nesse caso – encontra-se nos detalhes, e os detalhes de cada uma dessas vidas e mentes resultam numa saga fascinante.

Edmund, o mais velho, foi também o primeiro a decepcionar o pai. Sua bolsa na Corpus Christi foi suspensa em virtude de seu comportamento "frívolo e extravagante" (ele escalava muros protegidos à noite, organizava entretenimentos extracurriculares sem autorização, passava mais tempo em jantares fechados do que nas aulas), e apenas depois de pagar multa e dominar, como penitência, a obra completa de Heródoto e a *República* de Platão é que foi reintegrado. Tendo terminado o ciclo de estudos e passado no primeiro exame para a obtenção de seu diploma de pesquisa, ele abandonou Oxford sem diploma algum, decidindo tornar-se escritor. Edmund tinha um talento especial para os versos leves; não havia palavra, gabava-se (e muitas vezes se exibia, para o divertimento de sua família e amigos), para a qual não conseguisse encontrar uma rima. Após passar um tempo trabalhando como professor ginasial em Manchester e como subeditor da *Pall Mall Magazine*, ele enfim passou a escrever regularmente para a *Punch*, adotando o pseudônimo "Evoe".

Essa estava longe de ser a carreira que o pai vislumbrara para seu homônimo, mas ainda mais importuno era o ceticismo religioso – ou, na melhor das hipóteses, a indiferença religiosa – do jovem. O bispo pouco se tranquilizou quando, em 1912, seu filho tomou como esposa a filha do bispo de Lincoln, o que o jornal local adequadamente registrou sob a manchete: "Filho de bispo casa-se com filha de bispo". Com a eclosão da guerra, Edmund, então com 34 anos e pai de uma criança de 1 ano, ingressou no exército; ferido na batalha de Ypres em 1917, tornou-se inválido. Ele voltou a escrever (tanto paródias quanto versos) para a *Punch*, passou a integrar a equipe fixa do periódico (tendo fixa também sua renda) em 1921 e trabalhou como seu editor de 1932 a 1945. Pode-se dizer, recorrendo às palavras do antigo editor da *Punch*, que Edmund "é o tipo de homem que não leva seu humor a sério".[10] No entanto, ao menos num aspecto, ele o fazia. Tendo Edmund como editor, a revista notabilizou-se não apenas por sua inteligência e seu humor peculiares (tão peculiares que era quase incompreensível aos americanos), mas também por sua postura progressista a respeito das questões sociais e por sua consistente oposição ao nazismo. Após a guerra, e já afastado da *Punch*, Edmund continuou a escrever como autônomo e como celebridade local em Hampstead Heath, para onde se mudara com sua segunda esposa (a primeira morrera antes da guerra). Ele viveu muito mais que seus irmãos caçulas, falecendo em 1971 com 90 anos.

Se a profissão e a descrença de Edmund o afastaram do mundo de seu pai, o círculo de amigos e o ceticismo ainda mais agressivo de Dillwyn causaram uma ruptura muito maior. Em Eton, Dillwyn tornou-se o que Fitzgerald chama de "agnóstico feroz" – um ateísta feroz, para sermos mais precisos. Com seu grande amigo e colega de classe John Maynard Keynes, ele realizou "experimentos intelectuais e sexuais a fim de responder que elementos são de fato necessários à vida" – elementos que expressamente não incluem a religião. Sua amizade com Keynes e, ao que parece, seus experimentos tiveram continuidade no King's College, onde se cunhou uma palavra para descrever Dillwyn: "noxião", junção de "nóxio e anticristão".[11] Ao contrário de Keynes, ele recusou o convite para juntar-se aos Apóstolos, sociedade secreta (ou não tão secreta) formada por um elevadíssimo quociente de homossexuais e intelectuais. Ainda assim, era esse o seu ambiente, no qual ele "crescia cautelosamente", para usarmos as delicadas palavras de Fitzgerald, "na amizade apostólica".[12] Se não era abertamente

---

[10] Ibidem, p. 105.
[11] Ibidem, p. 56, 61.
[12] Ibidem, p. 83.

homossexual, ao menos atraía aqueles que inegavelmente o eram, entre eles Lytton Strachey, que, com toda a sinceridade, declarou-lhe seu amor – o qual aparentemente não foi correspondido.

A principal paixão intelectual de Dillwyn, tanto nessa época quanto depois, era a poesia grega, e ele ficou contentíssimo ao poder auxiliar seu mentor, Walter Headlam, renomado estudioso da Grécia, na preparação das obras completas do poeta Herondas e na interpretação dos fragmentos em papiro de seus poemas. (Fitzgerald esquece de mencionar que Herondas é conhecido, caso de fato o seja, por seus versos desbocados.) Esse projeto valeu a Dillwyn uma bolsa de pesquisas no King's College. Com a eclosão da guerra, e rejeitado pelo exército em virtude de sua visão debilitada, ele foi recrutado pela inteligência naval e integrado ao grupo de criptógrafos responsáveis por decodificar os códigos de guerra alemães. Ao questionar como os alemães não suspeitavam de que seus códigos estavam sendo violados, o chefe do departamento logo concluiu que isso se devia "à fama de estupidez dos ingleses". (Ele, porém, era escocês, como bem recorda Fitzgerald – não sem ironia.)[13] Com efeito, aquela tarefa exigia a imaginação e a paciência de homens e mulheres muito talentosos, dos quais Dillwyn fosse talvez o mais habilidoso, aplicando à tarefa os mesmos dotes que se haviam mostrado tão eficazes na interpretação de métricas gregas obscuras e na reconstrução de fragmentos em papiro.

Em vez de retornar a Cambridge depois da guerra, Dillwyn permaneceu no Ministério de Relações Exteriores como criptógrafo. Arrumou tempo, contudo, para publicar sua edição de Herondas e outra obra, ainda mais esotérica, na área dos estudos gregos. Como Keynes, acabou por casar-se; ao contrário dele, teve dois filhos (dos quais um recebeu o nome de Maynard, em homenagem ao padrinho). Na década de 1930, desempenhou importante papel na decifração do

---

[13] Ibidem, p. 126.

código alemão conhecido como "Enigma", e nos primeiros anos da Segunda Guerra Mundial, quando alocado em Bletchey, destacou-se também por decodificar a "Variação da Enigma", algo de crucial relevância em diversos conflitos ocorridos durante a guerra. O próprio Dillwyn, porém, não sobreviveu a ela, morrendo de câncer em 1943.

É difícil dizer qual dos filhos mais desagradou o pai: se os dois mais velhos, que claramente não nutriam qualquer crença religiosa, ou os dois mais novos, cuja fé, na visão do próprio bispo, era exagerada e pervertida. Na Rugby, Wilfred deixou-se cegar pela chamada "questão social" – o problema da pobreza – e tornou-se um socialista à maneira de Ruskin e F. D. Maurice. Na esperança de afastá-lo da influência "noxiã" de Dillwyn, seu pai encorajou-o a optar por Oxford em detrimento de Cambridge. Lá, após vivenciar o temporário enfraquecimento de sua fé, ele se recuperou a ponto de cogitar o ingresso no sacerdócio. Isso, no entanto, pouco reconfortou seu pai, uma vez que Wilfred, a exemplo do caçula Ronald, era um "romanizador", inclinado ao movimento anglocatólico cujos ritos e sacramentos não passavam de anátemas a um evangélico. Não fosse isso o bastante, Wilfred deixou-se atrair por aquela seita da alta Igreja Anglicana que, sob a liderança de William Temple e George Lansbury, cria ter uma missão social tão forte quanto sua missão religiosa. Quando residente da Trinity Mission, no East End, Wilfred sentiu-se obrigado a comunicar ao pai que era socialista cristão e, para piorar, também membro do partido trabalhista. (As reuniões do sindicato, recordou-se, nas quais eram discutidas as melhores formas de redistribuir os meios de produção, ocorriam nos salões em que se tomava chocolate, a "grande bebida conspiratória" da época.)[14]

Pouco antes da guerra, enquanto se preparava para ser ordenado, Wilfred fez um voto de celibato e pobreza (o que não era exigido

---

[14] Ibidem, p. 93.

dos sacerdotes anglocatólicos). Incapaz de servir como capelão do exército em virtude do preconceito contra os "romanizadores", ele trabalhou na seção de inteligência do Departamento de Guerra, onde seus dois irmãos já se encontravam. Buscando, após o conflito, uma comunidade de pessoas afins, ele ingressou no Oratório do Bom Pastor em Cambridge, fraternidade religiosa de sacerdotes e leigos solteiros em que a piedade e a excentricidade floresciam juntas. "É para nós auspicioso", declarou um dos superiores, "que amar e gostar não sejam a mesma coisa. Não somos chamados a gostar do próximo, e sim a amá-lo" – e, debruçando-se sobre esse comentário, Fitzgerald observa "o quão prática pode ser a sobrenaturalidade".[15] Quando não estava cuidando do jardim (sua atividade favorita), Wilfred escrevia textos sobre meditação e oração e obras acadêmicas de apologética e teologia, das quais uma, *St. Paul and the Church of the Gentiles*, valeu-lhe uma posição na Academia Britânica. Com o fechamento da Casa do Oratório no início da Segunda Guerra Mundial, ele tornou-se capelão do Pembroke College, onde lecionava aos graduandos e pregava a seu modo dedicado, mas excêntrico. "Ele era o tipo de homem", afirmou um de seus alunos, "que compreendia toda alegria e toda tristeza natural que pudéssemos sentir naquela idade, mas que era incapaz de encontrar a abotoadura de seu colarinho." (Fitzgerald retifica o relato: "Wilfred jamais usou abotoadura em seu colarinho; ele utilizava clipes de papel".)[16] Malcolm Muggeridge, futuro editor da *Punch*, recorda-se de ter visto Wilfred realizar, numa manhã fria de Cambridge, uma celebração eucarística em que trazia uma garrafa de água quente sob suas vestes, o que lhe dava "um leve ar de gravidez".[17] Como Dillwyn, Wilfred faleceu após uma dolorosa luta contra o câncer, no ano de 1950.

---

[15] Ibidem, p. 151.

[16] Ibidem, p. 236.

[17] Malcolm Muggeridge, resenha da primeira edição de *The Knox Brothers*. *Times Literary Supplement*, 28 de outubro de 1977, p. 1.256.

Se Dillwyn descobrira o ateísmo em Eton, Ronald, o mais novo dos irmãos, descobriu lá o anglocatolicismo. Lendo a história do movimento tractariano, recordou-se, "angustiei-me por Newman, lamentei que se extraviasse da Igreja e ressurgi com o conhecimento de que, em algum lugar, além dos círculos que frequentava, havia uma causa pela qual clérigos foram enviados para a prisão e vidas nobres se consumiam – uma causa que poderia ser a minha".[18] Seu pai, para quem o tractarianismo era tão ruim quanto o romanismo, esperava que seu filho mais novo (e favorito) se livrasse dessa heresia. Ronald, porém, não era mais obsequioso do que os outros. Orador e debatedor brilhante, perspicaz e vivaz, extremamente sociável e popular, ele recebia convites que o fariam ingressar no mundo da alta política. O rapaz, porém, acabou por aceitar uma bolsa no Trinity College e tornou-se objeto de culto por parte dos anglicanos da Igreja alta. Como tutor privado do jovem Harold Macmillan (que acabara de deixar Eton), ele apresentou o futuro primeiro-ministro à "religião de Ronnie", como era chamada.[19] Foi, porém, logo despedido pela Sra. Macmillan, uma vez que não se abstinha de falar sobre religião a seu filho. Quando Macmillan partiu para a Balliol, a amizade de ambos foi retomada.

Tanto nessa quanto em outras amizades de Ronald (assim como nas amizades de Dillwyn), há ao menos alguns indícios de homossexualidade. Em sua biografia de Ronald Knox, Evelyn Waugh menciona o cortejadíssimo menino de Eton que Ronald "amava" e que foi por ele introduzido em "sua pequena corte de trovadores".[20] Fitzgerald fala, de modo muito semelhante, dos intensos sentimentos que ele nutria por um de seus alunos na Trinity: Guy Lawrence, jovem "muito formoso, muito elegante e extremamente delicado" a quem Ronald prestou auxílio quando de um colapso nervoso. Embora siga

---

[18] Penelope Fitzgerald, op. cit., p. 52.

[19] Ibidem, p. 109.

[20] Evelyn Waugh, *Monsignor Ronald Knox*. Boston, 1959, p. 72.

o exemplo de Waugh e deixe claro que Ronald "amava" seus amigos, de modo especial Guy, Fitzgerald está certa de que essas amizades, ainda que "profundamente emotivas", não eram "de forma alguma sensuais", e a "presença física de modo algum fazia parte delas".[21] Talvez fosse por não ter tanta certeza que Ronald, ao ser ordenado sacerdote anglicano em 1912, optou por fazer o voto de celibato (assim como Wilfred, que o proferiu mais ou menos na mesma época).

"Cá entre nós, Wilfred", observou o bispo a sua filha: "Não entendo o que esses garotos preciosos [Wilfred e Ronald] veem na Bem-aventurada Virgem Maria."[22] Fitzgerald explica que, uma vez que Wilfred se deixara atrair pelos ritos e dogmas do anglocatolicismo pois sentia necessidade de uma "integridade" coletiva, Ronald o fez por estimar a "autoridade". "Se você tem uma religião medíocre", raciocinava ele, "terá também um ateísmo medíocre."[23] O anglocatolicismo era a forma menos medíocre de protestantismo, mas, ainda assim, era medíocre demais para o seu gosto. Em 1917, após afligir-se por anos sobre se deveria ou não seguir o Papa, Ronald foi recebido na Igreja Católica e ordenado sacerdote dois anos depois. Para a família, diz Fitzgerald, "Ronnie estava 'perdido'": havia entre eles "uma invisível porta de ferro".[24]

Como sacerdote secular desvinculado de qualquer ordem ou paróquia, a primeira missão de Ronald foi lecionar latim num seminário em Hertfordshire. Embora fosse competente, aquele era um mundo em que ele não se sentia confortável. Ficava mais feliz passando as férias com Lorde Lovat e a esposa em seu castelo na Escócia e escrevendo os ensaios e as colunas leves que fizeram o *Daily Mail* o louvar como "o jovem mais inteligente da Inglaterra".[25] Em

---

[21] Penelope Fitzgerald, op. cit., p. 108-10.

[22] Ibidem, p. 93.

[23] Ibidem, p. 91.

[24] Ibidem, p. 132.

[25] Ibidem, p. 165.

1926, teve a satisfação de ser nomeado capelão da Universidade de Oxford, o que lhe propiciava mais tempo para escrever os artigos e livros (incluindo as histórias policiais) que faziam dele uma espécie de celebridade e que, de modo igualmente importante, complementavam seu modesto estipêndio de capelão. (Evelyn Waugh, ao descrever as histórias policiais de Ronald como engenhosas, escrupulosas e lógicas, acrescentou, com a sua misoginia característica, que "pouquíssimas mulheres as haviam apreciado.")[26] Essas distrações, porém, começaram a cansá-lo, quando então ele se desafeiçoou dos alunos que, a seus olhos, estavam obcecados por sexo, por viagens e pela política europeia – nessa mesma ordem. Aborrecido no meio dos jovens, ele também se aborrecia com seu tempo. Ronald gostava de ver-se não como um homem de "meia-idade", e sim como um "medieval", recusando-se a ter qualquer contato com instrumentos modernos, tais quais aviões, telefones e cinemas; a última invenção positiva, insistia, fora o porta-torradas. (Ele abrandou um pouco seu juízo quando mais velho, viajando para a África de avião e chegando até mesmo a assistir a um filme por lá.)

Renunciando à capelania em 1937 e desistindo também dos romances, ele foi residir na propriedade dos Acton (a convite de Lady Acton, esposa do neto do grande historiador) em Aldenham, no condado de Shropshire. Lá, dedicou-se a seu grande desafio: uma nova tradução do Novo Testamento. Essa tradução não foi um sucesso inquestionável. Concebida como trabalho de uma comissão, ela na verdade foi dominada por Ronald, que só consultava seus colegas quando diante de uma passagem excepcionalmente obscura. Finalizada em 1942, sua publicação foi postergada por três anos, quando enfim a hierarquia a reconheceu – não sem clara relutância – como versão autorizada. Embora vendesse relativamente bem, foram tantas as críticas dos especialistas à tradução que ela acabou por tornar-se,

---

[26] Evelyn Waugh, op. cit., p. 189.

nas palavras da biógrafa de Ronald, um "exercício de humildade". Em tom de brincadeira, ele prometeu que, no leito de morte, perdoaria seus resenhistas.[27] (Ronald se livrou de um exercício de humildade ainda mais difícil: após a sua morte, foram publicadas duas versões mais fundamentadas do Novo Testamento, também autorizadas.)

Quando, após a guerra, os Acton fecharam a casa de Aldenham, Ronald se instalou como capelão (e hóspede pagante!) na propriedade dos Asquith, em Somerset, onde continuou a escrever livros sobre uma série de temas. Curiosamente, Fitzgerald não menciona o mais interessante e conhecido deles: *Enthusiasm*, estudo dos movimentos carismáticos que floresceram nos séculos XVII e XVIII. Publicado em 1950, trata-se de um livro em que ele estivera trabalhando intermitentemente durante três décadas. O próprio Ronald não ficou satisfeito com o resultado: submetido a várias revisões e a vários pontos de vista diferentes, o livro era uma "confusão", como ele mesmo confessou, em tom apaziguador, em seu prefácio.[28] Não obstante, a obra foi razoavelmente bem recebida e ainda é editada. Também vendidas ainda são as edições de bolso de outros livros de sua autoria, incluindo a tradução do Novo Testamento, relançada recentemente, em 1998, e uma seleção de seus trabalhos que recebeu o título de *Quotable Knox*. Quando de sua morte, em 1957, ele era tido como o sacerdote católico mais famoso da Inglaterra – "era um inglês normal", observa Fitzgerald, "que fumava cachimbo e pagava impostos, e não um jesuíta, um místico; não ostentava casacos negros, não fazia gestos impetuosos".[29] Um inglês não tão normal assim, porém. O leitor da biografia de Waugh pode muito bem lembrar-se dele, nos últimos anos de sua vida, como um excêntrico brilhante – um viciado em palavras cruzadas que desafiava a si mesmo lendo apenas as dicas

---

[27] Penelope Fitzgerald, op. cit., p. 254.
[28] Evelyn Waugh, op. cit., p. 313.
[29] Penelope Fitzgerald, op. cit., p. 166.

horizontais do jogo no *Times* e preenchendo as casas perpendiculares por adivinhação, verificando, apenas em seguida, quais eram as dicas.

Uma das coisas mais marcantes nessa família é o fato de ela continuar unida como família, mesmo diferindo em questões que lhe eram de suprema importância: de vida ou morte, redenção e salvação. Muito embora o bispo tirasse Ronald de seu testamento e não se fizesse presente nas cerimônias em que um de seus filhos se tornou sacerdote anglicano e outro, sacerdote católico, todos continuaram a se encontrar – a debater veementemente, sem dúvida, mas também a partilhar as alegrias e tristezas familiares. Mesmo quando se retirou, no condado de Kent, para escrever tratados que atacavam o anglocatolicismo e defendiam o Livro de Orações tradicional, o bispo acolheu seus filhos errantes nas ocasionais visitas que lhe prestavam. Em seu livro de memórias, publicado dois anos antes de sua morte, em 1937, ele refletiu sobre a relação que travava com essa curiosa prole: "Ao contrário de meu pai, fui incapaz de educar meus filhos na fé que professo, e por isso, à medida que se trata de culpa, assumo dela uma grande parcela". Ele recordou a ocasião em que Ronald, então jovem estudante, completou uma expressão grega com a frase: "É motivo de orgulho que estejamos muito à frente de nossos pais".

> Essas palavras [comentou o bispo] me parecem incorporar de uma só vez os efeitos da educação pública, o espírito e o temperamento da época em que meus filhos cresceram e a excepcional vivacidade do caráter de cada um. Eles estavam determinados a serem melhores que os pais, a terem mais sucesso e a viverem no espírito das inquietas décadas que deram início ao século XX. Quem dirá que essa ambição era por si só errada e artificial? Não se pode negar, porém, que ela tenha levado alguns deles por caminhos que muitas vezes se mostraram custosos a quem os amava e era por eles amado, e aqui vejo a mais triste de todas as experiências e recordações de minha vida, o registro do mais humilhante de todos os meus fracassos.

Em espírito de humildade cristã – e com uma gratidão pessoal genuína –, ele concluiu: "Em oposição a isso coloco o tesouro do amor pleno e transbordante de meus filhos, amor cuja medida ultrapassa tudo aquilo que mereço".[30]

Trata-se de um comentário pungente, feito por um pai que tinha plena ciência das capacidades e conquistas de seus quatro filhos – cada qual reconhecido por seus próprios méritos, cada qual opondo-lhe uma reprimenda implícita. Trata-se de um comentário pungente também no que diz respeito aos filhos. Essas memórias foram escritas quando eles já haviam alcançado a meia-idade e seus "caminhos" já estavam traçados. Porém, se sua ambição era ter "mais sucesso" que os pais, não fica claro se conseguiram fazê-lo, seja naquela época, seja depois. Se o pai tinha motivos para lamentar os fracassos de sua vida – a incapacidade de transmitir o legado religioso que recebera do próprio pai –, os filhos também tinham razões para reconhecer que haviam fracassado.

Nenhum deles, nem mesmo o bispo, dava grande valor a títulos. Ainda assim, deve ter passado tanto pela cabeça dos filhos sacerdotes quanto pela cabeça de seu genitor que nenhum fora elevado ao episcopado, algo que ocorrera a seu pai (e também a seu avô) sem que ele precisasse fazer qualquer esforço. Poderíamos esperar que Ronald, o mais renomado dos irmãos – provavelmente o católico inglês mais renomado da época (tal como o converso mais conhecido desde o cardeal Newman) –, recebesse esse título. No entanto, a Igreja nunca lhe concedeu um posto muito elevado; o título de "monsenhor" que lhe foi atribuído ao final da vida não passava de um título de honra. A hierarquia jamais depositou nele sua confiança ou seu respeito – talvez em virtude de seus escritos seculares irreverentes, ou de sua oposição à teologia modernista que ganhava espaço na Igreja. Além disso, sua obra mais ambiciosa, a tradução do Novo Testamento, mostrara-se um tanto dúbia.

---

[30] Ibidem, p. 143-44.

Do mesmo modo, nenhum dos dois filhos mais velhos, aparentemente tão bem-sucedidos, ficou muito satisfeito com sua vida e sua carreira. Edmund alcançou o ponto mais alto de sua profissão ao tornar-se editor da *Punch*. Na época, porém, como ele dolorosamente percebeu, aquele tipo de humor já se tornava esquisito e provinciano; além disso, os anos que antecederam a guerra e que viram o conflito se desenrolar não eram os mais auspiciosos para a publicação de uma revista de humor. Dillwyn, por sua vez, realizara feitos notáveis como criptógrafo, mas jamais no âmbito dos estudos gregos, que constituíam seu passatempo e, talvez, sua vocação. Não está claro por que, ao final da Primeira Guerra Mundial, ele não retornou a Cambridge ou aceitou os cargos no magistério que lhe eram oferecidos, o que lhe teria possibilitado produzir algo mais memorável do que suas duas monografias obscuras.

Ao descrever um recesso de verão em que Edmund se encontrava em Oxford, Fitzgerald nos revela que ele "foi acometido pela melancolia que espreitava todos os irmãos".[31] Tratava-se de Edmund, aquele que viria a ser o editor perspicaz e alegre da *Punch*, o homem que esteve prestes a perder sua bolsa porque se divertia em demasia. Tratada com delicadeza e de modo quase casual, essa tendência à melancolia aparece em todo o livro à medida que cada irmão experimenta, como Wilfred, a "noite escura da alma".[32] Malcolm Muggeridge, que os conhecia pessoalmente (com a possível exceção de Dillwyn), diz que os irmãos eram "perseguidos por Deus": uns "negativamente", rejeitando o Deus que os perseguia, e outros "positivamente", servindo-o de diferentes maneiras.[33] Essa percepção vem de alguém que também era "perseguido por Deus", que experimentou, ao fim da vida, uma conversão religiosa profundamente tocante. Qualquer que

---

[31] Ibidem, p. 47.

[32] Ibidem, p. 238.

[33] Resenha de Muggeridge, p. 1.256.

seja a natureza da melancolia dos irmãos Knox, ela acresce uma nova dimensão e profundidade a suas vidas e carreiras.

O livro de que tratamos, porém, é mais do que a crônica de uma família fascinante. Trata-se, antes, da história de várias gerações de ingleses que desafiam o estereótipo dos ingleses em geral e dos religiosos em particular. Revela-se ali, de maneira dramática, o quão distintos são os tipos abarcados pelas rubricas da família: temos bispos evangélicos tão diferentes quanto o bispo de Manchester e o bispo, ascético e pio, de Lahore; sacerdotes anglocatólicos como Wilfred, socialista cristão entusiasmado pelo partido trabalhista, alguém muito diferente do típico anglicano da Igreja alta; e sacerdotes católicos como Ronald, que rejeitava o modernismo mas tinha um ar irreverente que o tornava suspeito aos olhos ortodoxos. (Imaginamos como o historiador Lorde Acton não teria tratado o sacerdote particularmente mundano que foi habitar em Aldenham e supervisionou uma tradução do Novo Testamento que estava claramente abaixo de seus padrões.)

Não são apenas estereótipos religiosos o que ali se esconde: vemos também estereótipos de classe – de modo mais claro, o estereótipo da classe média alta da Inglaterra. Muito embora alguns de seus membros fossem um tanto pobres, é inegável que a família Knox pertencia a ela. Esse é um lembrete salutar de que, tanto na Inglaterra vitoriana quanto na Inglaterra do século XX, não havia qualquer relação necessária entre classe e renda. Não havia nem mesmo uma relação necessária entre classe e aptidão intelectual ou espiritual. Tendo frequentado as melhores escolas (onde não parecem ter sofrido qualquer preconceito por receberem bolsas), os Knox conseguiram abraçar crenças demasiadamente diferentes, buscar carreiras incrivelmente distintas e levar vidas extremamente diversas. Fitzgerald não se debruça sobre o tema da classe, mas a enorme atenção que dá à educação não deixa de ser um comentário sobre ela.

Talvez fosse a "mania" de educação a única qualidade que o avô e o pai tivessem em comum. Ao descrever como todos se esforçavam para conseguir bolsas, Fitzgerald explica: "Nessa família que respirava bolsas como respirava o ar, mas que, a todo momento, encontrava dificuldades para viver com o que possuía, a educação era a chave para o futuro". A educação era a forma pela qual as crianças poderiam ingressar nas carreiras que o bispo lhes antevira: "Winnie tinha como destino a universidade e, sem dúvidas, um brilhante casamento clerical; os três mais velhos, o serviço público; e Ronnie, o ministério evangélico".[34] A clara ironia de tudo isso está na frustração das expectativas do bispo. No entanto, talvez seja ainda mais interessante o fato de ele (a exemplo de seu pai) ter buscado na educação, e não na família e nos vínculos sociais, o bem-estar de seus filhos – uma educação que não se resumia à instrução nominal que lhes garantiria uma vida respeitável (a nota necessária para se obter um diploma sem honras equivalia, na Inglaterra, ao "C" de consolação do americano), e sim uma educação em que se exigia nada mais, nada menos, do que um diploma alcançado com honras máximas.

Para o americano, esse é um cenário bem conhecido. Ele costuma ser associado, porém, às famílias pobres e imigrantes que procuram inserir-se num novo país e numa nova cultura, e não à família nativa e ambientada de classe média alta. É ainda mais surpreendente encontrar isso na Inglaterra, de modo particular na Inglaterra do final do período vitoriano, a qual sabemos se pautar pelas classes e na qual as distinções e os privilégios sociais pareciam decisivos. Ao menos para a família Knox (e talvez para um número de famílias muito maior do que se supõe), a classe não era um fator tão determinante assim. E é isso o que torna essa família tão fascinante. São o caráter e as crenças, e não os interesses sociais e materiais, que fazem dos irmãos pessoas tão distintas e memoráveis.

---

[34] Penelope Fitzgerald, op. cit., p. 43.

Alguns biógrafos, mas não muitos, são dignos de seus temas. Quase por definição, o objeto da biografia é sempre mais importante – mais notável – do que aquele que a escreve: caso contrário, seu tema não se justificaria. Ao menos era isso o que se dava até há pouco, quando os biógrafos passaram a enaltecer pessoas "pequenas" ou "comuns", num processo em que acabavam por exaltar também a si mesmos, por suas mentes abertas e seus corações grandes. Os irmãos Knox, contudo, tiveram em sua biógrafa alguém do mesmo nível, de modo que seu livro é tanto um tributo à autora quanto aos seus descritos. (A obra foi relançada logo após sua morte.)

Penelope Fitzgerald tinha 60 anos quando esse livro veio a público. Sua primeira obra, lançada dois anos antes, fora uma biografia do artista pré-rafaelita Edward Burne-Jones; a segunda, um suspense cujo objetivo era entreter seu marido agonizante. Muito embora só descobrisse sua vocação tardiamente, o livro sobre os Knox, a exemplo dos anteriores, é a obra de uma escritora confiante, ostentando tanto a perspicácia e a ironia secas que herdara de seu pai, o editor da *Punch*, quanto a erudição e a atividade mental que caracterizavam toda a família. Esses traços ficam abundantemente claros também em seus romances tardios. Numa introdução a *Emma*, de Jane Austen, Fitzgerald observou que Emma (a personagem, não o livro) "possui o potencial de uma romancista de sucesso".[35] Quem lesse atentamente *The Knox Brothers* poderia prever que também sua autora tinha esse potencial. Tanto nas obras ficcionais quanto nas não ficcionais, Fitzgerald se assemelha a Austen e consegue ser irônica – às vezes até mesmo mordaz – sem ser mesquinha ou antipática. Ela jamais exibe sua inteligência às custas de seus personagens, jamais dá espaço à difamação ou ao sensacionalismo. A única falha de seu livro é a escrupulosa exclusão de si mesma da narrativa, o que nos priva daquilo que ela

---

[35] Jane Austen, *Emma*. New York, Oxford World's Classics, 1999, p. v.

própria recordava dessa família memorável. (Sua única concessão está em chamar os irmãos pelos apelidos de família.)

Se nesse livro há, tanto quanto em seus romances, uma nota melancólica, é porque ela mesma partilha desse traço característico dos Knox. "Permaneci fiel às minhas convicções mais profundas", afirmou a uma entrevistadora pouco antes de morrer: "[À] coragem daqueles que nascem para serem derrotados, à fraqueza dos fortes e à tragédia das incompreensões e oportunidades perdidas, as quais me esforcei para tratar em forma de comédia; caso contrário, como suportaríamos tudo isso?"[36] Não há dúvidas de que ela estava refletindo sobre a própria vida, acerca da qual era admiravelmente reticente, abordando-a somente de modo relutante e elíptico e apenas a entrevistadores insistentes. Casada com um alcoólatra – um major dos Guardas Irlandeses que se formara em direito, mas trabalhava, quando assim o fazia, como agente de viagens (ele "não teve muita sorte na vida", afirmou ela com sutileza)[37] –, Fitzgerald se tornou a provedora da família, aceitando cargos modestos no Ministério da Alimentação e na BBC, trabalhando numa livraria, editando um pequeno periódico literário, lecionando numa escola de atores infantis e mudando-se frequentemente para casas mais baratas. (Quando o barco enfim afundou, a família instalou-se num alojamento público.) Recordamos mais uma vez as extravagâncias de classe; Fitzgerald, afinal, era neta não somente de um, mas de dois bispos, além de bisneta de outro.

Os que leem seus romances julgarão familiares tanto essas experiências de trabalho quanto esses ambientes. Não encontrarão neles, porém, debates religiosos. Certa feita, ela afirmou a um entrevistador que possuía crenças religiosas fortes e que se arrependia de não tê-las deixado claras em seus livros.[38] Em *The Knox Brothers*,

---

[36] *New Yorker*, 7 de fevereiro de 2000, p. 80.

[37] Ibidem, p. 85; obituário do *New York Times*, 3 de maio de 2000, p. A23.

[38] *New Yorker*, op. cit., p. 82.

porém, tais crenças ficaram extremamente evidentes – mas não de forma teológica ou denominacional, é claro; qualquer que fosse sua fé pessoal, suas afinidades eram católicas o bastante para permitir que ela apreciasse os entusiasmos e os tormentos de cada um de seus personagens "perseguidos por Deus". Após aludir à "noite escura da alma" que Wilfred enfrentara durante os anos de guerra, ela afirmou que aquilo "não se fazia menos doloroso para um cristão porque muitos o haviam experimentado".[39] Essa observação comedida, feita quase de passagem, dá testemunho de sua religiosidade e de sua sensibilidade consideráveis.

Alguns anos antes da morte de Fitzgerald, ocorrida em 2000, outra romancista, A. S. Byatt, escreveu uma avaliação de sua obra que pode hoje lhe servir como homenagem. Seus romances tardios, afirmou Byatt, demonstravam que ela era "a herdeira mais próxima de Jane Austen, dada a sua precisão e inventividade". Eles também evocavam aquilo que Henry James chamou de "imaginação do desastre", uma imaginação que era, ao mesmo tempo, trágica e cômica – assim como religiosa, visto ser a "compreensão religiosa do indivíduo", o indivíduo compreendido como "corpo e alma", o que permeava seus romances. (Byatt casualmente destacou o fato de ter conhecido Fitzgerald quando ambas lecionavam numa escola tutorial na década de 1960!)[40]

Annan concluiu desta forma o seu ensaio sobre a "aristocracia intelectual": "Parece que temos aqui, de todo modo, uma aristocracia que não dá quaisquer sinais de que irá morrer".[41] Meio século depois, essa aristocracia estava viva, e em ótimo estado, na pessoa de Penelope Fitzgerald, uma digna descendente do clã dos Knox.

---

[39] Penelope Fitzgerald, op. cit., p. 245.

[40] A. S. Byatt, "Morals and Metaphysics". In: *Prospect*, agosto/setembro de 2000, p. 66.

[41] Annan, op. cit., p. 286.

Capítulo 10 | Michael Oakeshott

A DISPOSIÇÃO CONSERVADORA

Em 1950, no prefácio de *A Imaginação Liberal*, Lionel Trilling enunciou as palavras que vieram a assombrar a política americana por quase meio século e que, em alguns círculos, aterrorizam os Estados Unidos até hoje. "Nos Estados Unidos, neste momento, o liberalismo não é só a tradição intelectual dominante, mas sim a única." Isso não queria dizer, acrescentou ele, que não havia uma propensão ao conservadorismo; com efeito, tal propensão talvez fosse mais forte do que nunca. Ela, porém, com raríssimas exceções, não se expressava em ideias, mas "só em ações ou em irritantes gestos" que procuravam assemelhar-se a elas.[1]

Trilling estava certo acerca dos Estados Unidos de 1950. Na Inglaterra da mesma época, porém, havia um importante pensador que falava, escrevia e lecionava em nome do conservadorismo e que deu a ele um caráter respeitável e vigoroso. Oakeshott abraçou um tipo de conservadorismo especial; tratava-se daquilo que Trilling chamaria de "imaginação" ou, como o próprio Oakeshott preferia, "disposição conservadora": uma condição mental em vez de um conjunto de ideias; um espírito e uma atitude em vez de uma filosofia ou um credo.

De acordo com as perspectivas convencionais, a carreira de Oakeshott foi repleta de anomalias. Tendo descoberto a história ao cursar a graduação em Cambridge no início da década de 1920 e,

---

[1] Lionel Trilling, *A Imaginação Liberal. Ensaios Sobre a Relação Entre Literatura e Sociedade*. São Paulo, 2015, p. 9-16.

após ter viajado ao exterior para uma temporada de estudos, ele acabou por atuar como professor de história naquela mesma instituição durante os quinze anos que antecederam a guerra e nos quatro anos que se seguiram a seu termo. (Oakeshott se alistou no exército assim que o conflito eclodiu – tinha à época 37 anos –, começando como canhoneiro e terminando como comandante de um esquadrão.)[2, 3] Durante todos os anos em que atuou como professor de história – um professor de história bastante popular –, ele jamais escreveu uma obra sequer, nem mesmo um ensaio, na área, muito embora viesse a resenhar alguns livros de história e a escrever um artigo sobre a "atividade" do historiador.[4] O único trabalho

---

[2] O jornalista inglês Peregrine Worsthorne recorda o encontro que tivera com Oakeshott no exército:

> Conheci-o na Holanda quando ele era assistente da unidade e eu, um subalterno jovem e recém-alistado, vindo diretamente de Cambridge, repleto da arrogância dos graduandos. Tão grandes eram sua modéstia e sua reticência que ele jamais revelou vir de lá, onde, antes da guerra, fora um respeitado autor de uma obra que já era considerada clássica. Ignorando quem ou o quê ele era, eu tinha o costume de censurá-lo incessantemente durante as refeições, enquanto ele se recostava e encorajava, com um riso falso no rosto, meus arroubos mais extravagantes de absurdez intelectual. Por um breve período, chegamos até mesmo a partilhar uma tenda, o que me ofereceu ainda mais oportunidades para expor minhas visões; fazia-o noite adentro, ainda ignorando sua verdadeira identidade. Somente após a guerra, quando retornei a Cambridge e assisti à minha primeira aula é que a ficha caiu. Estava lá, sobre o palanque, aquele mesmo Oakeshott, diante de quem um público abarrotado atentava para cada uma de suas palavras.

[3] Peregrine Worsthorne, "Notebook", *The Spectator*, 11 de março de 1978, p. 5.

[4] "The Activity of Being an Historian", *Rationalism in Politics and Other Essays*. London, 1962, p. 137 ss. Um volume posterior, intitulado *On History and Other Essays* e publicado em 1983, contém três ensaios sobre a história – não sobre acontecimentos ou pessoas históricas, mas sobre a "filosofia da história" mesma (termo que Oakeshott talvez rejeitasse). Esses ensaios ostentam o mesmo tipo de ceticismo acerca das "verdades", generalizações e abstrações históricas que se faz claro no tratamento que ele dá à filosofia política. Para a visão da história sustentada por Oakeshott – a escrita da história e a realidade da história –, ver Gertrude Himmelfarb, "Does History Talk Sense?",

relevante que redigiu no período foi *Experience and Its Modes*, obra de filosofia publicada em 1933. Quando indicado para a Faculdade de Economia de Londres, não o foi para a cátedra de história ou de filosofia, e sim para a de ciência política. Em sua aula inaugural, Oakeshott homenageou Graham Wallas e Harold Laski, os ocupantes anteriores da cadeira, mas não se deteve sobre a clara ironia da situação: um conservador declarado tomava o lugar de dois socialistas renomados numa instituição geralmente tida como fortaleza do socialismo. Ele aludiu ao fato de que, muito embora seus dois predecessores tivessem plena confiança na verdade de seus ensinamentos, ele mesmo era um completo cético; não se debruçou, porém, sobre o paradoxo que era ter um cético acerca da "ciência" política ocupando o cargo de professor da matéria.

Poderíamos sentir-nos tentados a dar a Oakeshott o título de filósofo político, e não de cientista, não fosse o fato de ele ser igualmente cético quanto às afirmações da filosofia política – cético inclusive quanto à possibilidade de haver qualquer relação legítima entre política e filosofia. O filósofo, insistiu ele, não tinha lições práticas a dar ao político ou a quem estudasse política, exceto talvez por aquela que diz que a política é, e deve continuar sendo, completamente independente da filosofia. "Não se pode esperar", anunciou em sua aula inaugural, quando se dirigia à universidade mais politizada do país, "que a filosofia política aumente nossa capacidade de ter sucesso na atividade política. Ela não nos ajudará a distinguir o bom projeto político do mau; ela é incapaz de nos guiar ou dirigir na tentativa de satisfazer as intimações de nossa tradição."[5]

Mesmo abjurando a ciência e a filosofia políticas tais quais elas são geralmente compreendidas, Oakeshott conquistou um grupo pequeno, mas distinto, de admiradores – e isso não somente na

---

The New History and the Old: Critical Essays and Reappraisals. Cambridge, Mass., 1987.

[5] "Political Education", *Rationalism in Politics*, p. 132, 1.951.

academia, mas também entre jornalistas, escritores e figuras públicas. Ele estava longe de exercer a mesma influência de Harold Laski, fosse em casa ou no exterior. O encanto, de Oakeshott se limitava a um círculo muito mais limitado. No entanto, ele era, sem dúvida alguma, o porta-voz intelectual mais conhecido e mais respeitado do conservadorismo britânico. Oakeshott deixou sua cátedra na Faculdade de Economia de Londres em 1969, mas continuou sendo uma presença marcante na Inglaterra até sua morte, em 1990.

Oakeshott alcançou essa posição de destaque por intermédio de um conjunto de obras que pode parecer modesto. Ao contrário de Laski, que escreveu de forma copiosa e enciclopédica, sua bibliografia é relativamente parca. *Experience and Its Modes*, um sistemático tratado filosófico, representava um feito notável para um homem de apenas 31 anos, e assim pressagiava uma carreira ilustre e produtiva. Não obstante, por mais de quatro décadas, isto é, até a publicação de *On Human Conduct* em 1975, ele não escreveu nada que fosse sequer parecido. Ao longo dos anos 1930, Oakeshott publicou um ensaio por ano e um volume de leituras que parecia destinado a ser um livro didático: *The Social and Political Doctrines of Contemporary Europe*. Ele tornou-se um pouco mais prolífico após a guerra, editando o *Leviatã*, de Hobbes, em 1946 – para o qual escreveu uma introdução substancial – e lançando em média um ou dois ensaios ao ano durante a próxima década e meia. Esses ensaios, assim como suas relações cordiais com amigos e alunos, asseguraram-lhe um grupo dedicado e influente de discípulos. No entanto, foi somente em 1962, com a reimpressão de dez desses ensaios sob o título de *Rationalism in Politics*, que ele enfim chamou a atenção de um público mais amplo. Suas obras posteriores – *On Human Conduct*, de 1975, e *On History*, pequeno volume de ensaios de 1983 – foram recebidas com respeito, mas não geraram a empolgação produzida por *Rationalism in Politics*. Em todo caso, sua reputação já estava nessa época muito bem consolidada.[6,7]

Essas aparentes anomalias – o filósofo político que tinha uma visão extremamente limitada da tarefa da filosofia política, o intelectual que relutava demais para produzir bens intelectuais, o mestre que conquistava discípulos sem qualquer esforço aparente – estavam longe de ser anomalias, é claro. Elas eram perfeitamente adequadas e inteiramente compatíveis com a disposição conservadora tal qual Oakeshott a compreendia. Era também adequado que ele, tendo escrito tão pouco sobre os clássicos do pensamento político (com exceção de Hobbes), desse a um livro de que fora coautor o título *A Guide to the Classics* [Um Guia para os Clássicos]. Os "clássicos" que ele tinha em mente são insinuados pelo subtítulo "How to Pick the Derby Winner" [Como Escolher o Vencedor do Dérbi]. (O outro autor da obra, Guy Griffith, colega de Oakeshott em Cambrigde, era especialista no Período Bizantino.)[8] Se o título era chistoso, o conteúdo era suficientemente sério – ou ao menos tão sério quanto qualquer outro tema de que se ocupava, no esquema de valores de Oakeshott, o homem civilizado. Seus admiradores divertem-se ante o fato de ele gostar de corridas e possuir um cavalo de competição, desprezando,

---

[6] Reputação apenas entre os especialistas. A primeira tiragem de *Experiences and Its Modes* foi de mil exemplares, os quais só se esgotaram 31 anos depois. Uma segunda edição, de 1966, para a qual foram impressas também mil cópias, esgotou-se após três anos e foi relançada no ano 1978. Mesmo *Rationalism in Politics* teve vendas modestas, com uma primeira tiragem de somente quinhentas cópias; uma pequena edição popular foi lançada em 1967 e uma edição destinada às bibliotecas, também com mil exemplares, em 1974.

[7] Josiah Lee Auspitz, "Bibliographical Note", *Political Theory*, agosto de 1976, p. 295-96.

[8] Publicado originalmente em 1936, esse foi o único livro que Oakeshott se deu o trabalho de revisar, o que ocorreu quando de seu relançamento em 1947. Até mesmo o título foi alterado, para a tristeza dos aficionados que gostavam do trocadilho. *A New Guide to the Derby* [Um Novo Guia para o Dérbi] pode ter vendido mais exemplares, mas não trazia as piadas internas de *A Guide to the Classics*.

ao mesmo tempo, as solenidades e os decoros da academia. Eles veem isso como a confirmação existencial de sua filosofia, de sua convicção de que todas as atividades, da política às corridas, devem ser entendidas e desfrutadas por si só, e não incluídas sob categorias racionalistas e usadas para fins utilitaristas.

Publicado pela primeira vez em 1947, o ensaio que dá o título a *Rationalism in Politics* fornece o tom, quiçá o tema, do restante do volume. Para Oakeshott, o Racionalismo é a grande heresia dos tempos modernos. (Ele em geral escrevia "Racionalismo" em letra maiúscula e "conservadorismo" em letra minúscula, o que por si só já diz algo sobre o uso que dava aos termos.) O Racionalista, tomando a razão como autoridade única, é necessariamente hostil a toda autoridade que não ela: à tradição, ao hábito, aos costumes, ao preconceito, ao senso comum. Está na natureza do Racionalista ser, ao mesmo tempo, cético e otimista; cético porque "não há opinião, hábito, crença ou qualquer outra coisa que esteja suficientemente arraigada ou difundida para fazê-lo hesitar em julgá-la por meio do que diz ser sua 'razão'"; e otimista porque ele "jamais duvida da capacidade que sua 'razão' tem (quando adequadamente aplicada) de determinar o valor de um objeto, a verdade de uma opinião ou a conveniência de uma ação".[9] O Racionalista não nutria qualquer respeito pelos vestígios aparentemente irracionais do passado e não tinha paciência alguma para os arranjos transitórios do presente. Ele possui apenas a ânsia devastadora por um futuro em que tudo será ordenado e razoável, apresentando o máximo de utilidade e eficiência. E ele também gostaria que esse futuro se realizasse o quanto antes. Sua política é da "destruição e criação", e não da "aceitação ou reforma".[10] Ele não deseja ocupações reparadoras, consertos disso ou daquilo, muito menos

---

[9] "Rationalism in Politics", *Rationalism in Politics*, 1947, p. 1-2.
[10] Ibidem, p. 4.

os tipos de mudança que vêm com a intervenção direta, consciente e racional dos homens. Ele vê a vida (os assuntos sociais e políticos tanto quanto a vida do indivíduo) como uma série de questões a serem resolvidas e de necessidades que precisam ser satisfeitas instantaneamente. Além disso, essas questões e necessidades só podem ser resolvidas e satisfeitas por meio de um conjunto de técnicas desenvolvidas racionalmente, cuja aplicação seja imediata, universal e certa.

Embora Oakeshott coloque a "razão" do Racionalista entre aspas, tal qual se tratasse de um tipo de razão espúrio, ele não especifica outro tipo que caiba a quem não é adepto do Racionalismo. No entanto, este outro tipo está implícito quando ele identifica a "razão" do Racionalista com o "conhecimento técnico" e a opõe ao "conhecimento prático". "Para o Racionalista, a soberania da 'razão' é a mesma que a soberania da técnica." Há, porém, um outro tipo de conhecimento: o conhecimento prático, o qual "não pode ser nem ensinado, nem aprendido, mas apenas entregue e herdado". Ele também não pode ser formulado em regras e preceitos porque envolve uma sensibilidade, um talento artístico e uma inteligência que advêm de uma longa exposição a tradições e hábitos que se confirmaram na prática.[11]

Oakeshott é muitas vezes acusado de ser "elitista". Contudo, não há algo de precioso ou recôndito em sua noção de conhecimento prático. Suas metáforas e analogias são profundamente triviais. Elas vêm da culinária, das corridas, das apostas, da tapeçaria, dos esportes, do amor – atividades comuns a toda a humanidade, embora nem todas as pessoas se destaquem em cada uma delas. Ele reconhece que há certo grau de conhecimento técnico nessas ocupações; é por isso que pode haver manuais de culinária, de apostas e até de sedução. A falácia moderna, porém, está em achar que tais manuais substituem o conhecimento prático. O autor de um deles, recorda ele, que timidamente se abstém de identificar a si próprio, se esforçara bastante para

---

[11] Ibidem, p. 11.

assinalar que não há regras precisas para a escolha do vencedor de um dérbi, que não existem atalhos para se obter um conhecimento em primeira mão dos cavalos, o qual era outrora mais comum do que é hoje e que forma uma espécie de inteligência que nenhum conjunto de regras é capaz de satisfazer. Não obstante, alguns leitores do manual – "Racionalistas ávidos em busca de um método infalível" – pensaram ter "comprado gato por lebre" porque o livro não os elevara ao nível de homens que possuíam um conhecimento genuíno, há muito familiarizados com as corridas e as apostas.[12]

Oakeshott quase nunca fala dos liberais ou do liberalismo, e isso provavelmente porque estimava demais a liberdade para aplicar rótulos tão honrosos a seus adversários. Claro está, porém, que, ao descrever o Racionalismo e caracterizá-lo como a forma de pensamento predominante de nosso tempo, ele tem em mente aquilo mesmo que hoje se costuma chamar de liberalismo. E Oakeshott não hesita em tratar si próprio como conservador e enaltecer a disposição conservadora. A formulação mais explícita dessa disposição é o ensaio "On Being Conservative", escrito em 1956 como complemento a "Rationalism and Politics", cuja publicação se dera quase uma década antes. Após sua intransigente denúncia da mentalidade Racionalista, ele pode muito bem ter julgado necessário formular, positivamente, uma forma alternativa de pensamento e comportamento. Mesmo sem esse ensaio, porém, tal alternativa permanece clara em tudo aquilo que ele escreveu – e vem sempre na forma de uma disposição, e não de um credo.

Oakeshott não defende doutrinas filosóficas nem assume posturas políticas da maneira convencional. Antes, ele define o conservador à luz de atitudes, hábitos mentais e condutas que perpassam todos os aspectos da vida. Essa disposição se revela mais nas questões pessoais do que nas públicas, mais nas atividades íntimas e cotidianas da vida

---

[12] Ibidem, p. 19n.

do que nas decisões políticas abrangentes. Possui, claro, implicações políticas, e Oakeshott não hesita em detalhá-las. No entanto, insiste, a política não passa de uma pequena parte da vida, e uma parte que não é nem a mais importante. Apenas o Racionalista, com seu desejo de efetuar mudanças sociais amplas, infla a política e, assim, esvazia a humanidade do homem.

A palavra-chave na descrição da disposição conservadora é "deleite". Se o Racionalista, ao seguir a razão, está sempre cobiçando algo que não existe, o conservador opta por deleitar-se com o que tem. Ele se apraz com a família e os amigos tanto quanto se deleita com suas liberdades; é leal a eles mesmo sendo o que são e não se entristece por não serem melhores. O conservador é em geral visto como alguém que idolatra o passado, mas para Oakeshott isso não é verdade: trata-se, antes, de alguém que estima o presente e, portanto, valoriza tudo aquilo que o passado lhe deixou. O conservador estima o presente não porque ele é mais admirável do que qualquer alternativa concebível, e sim porque lhe é familiar e, portanto, desfrutável. Ao desfrutar do presente, descobre o quanto perderia se o agora se esvaísse. Oakeshott reconhece que, se o hoje fosse árido, se nele houvesse pouco ou nada a ser desfrutado, a disposição conservadora se mostraria inadequada. No entanto, declara, raramente o presente é intolerável, exceto para aqueles que ignoram tanto os recursos de seu mundo quanto as oportunidades de deleite que ele oferece ou para aqueles que se deixaram atrair de tal maneira pelo impulso Racionalista, pelo desejo de fazer o mundo conformar-se com seu ideal, que acabaram por ver o presente apenas como um "resíduo de inoportunidades".[13] Se os velhos estão mais inclinados ao conservadorismo do que os jovens, não é porque os velhos temem, como os jovens tendem a achar, aquilo que poderiam perder com a mudança, e sim porque o tempo e a maturidade lhes ensinaram o valor daquilo que eles têm.

---

[13] "On Being Conservative", Ibidem, 1956, p. 169.

Ao contrário do conservador estereotípico, o conservador de Oakeshott não é tão avesso à mudança. Ele reconhece tanto a necessidade quanto a inevitabilidade dela. O problema é como acomodá-la. O conservador propõe que isso seja feito a passos lentos, e não grandes, a partir da necessidade e não da ideologia – gradualmente, lentamente, de forma incremental, naturalmente, rompendo o mínimo possível com a vida. Ao contrário do Racionalista, para quem a inovação é algo bom em si, o conservador a trata como uma privação, como a perda de algo familiar, lamentável mesmo quando se faz necessária. Para ele, todas as inovações são inerentemente equívocas, um composto de perdas e ganhos – e isso não apenas em virtude das consequências inesperadas, mas também em razão dos efeitos previsíveis, do fato de que uma mudança em qualquer parte da vida traz consigo uma mudança em toda a sua estrutura. Desse modo, o verdadeiro conservador resiste às mudanças desnecessárias e sofre aquelas que se mostram obrigatórias.

> A disposição ao conservadorismo, portanto, é cordial e favorável com relação ao deleite e fria e crítica acerca da mudança e da inovação. Cada uma dessas inclinações respalda e ilumina a outra. O homem de temperamento conservador acredita que um bom conhecido não deve ser trocado, sem qualquer motivo, por um melhor desconhecido. Ele não ama o que é perigoso e difícil; não gosta de aventuras; não se sente impelido a navegar por mares que desconhece. Para ele, não há qualquer magia em estar perdido, desnorteado ou naufragado. Quando forçado a navegar pelo desconhecido, julga virtuoso lançar o prumo a todo momento. O que os outros plausivelmente interpretam como timidez equivale, para ele, à inclinação a desfrutar em lugar de explorar. Ele é cauteloso, está disposto a indicar sua anuência ou divergência não de modo absoluto, mas em graus. Vê a situação à luz de sua propensão a perturbar a familiaridade das características de seu mundo.[14]

---

[14] Ibidem, p. 172-73.

É característico de Oakeshott que, no ensaio "On Being Conservative", ele só introduzisse o tema da política no meio do caminho. Isso, porém, está em pleno acordo com sua forma de ver as coisas. A disposição conservadora é uma atitude com relação à vida, e não a uma forma política específica. A própria política é definida e limitada por essa disposição. Como tudo o mais na vida, também ela é uma questão de experiência e habituação. "A educação política" não é uma doutrinação nem uma elucidação de princípios políticos, e sim a elucidação das práticas e atividades tradicionais que caracterizam a vida política real de determinada nação. De modo semelhante, o governo não é um sistema, mas uma atividade – e uma atividade minuciosamente concebida: a de "prover e custodiar regras gerais de conduta, as quais são compreendidas não como projetos que visam impor atividades substanciais, mas como instrumentos que permitem às pessoas realizar as atividades por que optarem com o menor grau possível de frustração".[15]

O objetivo do governo não é dar ordem à desordem da sociedade porque a desordem é seu estado inerente: a sociedade consiste numa infinitude de pessoas engajadas numa série de atividades, agindo de acordo com uma infinitude de motivos, interesses, paixões e justificativas. O governo não deve direcionar essas atividades a uma finalidade mais coerente ou racional, não deve instruir ou edificar o povo, torná-lo mais feliz ou melhor. Sua função é tão somente a de regular, tal qual um árbitro que administra as regras do jogo sem tomar parte na partida ou um coordenador que preside um debate ao mesmo tempo em que, sem participar da discussão, cuida para que os adversários observem as regras.

Esse papel limitado do governo é sugerido por Oakeshott não porque deriva de um princípio filosófico ou político – da ideia de que a liberdade de escolha é um valor absoluto, por exemplo, ou de que a verdade e a bondade só surgem da diversidade irrestrita

---

[15] Ibidem, p. 184.

de atividades e opiniões. (Oakeshott não menciona o nome de Mill, mas claro fica que nesse momento ele está dissociando-se do raciocínio de *A Liberdade*.) O conservador dá pouco espaço ao governo porque acredita que a maioria das pessoas está inclinada a fazer as próprias escolhas e encontrar a felicidade dessa maneira, que elas desempenham uma série de atividades e abraçam uma série de crenças, que a vida não revela um desígnio abrangente, mas apenas uma atividade incessante, variável e numerosa. Sob essas condições, a função do governo é apenas a de formular e impor aquelas regras de conduta que são, por si só, parte integrante dessas realidades da vida. Com tais regras (tão opostas às regras inventadas do Racionalista) o conservador sente-se à vontade – tanto porque lhe são familiares quanto porque o deixam livre para fazer o que bem desejar. Essas são as regras "com relação às quais ser conservador é conveniente".[16]

Se essa modesta concepção de governo – como árbitro ou coordenador – distingue Oakeshott da maioria dos liberais modernos, ela também o distingue, e de maneira um tanto clara, de muitos conservadores. Ele trata com desdém aqueles conservadores que confiam não numa disposição, mas num princípio ou num credo: na ideia de Deus, no Pecado Original, no direito natural, na sociedade orgânica ou no valor absoluto da personalidade do homem.[17, 18] Para Oakeshott, tanto esses quanto quaisquer outros princípios que procuram legitimar a ordem social não passam de "crenças metafísicas pomposas". Eles não são apenas desnecessários; são também potencialmente perigosos, uma vez que, a exemplo de todos os

---

[16] Ibidem.

[17] Ao contrário de muitos conservadores, ele dá pouca importância a Edmund Burke e o vincula, ao lado de Bentham, aos Racionalistas – no caso de Burke, em virtude de sua crença "metafísica" na religião, no direito natural e numa sociedade orgânica unida pelos laços daquele "grande contrato primitivo de sociedade eterna".

[18] Ibidem, p. 195. (Ver Edmund Burke, *Reflections on the Revolution in France*. New York, 1961, p. 110.)

ideais Racionalistas, acabam por tentar o governo a fazer mais do que deveria, a "converter um sonho privado numa forma de vida pública e compulsória". A advertência de Oakeshott, segundo a qual "a conjunção de sonho e governo gera tirania", aplica-se tanto ao Racionalista conservador quanto ao Racionalista liberal.[19]

Que Oakeshott está a léguas de distância desses Conservadores Racionalistas tanto quanto está a léguas de distância da maioria dos Liberais Racionalistas fica claro, sobretudo em sua postura acerca da religião. Poderíamos esperar que ele se mostrasse pessoalmente cético com relação à existência de Deus, de uma ordem social providencial ou de uma moralidade divinamente ordenada, mas que, ao mesmo tempo, fosse sensível ao poder dessas crenças, a seu profundo enraizamento nos hábitos, nas instituições e nas atividades da vida comum. Outros pensadores foram capazes de aliar a descrença privada (ou a suspensão da crença) a uma alta valorização das dimensões públicas da fé – não como uma estratégia maquiavélica que almeja o controle social, e sim como uma deferência própria às opiniões e ao comportamento que há muito caracterizavam a vida civilizada. Poderíamos crer que Oakeshott, de modo muito particular, respeitaria as sensibilidades religiosas e mostrar-se-ia impaciente ante a mentalidade Racionalista agressivamente secular, que vê a religião como retrocesso e opressão. A frase final do ensaio "On Being Conservative" coloca o conservador "à vontade em seu mundo trivial".[20] Talvez se possa ler isso como um convite para que fiquemos à vontade em meio às crenças e práticas religiosas que, embora atenuadas, ainda formam parte importante desse mundo ordinário, sendo talvez tão importante quanto as corridas de cavalo, a culinária, a pesca e as outras atividades simples sobre as quais Oakeshott se debruça com tanto carinho.

---

[19] Ibidem, p. 186, 193-94.
[20] Ibidem, p. 196.

No ensaio, porém, é a contragosto que Oakeshott tece suas breves alusões à religião. Ele tolera as instituições religiosas não como forma de exprimir e atualizar a fé religiosa, e sim como meio de restringir essa mesma fé. Os conservadores, garante ele, "poderiam até estar preparados para tolerar uma ordem eclesiástica legalmente estabelecida, mas isso não por acharem que ela representa uma verdade religiosa inexpugnável, mas apenas porque essa ordem restringiria a concorrência indecente de seitas e (como disse Hume) moderaria 'a praga de ter um clero assaz diligente'". As crenças religiosas – Deus, o direito divino, a ordem providencial – são tratadas com desprezo, assim como outros exemplos de "crenças metafísicas pomposas". O que se pede é um "temperamento de indiferença" que "refreie" as crenças e tolere mesmo "aquilo que é abominável". Esse temperamento, explica Oakeshott, não convém aos jovens; ele só pode ser conservado por quem é maduro – e também, como ele poderia ter acrescido, por aqueles homens de pouca fé ou, ainda melhor, de fé nenhuma.[21]

Experience and Its Modes traz um exame muito breve da religião – 4 páginas numa obra de 350, o que sugere o relativo peso que Oakeshott lhe atribui na totalidade da experiência humana. Em determinado momento, ele declara que a religião é "a experiência prática em sua plenitude", mas, logo em seguida, afirma que, ao contrário das outras formas de experiência prática, ela é sempre caracterizada "pela intensidade e pela força da devoção, tal como pela singeleza de seu propósito". Várias páginas depois, ao diferenciar as verdades práticas que conduzem à liberdade dos erros práticos que "escravizam", "enganam" ou "colocam em risco" nossas vidas, Oakeshott põe a religião sob a última categoria. Uma nota de rodapé cita Hume: "Em geral, os erros da religião são perigosos; os da filosofia, apenas ridículos".[22]

---

[21] Ibidem, p. 193-95.

[22] *Experience and Its Modes*. Cambridge, Inglaterra, 1978, p. 294-95, 308. (1. ed. 1933.)

É compreensível o medo que Hume tem dos "perigos" práticos da crença religiosa. Ele estivera perto o bastante da experiência puritana e do avivamento metodista (ocorrido no mesmo ano da publicação de o *Tratado da Natureza Humana*) para sentir intensamente o poder da religião, da paixão que ela poderia evocar e do efeito divisor que poderia ter sobre a sociedade e o sistema de governo. Oakeshott, contudo, orgulhando-se de seu bom senso prático, dificilmente partilharia desse medo – ao menos não na Inglaterra de seu tempo. Ele poderia muito bem estar prevendo as paixões religiosas que mais tarde se desencadeariam noutras partes do mundo, mas não era sua pretensão falar ou filosofar para o mundo todo. Pelo contrário: ele insiste em que é apenas em seu mundo, em seu tipo de civilização, que a disposição conservadora se mostra conveniente.

Publicada em 1975, *On Human Conduct*, última grande obra de Oakeshott, exibe maior tolerância à religião, chegando mesmo a beirar a simpatia. A religião é agora tratada como se proporcionasse uma fé que nos reconcilia com as "dissonâncias inevitáveis" da condição humana; não somente com as contingências da vida que todos conhecemos – com as enfermidades e misérias, os desastres e as frustrações, os quais culminam na própria morte –, mas também com os males inevitáveis que nós mesmos perpetramos. Ao substituir a sensação de culpa pela de pecado, a religião priva os delitos de suas fatalidades sem reduzir o seu tamanho; ela cria "um refúgio contra a destruidora angústia da culpa". De modo semelhante, ela nos reconcilia também com uma dissonância ainda maior da condição humana: o incessante sentimento de vazio e futilidade, o sentimento do nada. Cada religião reflete, por meio do "idioma da fé" que lhe é próprio e da "qualidade poética" de suas imagens, ritos e observâncias, a "civilização daquele que crê". Além disso, cada qual também nos convida, à sua maneira, a viver "tanto quanto possível na condição de imortal".[23]

---

[23] *On Human Conduct*. Oxford, 1975, p. 81, 83, 86.

Oakeshott nos dá aí uma descrição sensível e comovente da fé religiosa, que está de acordo com a disposição conservadora por ele descrita alhures. Trata-se, porém, de uma descrição demasiadamente breve, feita em algumas páginas que nos são apresentadas quase como uma reflexão posterior: "A esse exame da conduta moral acrescentarei um breve reconhecimento da crença religiosa; muito embora inadequado, não fazê-lo seria deixar essa descrição da conduta humana imperdoavelmente incompleta".[24] Como descrição da "conduta humana", entretanto, ela permanece incompleta, uma vez que se debruça quase integralmente sobre o sentido existencial da religião, isto é, sobre o impulso ou a sensibilidade religiosa, e não sobre os credos, as práticas e as instituições que fazem da religião uma realidade coletiva e histórica em lugar de meramente pessoal ou emotiva.[25, 26]

Tanto no âmbito da moralidade quanto no da política, Oakeshott procede com cautela diante de tudo aquilo que pode sugerir um sistema consciente e deliberado de práticas e princípios. Assim como o governo faz mal em buscar ideais sociais conscientes, também o indivíduo faz mal em buscar ideais morais conscientes; a falácia Racionalista jaz tanto na consciência quanto na busca dos ideais.

---

[24] Ibidem, p. 81.

[25] Esse tratamento precipitado da religião é ainda mais estranho porque ele já lhe havia dedicado maior atenção. Escrita em 1927, sua primeira publicação fora um panfleto de dez páginas, originalmente ministrado como uma palestra, a qual recebeu o título de *Religion and the Moral Life*. Após reexaminar as perspectivas que em geral se defendia acerca da relação entre religião e moral, ele concluiu que havia ao menos um vínculo histórico entre "nossa vida moral de hoje" e "aquilo que cremos ser a perspectiva cristã sobre a vida". Oakeshott jamais relançou seu panfleto. Do mesmo modo, ele nunca relançou o único ensaio que viria a escrever sobre a religião: "The Importance of the Historical Element in Christianity", redigido no ano seguinte.

[26] *Religion and the Moral Life*. Cambridge, Inglaterra, 1927, p. 13; "The Importance of the Historical Element in Christianity", *Modern Churchman*, 1928-1929, p. 360-71.

E, assim como o sistema de governo não depende de qualquer noção de divindade ou direito natural, também a moralidade não depende da autoridade religiosa, do senso moral, da consciência ou mesmo do "hábito do pensamento reflexivo". Ela depende tão somente do "hábito do afeto e da conduta". "Nós adquirimos hábitos de conduta não quando construímos uma forma de viver de acordo com regras ou preceitos conhecidos de cor e, por conseguinte, praticados; nós os adquirimos, antes, quando vivemos com pessoas que em geral se comportam de determinada maneira: nós assimilamos hábitos de conduta do mesmo modo como incorporamos nossa língua nativa."[27]

Num ponto específico, o paralelo entre moralidade e política parece vacilar. Na política, a confiança no hábito tal qual Oakeshott o compreende tende a limitar o papel do governo e a dar maior liberdade ao indivíduo. No campo da moralidade, confiar no hábito aprimora o papel da sociedade (embora não o do governo) e restringe o papel individual. No final das contas, a habituação moral é uma preparação para a conformidade social. À medida que tem sucesso, ela parece contrariar a variedade e a individualidade que o conservadorismo – ao menos o de Oakeshott – deve promover. Oakeshott nega que seja isso o que necessariamente acontece. O "excêntrico moral", insiste ele, está longe de ser excluído da estrutura da vida moral; muito pelo contrário: o impulso que leva à dissensão deriva da tradição moral mesma. "Há liberdade e engenhosidade no âmago de todo modo de vida tradicional. O desvio pode ser uma expressão dessa liberdade, brotando de uma sensibilidade à própria tradição e permanecendo fiel à forma tradicional."[28] Aquele que se desviou, muito embora esteja protegido em seu desvio, ameaça a vida moral tanto quanto a mudança dos hábitos morais ameaça a moralidade. Como a vida moral não é concebida como sistema, como ela não depende de qualquer conjunto de princípios racionais, o abandono de qualquer

---

[27] "The Tower of Babel", *Rationalism in Politics*, 1948, p. 61-62.
[28] Ibidem, p. 65.

uma de suas partes não exige o colapso do todo. A vida moral continua, com todos os seus desvios, anomalias e irracionalidades.

A imagem da vida moral de Oakeshott é cativante e plausível – ou ao menos assim o era na época em que ele a defendeu de maneira tão eloquente. "Rationalism in Politics" foi publicado em 1947, e os outros ensaios do livro que acabou por receber esse nome vieram a público entre aquele ano e 1962, quando a obra foi lançada. Alguns críticos do período afirmaram que ela refletia o espírito dos anos 1950, mas não se adequava à década seguinte. A crítica ao Racionalismo, diziam, convinha àqueles que se haviam decepcionado com o governo trabalhista do pós-guerra; com seus experimentos, frequentemente desajeitados, de engenharia social; com seu paternalismo irritante; com sua austeridade maldosa. Para a geração da década de 1960, porém, a qual nutria pouquíssimo respeito pelos hábitos e instituições tradicionais e buscava soluções extremadas para o que pareciam ser desigualdades intoleráveis, Oakeshott soava passivo e ranzinza, comprometido com um *status quo* antiquado e injusto.

Algo de fato chama a atenção nessa identificação de Oakeshott com os anos 1950 e em sua dissociação com a década seguinte. Não se trata, porém, daquilo que seus críticos apontavam. Não foi o advento de uma nova consciência social o que fez Oakeshott parecer irrelevante. Antes, essa mudança tornou suas admoestações ainda mais pertinentes, pois, sob a superfície da dissensão, havia uma nova forma de Racionalismo, um temperamento impaciente e imperioso que buscava respostas rápidas e fáceis para situações difíceis e complexas. Nesse sentido, Oakeshott antecipou brilhantemente a década de 1960. No Reformismo Racionalista do final dos anos 1940 e da década de 1950, ele viu as insinuações do Radicalismo Racionalista da década seguinte, e sua crítica do Racionalismo aplicava-se a ambos.

Chegou um momento, porém, em que os acontecimentos parecem tê-lo surpreendido. No final dos anos 1960, ficava cada vez mais claro que algo semelhante a uma revolução moral estava acontecendo. O desvio moral popularizava-se e democratizava-se, de modo que não era o excêntrico ou a seita ocasional, e sim uma geração inteira, o que parecia rejeitar os "hábitos de conduta" convencionados – ou rejeitar, na verdade, a própria ideia de "habituação moral". A partir de excessos esporádicos na retórica e no comportamento, a contracultura desenvolveu um antagonismo a todas as autoridades políticas e instituições sociais "hegemônicas", tal como um desprezo por aquelas formas tradicionais e habituais de pensamento e de conduta que sustentavam a sociedade. Uma geração que se orgulhava de ser "alienada" não estava propensa a ver com tolerância o familiar, a desfrutar do presente por aquilo que ele é, a aceitar as realidades da vida e a fazer o melhor possível com elas, quanto mais a respeitar as regras informais de conduta que governam a sociedade e, assim, obviar a necessidade de regras formais impostas pelo governo.

Oakeshott pode não ter antecipado por completo a natureza e a extensão da revolução moral ocorrida a partir do fim da década de 1960. (E ele certamente afirmaria que o termo "revolução" é por demais dramático, assaz intransigente e empedernido.) No entanto, dificilmente passou despercebida a possibilidade da anarquia e da subversão. A "disposição" de Oakeshott era otimista, mas não ingênua. Um ano antes de "Rationalism in Politics" (o ensaio, não o livro), ele escreveu uma introdução de 75 páginas para o *Leviatã* de Hobbes, na qual prenuncia alguns dos temas de seu ensaio. É interessante que tenha sido Hobbes, o mais provocador de todos os pensadores modernos, o primeiro tema que Oakeshott escolheu ao retornar para a universidade após a guerra. Com enorme sutileza, ele analisou aquele "suposto apóstolo do absolutismo" e, por fim, acabou por absolvê-lo das muitas culpas que outros comentaristas haviam encontrado nele.[29] Não foi possível isentá-lo por completo, porém, do erro comum a todos os filósofos: um Racionalismo profundamente pessimista.

---

[29] "Introduction to *Leviathan*", *Hobbes on Civil Association*. Berkeley, 1975, p. 73.

> É característico dos filósofos políticos adotar uma visão sombria da situação humana; eles se ocupam da escuridão. Em seus escritos, a vida humana geralmente surge não como uma façanha ou jornada, e sim como um problema. O vínculo entre política e eternidade está na contribuição que a ordem política supostamente pode dar à libertação da humanidade. [...] O homem, de acordo com essa variada fórmula, é a vítima do erro, o escravo do pecado, da paixão, do medo, da cautela; é o inimigo de si mesmo, dos outros ou de ambos – *O miseras hominum mentes, O pectora caeca* –, e a ordem civil surge como totalidade ou parte do esquema de sua salvação.[30]

Isso foi escrito por um homem que tinha bons motivos para adotar "uma visão sombria da situação humana". Ele acabara de retornar de uma guerra devastadora, travada contra um regime responsável pela tirania e pelas atrocidades mais monstruosas. Não obstante, a lição que ele tirou daquela experiência não era "obscura", nem mesmo sombria. Oakeshott aparentemente encontrou a "salvação" numa Inglaterra que havia lutado e vencido a guerra honrosamente e que agora poderia retornar a uma "ordem civil" natural, uma ordem que não precisava ser imposta artificialmente como "libertação" dos males inerentes à natureza humana, mas que era, antes, a condição natural de um povo "civil" e civilizado.

Talvez tenha sido em reação às experiências da época de conflito e em gratidão a uma sociedade que não precisava "se ocupar da escuridão" que Oakeshott conquistou seus admiradores e discípulos no período do pós-guerra. Quando a tranquilidade foi interrompida pela contracultura – e uma contracultura que parecia tornar-se a cultura dominante –, alguns desses admiradores e discípulos começaram a reconsiderar sua posição, suspeitando de que a disposição conservadora era incapaz de lidar com tempos tão turbulentos e até de que toda e qualquer "disposição" era inadequada. Esses admiradores, hoje críticos amistosos, continuam a partilhar da descrença de Oakeshott no

---

[30] Ibidem, p. 5-6.

Racionalismo que caracteriza grande parte da filosofia política, um Racionalismo que converte a filosofia em ideologia, a ideologia em "práxis" e a "práxis" tanto em ações políticas agressivas quanto num Estado intruso. No entanto, eles também acreditam que a crítica ao Racionalismo pode ser levada longe demais, que a razão não necessariamente desemboca no Racionalismo, tampouco as ideias vertem ideologias. No vácuo moral criado pela falta de "hábitos de conduta", a razão e as ideias – tal como a filosofia, a religião, a educação e até mesmo a inculca – talvez sejam as únicas formas de recriar valores perdidos e, assim, restaurar uma "disposição" que não exige mais a intervenção ativa da mente e da vontade.[31]

Em "The Voice of Poetry in the Conversation of Mankind", ensaio de 1959 que está entre os seus mais eloquentes, Oakeshott descreve o tipo de diálogo que constitui o discurso civil e que encontra correspondentes em todas as relações civilizadas.[32] A conversação, diz ele, pode ter períodos de argumentação ponderada, mas essa argumentação não pode formar a totalidade, ou mesmo grande parte, de sua constituição. A conversação deve estar aberta a fantasias, a arroubos de especulação, a irrelevâncias e coisas insignificantes. Ela fala em muitas vozes, não reconhece autoridade alguma, não exige credenciais. Tudo o que pede de seus participantes é que tenham a

---

[31] Nem todos os seus admiradores, porém, se tornaram críticos. Na Inglaterra, nos Estados Unidos, na Austrália e em outros lugares, Oakeshott conservou um núcleo de discípulos dedicados que mantêm suas ideias vivas e continuam publicando suas obras. Todos os seus livros (com a exceção de *A Guide to the Classics*, que, ao contrário da maioria dos clássicos, tornou-se definitivamente datado) foram relançados, a maioria após a sua morte. Quase todos, ademais, estão disponíveis tanto em edições de bolso quanto em edições de capa dura. Há também seleções de ensaios e aulas que não haviam sido lançadas antes, tal como diversos livros e compilações de artigos dedicados ao autor. (Desde a virada do século, cinco livros dele ou sobre ele foram editados. Outros vários têm publicação agendada.) A Michael Oakeshott Association realiza conferências anuais, publicando logo em seguida os artigos ali apresentados.

[32] "The Voice of Poetry in the Conversation of Mankind", *Rationalism in Politics*, 1959, p. 197 ss.

capacidade de conversar e a boa educação de ouvir, jamais que raciocinem de maneira convincente, que façam descobertas sobre o mundo ou que procurem aprimorá-lo.

Esse ensaio é tão elegante, cortês e brilhante quanto o ideal de conversação nele evocado. Ele também recorda o Oakeshott que conheci, homem com quem o diálogo, e até mesmo a controvérsia, era puro deleite. Ele não evitava a discórdia, não era um fracote. Encarava-a, porém, de maneira tão afável e bem-humorada que sempre vencia a discussão – muito embora jamais viesse a chamá-la por esse nome – à revelia, por assim dizer. Não é sempre que a pessoa e o filósofo são tão congruentes. "Disposição conservadora" – a disposição para desfrutar daquilo que ultrapassa a mera ânsia pelo que poderia ser, para apreciar, sem o desejo de submetê-los à validação social ou política, tanto aquilo que é fato consumado quanto os bens da vida – é o que melhor descreve seu próprio temperamento. Ele era encantador, gracioso e afável; para as mulheres, sempre cortês, por vezes até arrojado – muito embora de uma forma completamente modesta e despretensiosa.

A exemplo de seu temperamento, o conservadorismo de Oakeshott é algo raro hoje em dia. Oakeshott dá grande valor à liberdade e à individualidade, mas não é libertário como os que defendem o livre mercado – ainda que apenas por não ter dedicado tanta atenção à economia. Seu conservadorismo respeita a tradição, os costumes e as regras de conduta, mas não é o conservadorismo social que conhecemos hoje: é mais aberto e arriscado, menos moralista e religioso. Do mesmo modo, é demasiadamente cauteloso e cético com relação ao governo para adentrar o âmbito neoconservador. Trata-se, não obstante, de algo que ainda nos é relevante hoje, e não como filosofia prática – Oakeshott não via a filosofia como uma iniciativa pragmática –, mas como uma disposição que nos recorda de tempos mais tranquilos e que ainda pode servir como corretivo para aquelas formas mais rigorosas e tenazes de pensamento e conduta que são exigidas num mundo que é tudo, menos tranquilo.

Capítulo 11 | Winston Churchill

"SEM DEVANEIOS, UM GRANDE HOMEM"

Certa feita, o destacado historiador inglês Geoffrey Elton escreveu:

Quando encontro um historiador incapaz de acreditar na existência de grandes homens, sobretudo de grandes homens na política, sinto-me na presença de um mau historiador; há vezes, ademais, em que me sinto inclinado a julgar todos os historiadores de acordo com a opinião que têm acerca de Winston Churchill – conforme sua capacidade de perceber que, independentemente do quanto são revelados os detalhes, muitas vezes negativos, desse homem e de sua carreira, ele continua sendo, sem devaneios, um grande homem.[1]

Nos Estados Unidos, temos mais uma vez recordado nossos grandes homens. Após anos ouvindo historiadores eruditos afirmarem que a história não era feita por eles – que ela é feita por forças (econômicas, sociais, demográficas e geográficas) que fogem do controle dos indivíduos, que a própria expressão "grandes homens" difama as pessoas comuns, isto é, as "massas anônimas" cujos nomes não figuram nas páginas da história, que tal expressão difama sobretudo as mulheres, grandes ou não, que são assim suprimidas por completo (a própria ideia de grandeza é tratada como masculina e, portanto, sexista) –, somos hoje inundados por *best-sellers* dedicados aos homens de destaque, de modo particular aos Fundadores e

---

[1] G. R. Elton, *Political History: Principles and Practice*. New York, 1970, p. 70-71.

a Abraham Lincoln. Ao contrário do que talvez fossem no passado, essas obras não são sensacionalistas, isto é, não expõem o calcanhar de Aquiles (ou, na maioria das vezes, os impulsos libidinosos) que faria tais personagens parecerem menores. Também não são obras de hagiografia cujo objetivo é transformá-los em super-homens. Trata-se, na verdade, de volumes bons, sólidos, especializados e (não menos importante) legíveis que ratificam o direito à grandeza de seus objetos, não tanto em virtude das qualidades pessoais que eles apresentam – muito embora tais qualidades desempenhem papel relevante –, mas em razão de seu papel na história, na fundação e na formação do país.

Na esteira do ataque terrorista mais devastador de nossa história, tivemos a oportunidade de lembrar outro grande homem, que não foi um dos nossos, embora lhe agradasse recordar que sua mãe era americana. Quando embarcávamos na guerra contra o terrorismo, éramos instigados a ter em mente a coragem, a determinação e o heroísmo que Winston Churchill demonstrara em sua (nossa) guerra contra os nazistas. Os comentaristas dos ataques de 11 de setembro evocavam seu nome incessantemente, ao mesmo tempo em que os jornais lhe dedicavam artigos inteiros, citando seus pronunciamentos mais memoráveis e recordando a bravura e a bravata ostentadas durante a guerra. Uma contagem eletrônica das referências que lhe foram feitas em meio impresso durante a semana imediatamente posterior aos ataques contabilizou mais de mil menções, isso sem incluir a televisão, o rádio e os discursos. Foi impressionante ouvir o presidente, que não se destacava por sua destreza retórica, ser elogiado pelos discursos churchillianos que proferiu à nação. Um trecho de um discurso em particular – "Não estremeceremos, não nos cansaremos, não vacilaremos e não fracassaremos [...]"[2] – claramente ecoava o famoso discurso de Churchill do dia

---

[2] *Washington Post*, 7 de outubro de 2001, p. A15.

9 de fevereiro de 1941: "Não fracassaremos ou vacilaremos; não fraquejaremos ou nos cansaremos".[3] Não foi uma surpresa ouvir o secretário e o o vice-secretário de defesa e até mesmo o secretário de saúde e serviços humanos citarem Churchill. Foi estranho, porém, ouvir suas palavras expressas com o sotaque e a entonação do prefeito de Nova York – "Churchill de boné", apelidou-o o neto do inglês (também chamado Winston).[4] Rudy Giuliani não apenas citou Churchill; foi também a ele vinculado repetidas vezes à medida que caminhava entre os destroços do World Trade Center, homenageando aqueles que haviam perdido a vida e consolando os sobreviventes. "Quem sabia que Rudy era Churchill?", dizia a manchete de um jornal.[5] E assim também a cada crise. Quando o antraz ocasionou o fechamento da Câmara dos Representantes por alguns dias, os historiadores podem muito bem ter recordado a reação de Churchill ao bombardeio da Câmara dos Comuns: "Esta Câmara deve ser reconstruída... tal qual era! Nesse ínterim, não perderemos um dia de debate em virtude disso".[6]

Os britânicos – com o devido despeito a Elton – nem sempre demonstraram tanta reverência por Churchill. Em 1995, no intuito de comemorar o quinquagésimo aniversário da vitória sobre a Alemanha, o Departamento de Educação britânico preparou um vídeo para ser distribuído a todas as escolas primárias. O vídeo de 34 minutos continha uma única referência, de 14 segundos, a Churchill, na qual uma criança declarava: "As pessoas achavam

---

[3] Martin Gilbert, *Churchill: A Life*. New York, 1991, p. 690.

[4] *Washington Post*, op. cit.

[5] *New York Observer*, 24 de setembro de 2001, p. 1.

[6] Guy Eden, "Churchill in High Office", *Churchill by His Contemporaries*. London, Ed. Charles Eade, 1953, p. 63. (Guy Eden foi um jornalista que atuava no Parlamento, registrando aqui o que Churchill lhe dissera em 11 de maio de 1941.)

que ele fora importante para o fim da guerra na Grã-Bretanha".[7] No vídeo de 24 minutos destinado às escolas secundárias, ele foi mencionado exatamente uma vez: "Embora derrotado, o Sr. Churchill é aclamado como um grande líder de guerra"; a isso se seguia o comentário de que sua derrota permitira que o partido trabalhista "usasse a renda das indústrias do Estado para financiar serviços públicos melhores, como a assistência médica".[8] Uma pesquisa realizada poucas semanas depois revelou que uma entre três crianças britânicas em idade escolar desconhecia por completo quem era Churchill; os palpites variavam entre presidente americano e compositor.

Felizmente, o tratamento desdenhoso que o Departamento de Educação deu a Churchill não foi adotado pelos biógrafos que continuam a escrever sobre ele – às vezes depreciando-o (textos "revisionistas" criticam-no por não se ter reconciliado com Hitler mais cedo), mas, na maioria das vezes, com um enorme respeito. Esse tratamento também não se reflete no público leitor que continua a transformar muitos desses livros em *best-sellers* (em especial os elogiosos). A lista de obras escritas por e sobre Churchill contém cerca de três mil entradas, incluindo a biografia autorizada (em geral diríamos definitiva, mas, no caso de Churchill, nada é definitivo) de Randolph S. Churchill e Martin Gilbert, redigida em oito volumes e complementada por outros treze só de documentos, aos quais muitos ainda serão acrescidos. Entre as biografias mais notáveis estão os dois primeiros volumes da trilogia planejada por William Manchester (o volume final não será concluído) e, apenas na última década daquele século, os extensos livros de Gilbert (com mais de mil páginas), Clive Ponting, John Charmley, Henry Pelling

---

[7] *Times*. London, 25 de abril de 1995, p. 3; *Daily Mail*. London, 26 de abril de 1995.

[8] *Washington Times*, 26 de abril de 1995, p. 17, citando o (London) *Daily Telegraph*.

e Norman Rose. Há, ademais, meia dúzia de obras mais sucintas, algumas especializadas em aspectos específicos da vida de Churchill e certos volumes de ensaios. Em seguida, há também os livros que o próprio Churchill escrevera. John Plumb, historiador de sucesso sensível a questões como essa, observou certa feita que Churchill "vendeu mais livros de história do que qualquer historiador deste, e talvez de qualquer outro, século".[9]

Duas biografias de Churchill publicadas em 2001, a de Geoffrey Best e a do finado Roy Jenkins, fazem um belo contraponto. A primeira, de extensão modesta, foi escrita por um historiador profissional, professor de história no St. Antony's College, da Universidade de Oxford, e autor de obras acadêmicas sobre a Grã-Bretanha vitoriana e, mais recentemente, também sobre as guerras modernas. A segunda, três vezes maior, foi idealizada por um político profissional, um membro antigo do Parlamento que era também autor e biógrafo prolífico.[10] Ambos os autores têm idade para lembrar-se de Churchill durante a guerra. Quando estudante, Best ouvia seus discursos como "acontecimentos quase religiosos", ficando tão impressionado que chegou a pedir uma compilação deles como prêmio escolar.[11] Jenkins descobriu Churchill por meio de seu pai, membro trabalhista do Parlamento, nos cômodos temporâneos que os Comuns ocuparam após a destruição da velha câmara pelas bombas.[12] Meio século depois, o historiador nos deu uma biografia viva, esclarecedora e bastante legível do "maior inglês do século XX", "o

---

[9] John H. Plumb, "The Dominion of History", *Winston Churchill: Resolution, Defiance, Magnanimity, Good Will*. R. Crosby Kemper (ed.). III. Columbia, Mo., 1996, p. 65.

[10] Geoffrey Best, *Churchill: A Study in Greatness*. London, 2001; Roy Jenkins, *Churchill: A Biography*. New York, 2001. (O livro de Jenkins possui 1.002 páginas em sua versão inglesa e 736 páginas em sua versão americana.)

[11] Best, op. cit., p. ix.

[12] Jenkins, op. cit., p. xiii.

salvador deste país";[13,14,15] o político/escritor, por sua vez, produziu um tomo muito mais ponderado e muito menos reverente.

O relato que Jenkins faz da forma como chegou a seu objeto é instrutivo. Tendo acabado de finalizar uma premiada biografia de Gladstone, ele passou a meditar sobre seu projeto seguinte, o qual deveria ser um "tema grande" e digno de seu predecessor; qualquer outra coisa, disse, seria o mesmo que subir Snowdon após uma expedição ao Himalaia. (A metáfora da escalada também aparece no prefácio da biografia de Gladstone, em que ele compara sua tarefa àquela de subir o Cervino.) Apenas Churchill satisfazia tais exigências; na verdade, concluiu ele, Churchill estava "um pouco à frente" de seu tema anterior.[16] (No livro precedente, Gladstone era "o homem mais notável de toda a humanidade" a ter ocupado o cargo de primeiro-ministro.)[17] Em virtude de sua própria experiência parlamentar e ministerial – a exemplo de Churchill, ele foi não apenas membro do Parlamento, mas também secretário para Assuntos Internos e ministro da Fazenda –, Jenkins se julgava singularmente qualificado para escrever uma biografia como aquela. E, também como Churchill, ele conseguiu ser um escritor prolífico e bem-sucedido mesmo enquanto se empenhava em sua ativa carreira política.

Ao contrário de Churchill, porém, Jenkins foi membro do partido trabalhista, do qual depois sairia para fundar o efêmero partido

---

[13] Best, op. cit., p. x, xii.

[14] Quando, em 1949, Isaiah Berlin enalteceu Churchill por ser "o salvador deste país, um herói mítico que pertence à lenda tanto quanto à realidade, o maior ser humano de nossa época", Churchill ironicamente respondeu que aquilo era "bom demais para ser verdade".

[15] Isaiah Berlin, "Winston Churchill in 1940" (escrito em 1949), *Personal Impressions*. Henry Hardy (ed.). London, 2001, p. 12, 22. A expressão "salvador de seu país" era comum à época. Best (p. x) cita o emprego dado por A. J. P. Taylor ao termo em *English History: 1914-1945*. Oxford, 1965, p. 4. Ver também Michael Ignatieff, *Isaiah Berlin: A Life*. New York, 1998, p. 197.

[16] Jenkins, op. cit., p. xiv-xv.

[17] Idem, *Gladstone*. London, 1995, p. xiv.

social-democrata (e também para ser o primeiro presidente da Comissão Europeia, em Bruxelas). Seus escritos, ademais, de modo especial sua biografia de Gladstone, acabaram por distorcer o estudo dedicado a Churchill. O Churchill de Jenkins é assombrado pelo fantasma de Gladstone: repetidas vezes somos lembrados dos paralelos (alguns bastante artificiais) que existem entre a vida e a carreira dessas duas eminências.[18] Não obstante, não é o liberal Gladstone quem deve ser comparado a Churchill, e sim o tóri Disraeli (cujo nome Jenkins só menciona de passagem).

Tanto em temperamento quanto em suas atitudes políticas, Churchill seguia o modelo disraeliano – era romântico, ostentoso e excêntrico, paternalista, nacionalista e imperialista.[19, 20] Se Gladstone era

---

[18] Os dois, recorda-nos Jenkins, mudaram de partido (Ibidem, p. 89); uma observação casual feita por Churchill remete a uma observação não muito semelhante feita por Gladstone (p. 108-09); uma crise política em 1916, desencadeada por um obscuro problema relacionado aos direitos de propriedade na Nigéria, evoca a controvérsia do autogoverno em 1886 (p. 316), o que também acontece com o debate dado na Câmara dos Comuns após o fracasso da Campanha da Noruega em maio de 1940 (p. 577); as "ponderações" de Churchill sobre os perigos da bomba de hidrogênio remetia às aflições que Gladstone sentia diante do aumento dos gastos navais (p. 884). Há também repetidas comparações da época de ambos em vários estágios de suas carreiras, tal como comparações de sua saúde, de suas relações conjugais, de suas diversões e, por fim, de seus funerais. No lugar de Gladstone, Jenkins às vezes insere suas experiências pessoais e parlamentares: sua objeção à eleição suplementar de 1981 recorda a de Churchill em 1924 (p. 391); sua desavença com a liderança de seu partido recorda-lhe da situação de Churchill em 1939 (p. 537); um debate durante seu mandato como ministro da Fazenda se assemelha a um dos debates em que Churchill se envolvera no início da guerra (p. 599).

[19] Na biografia de seu pai, Churchill homenageou Disraeli tratando-o como o progenitor da democracia tóri. Com relação a Gladstone, fez um esforço determinado para ser respeitoso e descreveu-o como "cortês", mas acabou por citar um discurso em que Randolph Churchill o ridicularizara selvaticamente por sua hipocrisia e autopromoção.

[20] Winston S. Churchill, *Lord Randolph Churchill*. London, 1906, I, p. 222-23; II, p. 214, 282-84, 461.

um "pequeno inglês", Churchill certamente merecia, tanto quanto Disraeli, ter "grande inglês" como título; se Gladstone em essência não passava de um liberal de Manchester, Churchill era, a exemplo de Disraeli (e de seu próprio pai), um democrata tóri. (Fora Randolph Churchill quem fundara a Primrose League, cujo nome homenageia Disraeli, que tinha na primavera [*primrose*] sua flor favorita.) Os contemporâneos de Gladstone desconfiavam de que ele via a si próprio como emissário de Deus na Terra; Churchill, mais uma vez como Disraeli, preferia julgar-se emissário da nação inglesa. Gladstone era claramente sem graça, meticuloso, moralista; Churchill, perspicaz, irreverente, irônico. (Há livros inteiros dedicados às tiradas "perspicazes e sábias" de Churchill, tal como uma série de outros gracejos que circulavam privadamente por serem obscenos demais.) Disraeli teria se divertido – e Gladstone, se escandalizado – diante do famoso gracejo de Churchill: "Estou pronto para conhecer meu Criador. Se meu Criador está pronto para me conhecer é outra história". Quando solicitado a discorrer sobre sua crença religiosa, Churchill citou um dos personagens de Disraeli: "Os homens sensíveis pertencem todos à mesma religião". Pressionado, citou-o novamente: "Os homens sensíveis nunca dizem".[21] (Na verdade, o gracejo tivera origem com Lorde Shaftesbury, mais de um século antes.)

Muitas vezes se diz que, caso Churchill tivesse morrido em 1939, no auge de seus 65 anos (superando seu pai em mais de vinte), e caso viesse a ser recordado, seria hoje reconhecido não como um herói, e sim como um político qualquer – e um político fracassado (como

---

[21] William Manchester atribui o gracejo ao próprio Disraeli. (Ver *The Last Lion: Winston Spencer Churchill*, vol. 1, *Visions of Glory, 1874-1932*. New York, 1983, p. 177.) Leslie Stephen, a David Hume (*History of English Thought in the Eighteenth Century*. New York, I, 1962, p. 289). Sobre a origem em Shaftesbury, ver Gertrude Himmelfarb, *The Roads to Modernity: The British, French and American Enlightenments*. New York, 2004, p. 39.

Randolph). Fosse esse o caso, uma grande injustiça seria cometida contra um homem que foi sempre extraordinário. Churchill viveu com um vigor e uma paixão só encontrados em pouquíssimos homens. Além disso, escreveu sobre os acontecimentos enquanto ainda os vivia – e não de modo narcisista, como fazem tantos daqueles que escrevem as próprias memórias: Churchill escrevia historicamente, por assim dizer, tendo plena ciência de que, ao redigir sobre si mesmo, fazia-o também sobre seu país e sua época. Em 1939, ele já havia escrito três obras sobre as experiências militares que tivera na Índia e na África ao final da década de 1890; um livro sobre os primórdios de sua vida; uma biografia, em dois volumes, de seu pai; uma obra, em quatro volumes, sobre a vida e a época do primeiro duque de Marlborough, seu ancestral; uma história, em cinco tomos, da Primeira Guerra Mundial e do período subsequente; uma história, em quatro volumes, dos povos de língua inglesa (publicada muito depois); vários outros livros sobre suas experiências e seus contemporâneos; e *Savrola*, seu único (felizmente) romance – tudo isso em acréscimo ao constante fluxo de artigos jornalísticos de que tirava parte substancial de sua renda, aos inumeráveis discursos proferidos dentro e fora do Parlamento (dos quais três volumes foram publicados antes de 1939) e à sua volumosa correspondência, travada sobretudo entre ele e sua esposa, mas também com outras pessoas. Durante todo esse tempo, ele foi ainda um membro ativo (demasiadamente ativo, para alguns) do Parlamento, muitas vezes ocupando cargos elevados.

Em retrospecto, claro, podemos reconhecer nesse Churchill pré--herói, esse Churchill anterior à Segunda Guerra Mundial, aqueles traços distintivos de seu caráter que hoje conhecemos bem. Sua biografia do duque de Marlborough não é apenas um testamento de piedade ou orgulho ancestral (ela não ignora os aspectos menos respeitáveis do duque – seu autoengrandecimento e enriquecimento –, muito embora se debruce menos sobre eles do que a maioria dos biógrafos); trata-se, antes, de um relato dos traços militares e diplomáticos que Churchill admirava e talvez ansiasse por emular. Sua estima pela propriedade de Blenheim – única herança material de sua linhagem aristocrática (a fortuna da família há muito se dissipara) – devia-se em parte à memória da própria batalha lá ocorrida. A vitória de Marlborough numa das batalhas decisivas da Guerra da Sucessão Espanhola alterara o equilíbrio do poder na Europa, sinalizando assim o final do domínio francês e o início do britânico. "O Avanço da Inglaterra ao Poder Mundial" é o título que Churchill veio a dar a esse período na *História dos Povos de Língua Inglesa*, homenageando assim o ancestral que "tornou glorioso" um dos grandes reinados da história da Inglaterra.[22]

Também podemos notar algo do Churchill tardio em seu próprio pai. Brincando com Gladstone, Lorde Randolph Churchill certa feita afirmou que aquele nada mais era do que "um velho com pressa".[23] Seria mais adequado, porém, afirmar o mesmo do jovem Randolph. Ele anunciou seu noivado com Jennie Lind, filha de um financista americano, três dias após conhecê-la. Ambos se casaram oito meses depois (atraso ocasionado pela briga de seus pais com relação ao dote), e, em mais sete, nasceria Winston (prematuramente, graças a uma queda sofrida por sua mãe num passeio a cavalo). Naquele mesmo ano, 1874, Randolph, então com 25 anos, ganhou não somente um filho, mas também uma cadeira no Parlamento (a exemplo do que havia acontecido com seu pai). Dez anos depois, tornou-se ministro da Fazenda e líder da Câmara dos Comuns no governo Salisbury. Dali a mais dez anos, quando com 45 anos, viria a falecer. Se Winston Churchill também se transformou num jovem apressado, talvez tenha sido por achar que, a exemplo de seu pai, teria pouco tempo para conquistar o destaque que almejava.

---

[22] Winston S. Churchill, *A History of the English-Speaking Peoples*. New York, III, 1990, p. 100. (Grande parte dessa seção da obra deriva de um trabalho anterior, *Marlborough: His Life and Times* [1933-1938].)

[23] Jenkins, *Churchill*, p. 5.

Havia muitas coisas na vida do pai que pressagiavam a do filho. Randolph Churchill era o orador (ou demagogo, na opinião de seus críticos) mais bem-sucedido de seu tempo; o membro mais famoso (ou exibicionista) de seu partido; o mais arrojado (ou irresponsável) de todos os teóricos; e um conversador vivaz (ou insolente) dotado de uma enorme (ou cruel) sagacidade. Todos esses traços viriam a ser atribuídos a Winston. Assim como diziam do filho antes de 1939, o pai também fracassara na política, precisando deixar o cargo de ministro após o malogro de seu primeiro orçamento. Num certo aspecto, porém, os dois diferiam de maneira notável. Randolph fracassara ainda mais como pai do que como político. Muitos anos depois, próximo ao fim de um longo jantar, Winston disse a seu próprio filho, outro Randolph: "Nesta noite, conversamos mais do que eu conversei com o meu pai durante toda a sua vida".[24] (Ele tinha 20 anos quando o pai morreu.) Churchill poderia ter dito o mesmo de sua mãe. *Socialite* ativa e de grande beleza, ela tinha pouco tempo para seu marido (boatos diziam que o irmão mais novo de Winston possuía um pai diferente, e há vários candidatos para esse posto) e muito menos tempo para o filho. "Ela brilhava para mim como a Estrela d'Alva", escreveria Churchill. "Eu a amava encarecidamente, mas à distância."[25] Um refrão constante em suas cartas é o desejo vão, patético e quase invariável de que ela o visitasse ou de que estivesse em casa quando ele retornasse nas férias. Foi sua velha babá quem ele rotulou, quando de sua morte, de "minha amiga mais cara e íntima durante todos os vintes anos que eu então vivera".[26]

O biógrafo de Churchill está sempre competindo com seu tema, que escreveu, de maneira extremamente copiosa e comovente, sobre a

---

[24] Ibidem, p. 10.

[25] Ibidem, p. 8; Winston Churchill, *My Early Life: 1874-1904*. New York, 1996, p. 5.

[26] Best, op. cit., p. 6.

própria vida. As memórias de Churchill, *My Early Life*, nos fornecem um retrato marcante de sua infância e educação (dada em internatos, é claro): sua primeira escola fora brutal, até mesmo de acordo com os padrões da época (a severidade dos açoites, recordaria ele, não seria tolerada em qualquer reformatório para jovens delinquentes); a segunda, fisicamente menos desagradável (muito embora a comida fosse ainda pior) e intelectualmente menos rigorosa. Então chegou a vez de Harrow, onde ele não se distinguiu nos clássicos – a suposta marca do homem instruído – mas adquiriu outros traços que lhe conviriam: o amor pela história, pela literatura inglesa e pelo inglês. Esses talentos não o preparavam para Sandhurst, a academia militar na qual ingressou após três tentativas, mas lá ele se formou (em dezembro de 1894, semanas antes da morte de seu pai) como um dos primeiros de sua turma. Assumindo o cargo de segundo-tenente da cavalaria, Churchill iniciou uma carreira militar associada, de modo um tanto improvável, a uma carreira no jornalismo, o que o conduziu, de modo novamente improvável, a uma extraordinária carreira política.

Quando ainda em Harrow, Churchill escreveu para sua tia: "Possuísse eu duas vidas, seria soldado e político. Como, porém, não verei guerra em minha vida, devo ser político apenas".[27] Churchill logo encontrou sua guerra – ou melhor, uma série delas. Enquanto a maioria dos outros oficiais caçava durante o recesso de inverno de 1895, ele se ofereceu para ingressar na força espanhola empenhada em suprimir os rebeldes nacionalistas em Cuba. Essa foi sua primeira experiência marcial não planejada (e o início do vício em charutos cubanos que o acompanhou por toda a vida). Retornando para seu regimento na Índia, ele sentiu um gosto mais pungente da guerra na fronteira Noroeste e outro, ainda mais grave, como voluntário no Sudão, onde participou do que em geral se diz ser a última grande carga de cavalaria da história britânica.

---

[27] Gilbert, *Churchill*, p. 23.

Ativo em seu regimento, o oficial Churchill também serviu como correspondente de guerra e cobriu as batalhas em que ele mesmo estava envolvido, quando então passou a escrever livros sobre essas atividades. Tanto a fama quanto o dinheiro podem ter ajudado a inspirar nele a escrita e as aventuras militares; no entanto, não pode haver dúvidas quanto à sua bravura e à atração que ele sentia pelo perigo, pelo encanto da guerra e pela iniciativa imperial a que a guerra servia. Quando não estava combatendo ou escrevendo (nem bebendo ou jogando polo), ele ainda arrumava tempo para ler – e não de maneira casual, como distração, mas sistemática e ambiciosamente, tal qual desejasse compensar a educação que deixara de receber na escola. Churchill começara com os mestres mais óbvios – Gibbon e Macaulay –, e então passou para Platão, Aristóteles, Schopenhauer, Malthus, Darwin e Adam Smith.

"Possuísse eu duas vidas [...]", escrevera ele quando estudante. Após ter levado a primeira delas como soldado, Churchill estava agora pronto para a segunda, como político. Deixando seu regimento no início de 1899, ele retornou para a Inglaterra a fim de tentar, sem sucesso, uma eleição suplementar. Em seguida, isolou-se temporariamente em sua outra vida, conseguindo, apesar de um decreto oficial que proibia precisamente isso, um posto como oficial e correspondente na Guerra dos Bôeres. Como consequência não planejada, esse passo acabou por promover sua carreira parlamentar. Durante um ataque ao comboio blindado que os conduzia a seu regimento, ele e outros oficiais foram capturados pelos bôeres. Após um mês de detenção, Churchill conseguiu escapar sozinho e seguir para o fronte, onde participou de alguns conflitos duros. Ao retornar para a Inglaterra seis meses depois, dessa vez como celebridade, ele não teve dificuldades para conquistar uma cadeira no Parlamento.

Churchill levou ao Parlamento o mesmo espírito combativo que ostentara na guerra. Conservador tal qual seu pai, ele logo se viu (também a exemplo daquele) em conflito com alguns de seus colegas, e por algumas razões semelhantes. À época ele não se dava o título de democrata tóri, mas o rótulo descreve com precisão os primórdios de sua carreira parlamentar. Sua ruptura com os conservadores em 1904 é geralmente atribuída ao ardente apoio que ele dera ao livre-comércio, em oposição ao protecionismo que ganhava força no partido. O livre-comércio, porém, era para ele uma questão social, e não econômica. Protecionismo, declarou, significava "comida cara para a população e mão de obra barata para os milionários".[28] O último discurso que proferiu antes de trocar de lado teve como objetivo apoiar um projeto de lei que fortalecia o sindicalismo. Ele perdeu a linha de raciocínio após falar 45 minutos sem notas, precisando sentar-se sem completar a frase: "Cabe ao governo satisfazer as classes operárias...".[29] Logo em seguida, dirigiu-se pomposamente à cadeira que fora ocupada por seu pai na oposição – que, por acaso, ficava ao lado da cadeira de Lloyd George.

Com a vitória do partido liberal em 1906, Churchill iniciou uma ascensão de dez anos em seu novo partido, começando no Gabinete Colonial, passando para o Conselho Comercial, para a Secretaria de Estado e, por fim, ao almirantado. A democracia tóri de seu pai transformara-se no "novo liberalismo" do pré-guerra, um liberalismo de orientação social e reformista que Churchill abraçou entusiasmadamente e que resultou em medidas inovadoras, como o estabelecimento de pensões por idade, de agências de emprego, da regulação das indústrias de trabalho forçado, de salários mínimos para determinadas áreas, do seguro-desemprego e do seguro-saúde, estes dois últimos garantidos pelo Ato de Seguridade Nacional. (O Ato só veio a ser aprovado em 1911, quando Churchill já estava no almirantado; os detalhes do projeto, porém, haviam sido elaborados por ele muito antes.) Alguns historiadores veem essas medidas como precursoras

---

[28] Jenkins, op. cit., 2001, p. 95.
[29] Ibidem, p. 87.

do Estado de bem-estar social. O próprio Churchill tratou-as, à época, como "uma grande fatia de bismarckismo sobre a parte de baixo de nosso sistema industrial".[30] (Vinte e cinco anos antes, Randolph Churchill defendera a democracia tóri por ser ela um substituto para o "socialismo estatal" de Bismarck.)[31] Ostentando sua tradicional vanglória, Churchill antecipou e foi muito além da outra grande lei de 1911, responsável por limitar a Câmara dos Lordes. Ele propôs a completa supressão da Câmara Superior, ou ao menos a formação de um corpo constituído de membros eleitos que antes haviam demonstrado seu compromisso para com o serviço público.

O acontecimento mais memorável desse período foi o casamento de Churchill em 1908, ocorrido após um rápido namoro (mais uma vez, a exemplo de seu pai) com Clementine Hozier, bela e talentosa filha – dez anos mais jovem – de uma família nobre, mas impecuniosa. Ao contrário do casamento de seu pai, o matrimônio de Churchill foi um absoluto sucesso – "um dos casamentos mais memoráveis", observa Best (após examinar as possíveis pretendentes), "de todos os grandes homens da vida política do século XX".[32] Esse talvez tenha sido o casamento mais documentado do século, uma vez que ambos ficavam muito tempo separados e eram inveterados redatores de cartas. Se a maioria de seus filhos não teve o mesmo sucesso que ele em suas vidas domésticas – dos quatro, apenas Mary, a mais nova, vivera uma vida sem turbulências –, isso não se deu por falta de amor ou atenção dos pais. Pelo contrário: alguns consideravam os Churchill pais extremamente indulgentes.

O papel de Churchill no início da Primeira Guerra Mundial, observa Jenkins, não passou de um "diminuto ensaio geral" dos

---

[30] Ibidem, p. 147.

[31] R. F. Foster, *Lord Randolph Churchill: A Political Life*. Oxford, 1981, p. 165-66.

[32] Best, op. cit., p. 28.

primeiros anos da Segunda Guerra.³³ Esse ensaio, na realidade, teve início antes da eclosão do conflito, pois foi então, em oposição a seus colegas, que ele antecipou e tentou preparar-se para a guerra. Como chefe do almirantado, Churchill elevou o orçamento naval, melhorou as condições dos marinheiros e introduziu importantes inovações técnicas. Porém tanto o fracasso da campanha nos Dardanelos, pelo qual foi apontado como culpado, quanto a formação do Governo Nacional em 1915 fizeram Churchill ser removido para a posição mais baixa do gabinete, a chancelaria do ducado de Lancaster. Foi nessa época, durante um breve período de depressão, que ele começou a pintar – *hobby* que se tornaria uma espécie de ocupação paralela.

Churchill, contudo, logo encontrou algo mais ativo para ocupar sua cabeça. Renunciando à chancelaria, ele ingressou em seu velho regimento como major. Seu tempo ao lado da força expedicionária na França foi curto: pouco menos de seis meses, com curtas folgas em casa. O biógrafo vê-se tentado a debruçar-se sobre as cartas enviadas à sua esposa, nas quais ele solicita conhaque, chocolates, queijo Stilton, sardinhas, presunto e fatias grossas de carne salmourada (mas não "aquelas coisas bonitinhas e enlatadas"), entremeando seus pedidos com mensagens de amor comoventes e reflexões estoicas sobre a vida e a morte.³⁴ Tudo isso, porém, não nos deve distrair do fato de que ele comandou seu batalhão, ainda que por pouco tempo, numa batalha de trincheiras perigosa e desagradável, na qual demonstrou a bravura despreocupada que lhe era costumeira. Dispensado do comando em maio de 1916, quando sua unidade foi unida a outra, ele retornou a Londres e ao Parlamento. No ano seguinte, tendo Asquith tomado o lugar de Lloyd George, Churchill foi nomeado ministro do Armamento, posição em que permaneceu até o final da guerra.

---

³³ Jenkins, op. cit., 2001, p. 250.
³⁴ Ibidem, p. 291; Best, op. cit, p. 77.

Jenkins trata o período posterior à Primeira Guerra Mundial, no qual Churchill esteve à frente do Departamento de Guerra e do Gabinete Colonial, como "um dos períodos menos creditáveis" de sua carreira.[35] Para Best, trata-se do início de uma década "de fama e conquistas consideráveis".[36] Entre os acontecimentos desses anos, está o apoio de Churchill à nação judaica na Palestina, sua condenação do massacre de Amritsar, cometido pelos ingleses, e sua vigorosa oposição ao comunismo soviético (ao bolchevismo, termo com que sempre se referia a ele). Segundo Jenkins, seu antibolchevismo foi "extravagante" na retórica e um "fracasso" na prática, o que reforçaria a opinião popular (com a qual Jenkins concorda) de que Churchill era um "impetuoso aventureiro militar".[37] Best não nega nem os excessos retóricos, nem a impraticabilidade de uma guerra contra a Rússia quando a Grã-Bretanha ainda não se havia recuperado da Grande Guerra; no entanto, ele concorda com o juízo retrospectivo do próprio Churchill: "A incapacidade de estrangular o bolchevismo em seu nascimento", declarou em 1949, "tornou-se um grande peso para nós hoje".[38]

Esse episódio tipifica as diferenças fundamentais entre os dois biógrafos, tal como entre as visões concorrentes acerca de Churchill. Do ponto de vista histórico, Best acredita que Churchill estava agindo contra a natureza de sua época, mas acabou justificado pela história. "Oitenta anos depois, tendo às nossas costas a terrível história da Rússia comunista, o leitor pode concluir que Churchill não era tão tolo assim."[39] Para Jenkins, o político, "a cruzada antibolchevique" de Churchill não passava de uma aventura (as palavras "aventura", "aventureiro" e "aventureirismo" aparecem repetidamente em seu relato) – e uma aventura fracassada, pois estragara suas relações com

---

[35] Jenkins, op. cit., 2001, p. 345.
[36] Best, op. cit., p. 93.
[37] Jenkins, op. cit., 2001, p. 351.
[38] Best, op. cit., p. 93.
[39] Ibidem, p. 97.

Lloyd George, acabando assim com suas chances de ocupar o cobiçado Ministério da Fazenda, além de contrariar o partido trabalhista e os sindicatos, que jamais esqueceram disso ou o perdoaram por seu sanguinário (assim lhes parecia) antibolchevismo.

Quando o partido liberal se abriu ao partido trabalhista em 1923, Churchill (que perdera sua cadeira no ano anterior) passou a temer não somente uma política pró-soviética fora do país, mas também pró-socialista no seio de sua própria nação. "Sou aquilo que sempre fui", disse a um velho colega. "Um democrata tóri. A força das circunstâncias obrigou-me a servir a outro partido, mas minhas visões jamais mudaram, e muito me agradaria colocá-las em prática regressando aos conservadores."[40] No ano seguinte, foi precisamente isso o que ele fez. A vitória dos conservadores conduziu-o ao Ministério da Fazenda, e nessa função ele conquistou a inimizade do partido trabalhista mais uma vez, agora por ajudar a suprimir a greve geral de 1926. Os membros do partido trabalhista não se deixaram aplacar pelo papel muito mais conciliatório de Churchill na greve dos mineradores, quando ele apoiou (contra os interesses dos proprietários, um dos quais era seu primo Lorde Londonderry) suas demandas por salários mais altos e por condições mais seguras de trabalho. Eles também não lhe deram crédito por apresentar um projeto que garantia pensões por contribuição (e não pela verificação de recursos), fundos mais generosos para serviços sociais, cortes de impostos diretos e aumento das taxas sobre a transmissão de propriedade herdada. Aqui, e de modo consistente em toda a sua carreira, Churchill praticou uma espécie de paternalismo benevolente, o que o tornava favorável a reformas sociais e desconfiado de toda desordem social que, em sua opinião, poderia prejudicar o bem-estar do povo.

As eleições de 1929 elegeram um governo trabalhista e desencadearam os "anos do ermo" de Churchill – termo que ele mesmo

---

[40] Robert Blake, "Churchill and the Conservative Party", Kemper (ed.), *Winston Churchill*, p. 149.

cunhou para definir o período de dez anos em que esteve no Parlamento, mas fora do poder. Sua incessante objeção à classificação da Índia como domínio (algo que era apoiado pela liderança conservadora), associada às suas observações reacionárias e quase racistas sobre Gandhi, rendeu-lhe a reputação de arqui-imperialista que lhe acompanhou por toda a vida. Mais uma vez, temos aqui duas visões muito diferentes de Churchill. Para Jenkins, a posição de Churchill com relação à Índia revelava uma incapacidade quase incompreensível de avaliar a opinião parlamentar, o que o lançou num dos "becos sem saída" mais fúteis "da política britânica moderna". Num espírito incomumente reflexivo, Jenkins vê isso como uma rejeição do mundo lockiano do liberalismo (condensado nas figuras de Gladstone e Asquith) e como uma adoção do universo hobbesiano de Mussolini.[41] Para Best, o que se revela aí é um Churchill cuja visão do mundo não ocidental não pertencia nem ao âmbito lockiano, nem ao hobbesiano, e sim a um paternalismo tóri. Acreditando que um bom governo seria melhor para o povo da Índia do que o autogoverno, Churchill estava convencido de que apenas o Raj poderia fornecer os serviços públicos necessários e, de modo ainda mais importante, preservar a paz entre as comunidades religiosas hostis. Assim que os britânicos deixassem a Índia, previu Churchill, os hindus e os muçulmanos começariam a massacrar uns aos outros – o que de fato acabou por acontecer.

Um episódio de menor importância (em retrospecto, pois à época não era isso o que parecia) foi a defesa inflexível e quase quixotesca, por parte de Churchill, de Eduardo VIII durante a crise da abdicação. O que havia de mais grave naqueles anos era, obviamente, a ameaça do nazismo. Churchill foi a primeira figura política britânica a avaliar a gravidade dessa ameaça e procurar neutralizá-la. À medida que a ameaça do nazismo crescia, sua voz tornava-se mais insistente e inflexível, e por isso seus colegas passaram a tratá-lo como um "excêntrico privilegiado".

---

[41] Jenkins, op. cit., 2001, p. 437, 457.

Quando Chamberlain retornou de Munique e proclamou a "paz com honra", Churchill, para a consternação de seu partido e eleitorado, chamou aquilo de "um desastre de primeira magnitude".[42] Doze horas após a invasão da Polônia por Hitler, Churchill foi nomeado para uma cadeira do Gabinete de Guerra. Oito meses depois – no primeiro dia do Blitzkrieg –, tornou-se primeiro-ministro da Grã-Bretanha.

Para alguns historiadores, há uma clara descontinuidade entre o Churchill anterior e o posterior a 1939 – entre o político no ermo e o estadista que levou seu país à vitória na guerra. Ambas as nossas biografias contradizem isso; tratava-se do mesmo Churchill, com todas as suas qualidades e seus defeitos (sobretudo defeitos, na opinião de Jenkins). O capítulo de Best sobre os primeiros anos da guerra tem como título "Sua Hora Mais Gloriosa", ecoando assim a famosa expressão cunhada por Churchill no discurso sobre a "Batalha da Grã-Bretanha", proferido logo após o colapso francês. (*Sua Hora Mais Gloriosa* é também o título do segundo volume de sua história da guerra.) A seção que Jenkins dedicou ao conflito também ostenta um título ambíguo: "Salvador de Seu País e Luz do Mundo?". Mesmo sem o ponto de interrogação, as duas expressões soam irônicas. Ao contrário de historiadores revisionistas como John Charmley, Jenkins não acredita que a Grã-Bretanha deveria ter buscado uma reconciliação prematura com a Alemanha. Ele desconfia, contudo, das motivações e do caráter do político tóri, e é isso o que Churchill continua sendo para ele: um político, não um estadista – e muito menos o "salvador de seu país".

De modo semelhante, o período da guerra assume aspectos diferentes em ambas as obras. Best, historiador militar, se concentra na guerra propriamente dita, ao passo que Jenkins, político, jamais perde de vista o Parlamento e a política partidária. Nenhum dos dois chega a capturar a dramaticidade daqueles dias cruciais de maio de 1940

---

[42] Ibidem, p. 156-57.

– duas semanas segundo a maioria dos relatos, cinco dias de acordo com o livro de John Lukacs cujo título faz referência ao período –, os quais começaram de modo extremamente nefasto e terminaram não em vitória, mas em sobrevivência. Se os Estados Unidos e a Rússia ajudaram a vencer a guerra, assinala Lukacs, foi Churchill, naqueles dias momentosos, "quem não a perdeu".[43] E era esse o prelúdio da vitória.

A vitória enfim se caracterizou, graças aos outros vencedores. Roosevelt e Stalin não apenas refletiam a vontade de seus conterrâneos; em grande medida, eles mesmos criavam essa vontade. Churchill, tendo satisfeito os anseios juvenis por tornar-se soldado e político, era agora chamado a ser também diplomata. Sua sabedoria diplomática, no entanto, foi testada ao máximo por aqueles dois aliados que tentavam cumprir suas políticas e propósitos com o mesmo vigor com que ele tentava efetuar os dele. Tanto em Ialta quanto em Potsdam, Churchill foi obrigado a conformar-se com muito menos do que gostaria. Ele ganhara a guerra, mas não conquistara completamente a paz.

A vitória de Churchill na guerra deveu-se, ao menos em parte, à sua retórica e à sua oratória. Best censura um historiador, jovem demais para ter ouvido os discursos de guerra de Churchill, por zombar "do mito de que Churchill inspirava a nação enquanto esta se reunia ao redor de seus aparelhos de rádio".[44, 45, 46] Esse não é um mito, protesta Best. As pessoas ouviam as transmissões em toda parte: em suas casas e em bares, em fábricas e em abrigos antibombas – e isso

---

[43] John Lukacs, *Five Days in London: May 1940*. New Haven, Conn., 1999, p. 190.

[44] Best, op. cit., p. 186.

[45] Ele também poderia estar censurando Jenkins, que, muito embora reconhecesse que os discursos constituíam "uma inspiração para a nação" (e uma "catarse para o próprio Churchill"), desprezava-os por sua "estridência", sua "eloquência pomposa" e sua "autoindulgência".

[46] Jenkins, op. cit., 2001, p. 567, 591, 612. Nas 250 páginas sobre esse período, apenas meia dúzia de trechos de tamanho considerável são retirados das falas de Churchill (de transmissões de rádio e de discursos proferidos na Câmara dos Comuns), ao passo que cinquenta advêm de outras fontes.

de maneira intencional, quase reverente. Aqueles discursos logravam não apenas conservar o moral popular e o espírito nacional num momento em que todas as razões conduziam à desmoralização e ao desânimo, mas também despertar os bretões para sua responsabilidade histórica, uma responsabilidade para com o mundo todo. Best encara a ocasião com um espírito hegeliano: "Os discursos de Churchill colocaram-nos sobre um palco mundial, um lugar em que poucos jamais sonharam se ver, defendendo valores importantes para o mundo como um todo. A sobrevivência deles significaria mais do que a de suas individualidades insulares; ela significaria a sobrevivência da civilização e da liberdade".[47] Esses discursos – transmitidos pelo rádio, proferidos na Câmara dos Comuns, reimpressos nos jornais (são sete os volumes que compilam os discursos do período de guerra e cinco os que reúnem seus discursos posteriores) – não eram mera "retórica". Determinando o curso dos acontecimentos, eles eram tão essenciais à história quanto as deliberações e as disputas do Parlamento.

Churchill via e apresentava a si mesmo não somente como o chefe político do governo, mas também como o porta-voz da nação. A exemplo de Disraeli, ele acreditava numa nação cuja unidade integral transcendia as divisões de classe e as divisões políticas, sendo ele mesmo seu representante. É esse o significado da famosa metáfora de seu discurso em resposta às homenagens prestadas no seu aniversário de 80 anos: "O coração do leão pertencia a uma nação e a uma raça presentes em todo o globo. Eu só tive a sorte de ser chamado para dar o rugido".[48] *O Rugido do Leão* é um título que convém a um dos volumes de sua história da guerra.[49]

---

[47] Best, op. cit., p. 187.

[48] Martin Gilbert, "The Origins of the 'Iron Curtain' Speech", Kemper (ed.), *Winston Churchill*, p. 49.

[49] *The Last Lion* [O Último Leão], biografia escrita por Manchester, distorce o significado da metáfora. Churchill não se considerava o leão. O povo britânico o era; Churchill era apenas sua voz.

"Vitória na Europa e Derrota na Grã-Bretanha" é o título que Jenkins dá ao capítulo dedicado ao período pós-guerra. Para ele, é como se ambos os acontecimentos pudessem ser mensurados: a vitória contra o terror nazista que ameaçava todo o mundo e a derrota do partido conservador nas eleições internas. Mesmo então, com 70 anos e uma saúde debilitada, Churchill não se entregou. Ele começou a escrever (ou a supervisionar a redação) de seis volumes sobre a Segunda Guerra Mundial. No Parlamento, continuou a atuar como líder, um líder muito franco, da oposição. Além disso, permaneceu no palco do mundo como guia da cautela e do alarme. Assim como tomara a iniciativa de alertar a Grã-Bretanha sobre a ameaça alemã antes da Primeira e da Segunda Guerras, ele agora alertava o mundo sobre a ameaça de Stalin. Dizem que o famoso discurso feito em Fulton no ano 1946 (proferido na faculdade do Estado natal do presidente Truman) desencadeou a Guerra Fria. A verdade, porém, é que as realidades daquela guerra já eram claras. Foi preciso que Churchill elaborasse a metáfora da "cortina de ferro" que cobria o continente "desde Estetino, no Báltico, a Trieste, no Adriático", para que o público fosse galvanizado e, com maior relutância, os líderes e oficiais estrangeiros do Ocidente despertassem. Churchill talvez não tivesse poder em casa, mas ainda representava uma formidável força moral – e, portanto, política – no restante do mundo.

A volta de Churchill como primeiro-ministro em 1951 foi quase anticlimática. Em retrospecto, pode-se dizer que ele não estava à altura dos desafios do cargo. O partido trabalhista não se aplacou – e muitos conservadores se irritaram – com sua postura conciliatória acerca do Estado de bem-estar social e da união da Europa. Uma vez que a União Europeia é hoje tratada como questão importante na política britânica, Churchill vem sendo citado pelos dois lados da disputa. Na verdade, seu compromisso com a união da Europa dava-se à luz de um comprometimento simultâneo e não menos sólido com a nação britânica e, de modo mais arrojado, com a "especial relação" travada entre ela e os Estados Unidos. Os atuais defensores da União Europeia não encontram consolo numa observação como: "Quero uma Europa que se desenvolva num modelo britânico, mas sem os britânicos!".[50] Do mesmo modo, eles dificilmente citarão a advertência feita no Albert Hall quando de uma reunião para promover a ideia de uma Europa unida; para ele, era preciso ter "absolutamente claro que não permitiremos que uma cunha seja colocada entre a Grã-Bretanha e os Estados Unidos da América".[51] A ordem que dera a seu gabinete pouco antes de aposentar-se foi: "Jamais se separem dos americanos".[52]

Churchill renunciou ao cargo de primeiro-ministro em 1955, quando contava com 80 anos. Ele permaneceu como membro quase silente do Parlamento (foi eleito quatro anos depois) até sua morte, em janeiro de 1965. Seu enterro foi o primeiro grande enterro estatal dedicado a alguém de fora da realeza desde o de Gladstone, em 1898 (e o de Gladstone fora o primeiro desde o de Wellington, em 1852). Aquele foi um acontecimento dramático. Trezentas mil pessoas esperavam, no frio, do lado de fora do Westminster Hall, onde Churchill era velado; outras milhares testemunharam a procissão rumo à Catedral de São Paulo, enfileirando-se às margens do Tâmisa enquanto o corpo era conduzido à estação de Waterloo, de onde seria transportado para o Blenheim Park; e 3,5 milhões de telespectadores assistiram pela televisão a esse extraordinário espetáculo, que culminou na memorável cena em que as grandes gruas baixavam as lanças ao longo do rio, homenageando-o à medida que a lancha passava.

Jenkins termina seu livro com uma comparação entre Gladstone e Churchill – aquele, o "maior primeiro-ministro do século XIX";

---

[50] Lorde Amery, "Memories of Churchill and How He Would Have Seen the World Today", Ibidem, p. 49.

[51] Martin Gilbert, *Churchill and America*. New York, 2005, p. 381.

[52] Ibidem, p. 437.

Churchill, "o maior do século XX" [...] e levemente melhor que seu antecessor. "Com todas as suas idiossincrasias, indulgências, sua ocasional infantilidade, tenacidade ou sua perseverante destreza, estando certo ou errado, sendo bem-sucedido ou não, tenho hoje Churchill como uma pessoa extraordinária, como o maior ser humano a ter ocupado o número 10 da Downing Street."[53] "O número 10 da Downing Street": Jenkins é incapaz de conceber um elogio maior a seu tema. Trata-se, porém, de um elogio estranho a um homem cujas maiores façanhas vieram não de seu papel oficial como primeiro-ministro, e sim do papel autodeclarado, e comumente aceito, que desempenhara como porta-voz da nação e do mundo livre. Ademais, é ainda mais estranho vê-lo comparado com Gladstone, que se opusera não a um tirano ansioso por dominar o mundo, mas a outro político britânico cujo objetivo era conquistar apenas um cargo (há até mesmo quem questione a superioridade de Gladstone com relação a Disraeli) e cuja grande causa era não a Batalha da Grã-Bretanha, e sim o autogoverno da Irlanda.

No obituário de Churchill, Clement Attlee, líder do partido trabalhista, deixou para trás a lealdade partidária para homenagear "um dos maiores homens que a história já viu".[54] Também Best lhe atribui uma grandeza histórica que em muito ultrapassa sua atuação como primeiro-ministro: "O que ele fez para o bem de seu país e – não é extravagante afirmar – para o bem da civilização ocidental foi algo que nenhuma outra pessoa do cenário político de então poderia fazer. Ele realizou aquilo que os críticos mais dogmáticos da 'teoria do grande homem' dizem ser impossível até mesmo para o maior dos homens: modificar o aparente curso da história".[55]

---

[53] Jenkins, op. cit., 2001, p. 912.
[54] Best, op. cit., p. 334.
[55] Ibidem, p. 330. Ver também Lukacs debruçando-se sobre aqueles dias críticos de maio, quando Churchill "salvou a Grã-Bretanha, a Europa e a civilização ocidental" (Lukacs, *Five Days*, p. 2).

"Civilização ocidental": esse não é um termo bem-visto hoje. A maioria dos acadêmicos só o utiliza, quando o faz, entre aspas, no intuito de se afastar dele, de negar sua realidade ou tratá-lo como expressão etnocêntrica, colonialista, quiçá até racista. É entristecedor ler as observações finais de Best sobre uma cultura que talvez não aprecie os ideais e o espírito que animaram Churchill.

> Pode-se muito bem não lamentar o fim da "glória", mas o que dizer do "cavalheirismo" e da "honra"? Talvez resulte de alguma espécie de aprimoramento o fato de a ideia de "morrer pelo país" não mais representar o modelo de morte ideal; no entanto, não há melhora alguma em ignorar se há algo no próprio país pelo qual valha a pena morrer, se você pertence a este ou aquele país ou, até mesmo, se pertence a algum país especial. [...] Estou certo de que, passados todos esses anos, teremos nos rebaixado se, ao admitirmos os erros e fracassos de Churchill, deixarmos de apreciar suas virtudes e vitórias.[56]

---

[56] Best, op. cit., p. 335-36.

Capítulo 12 | Lionel Trilling

A IMAGINAÇÃO MORAL

Uma referência casual e desdenhosa feita recentemente a Lionel Trilling trouxe-me à memória esse homem que foi a figura intelectual mais destacada de seu tempo – nos círculos intelectuais de Nova York, sem dúvida, mas também no país como um todo. Era essa a imagem que eu fazia dele há muitos anos. E também muitos de seus contemporâneos, para os quais era inteiramente conveniente que ele recebesse, em 1972 (alguns anos antes de sua morte), o primeiro Prêmio Thomas Jefferson, oferecido pelo Fundo Nacional para as Humanidades. Estava de acordo com aquele homem que a conferência ministrada na ocasião, intitulada "A Mente no Mundo Moderno", fosse exortatória em vez de festiva, alertando-nos contra as tendências de nossa cultura que diminuíam a força e a legitimidade da mente – tendências que só se tornariam óbvias aos outros muitos anos depois. Em 2005, quando se comemora o centenário de seu nascimento, torna-se interessante refletir sobre a qualidade da mente de Lionel Trilling, a qual era rara em sua época e que, desconfio, é ainda mais rara na nossa.

Na faculdade, em 1940, eu era uma trotskista em desenvolvimento, quando então me deparei com o ensaio de Trilling sobre T. S. Eliot publicado na *Partisan Review*. Poucos eram os poemas de Eliot que eu havia lido; "Prufrock" desfrutava de especial admiração entre meus amigos da época, sendo bastante citado e afetuosamente parodiado.[1]

---

[1] Numa tradução iídiche feita de brincadeira por Isaac Rosenfeld (com a conivência de Saul Bellow), o verso "No saguão as mulheres vêm e vão /

Seus ensaios, porém, eu desconhecia, tal como o *Criterion*, periódico por ele editado que deixou de ser impresso antes de eclodir a Segunda Guerra Mundial. Ao mesmo tempo, eu era uma leitora fiel da *Partisan Review*, que na prática funcionava como o órgão intelectual e cultural dos trotskistas (tal como dos criptotrotskistas, dos ex-trotskistas e, de maneira geral, da esquerda que se opunha ao stalinismo). Muitos anos depois, eu pouco me lembrava do ensaio de Trilling, exceção feita a seu memorável título, "Os Elementos Que São Desejados", e à enorme animação que ele gerara em mim e nos meus amigos. Relendo-o recentemente, esse sentimento de animação se fez presente mais uma vez.

Trilling inicia seu texto citando um ensaio de John Stuart Mill sobre Coleridge escrito um século antes. Esse ensaio, afirmou, suscitara a cólera dos amigos radicais de Mill porque lhes dizia que era possível aprender mais com "um filósofo religioso e conservador" como Coleridge, que "se aprofundava nas complexidades dos sentimentos e do intelecto humano", do que com o utilitarismo secular e radical do mentor deles, Jeremy Bentham.[2] Nesse mesmo espírito, Trilling apresentava a seus próprios amigos radicais, os leitores da *Partisan Review*, outro pensador "religioso e conservador": T. S. Eliot. Trilling apressou-se em ressaltar que seu objetivo não era recomendar a "política religiosa" de Eliot à "fidelidade" dos leitores, mas somente à sua "atenção". Em seguida, recordou-lhes da precária situação de que eles desfrutavam um ano após a eclosão da guerra na Europa: "Mas eis-nos aqui, um grupo muitíssimo pequeno e um tanto obscuro; nossa possibilidade de agir foi suspensa pelos acontecimentos; talvez jamais tenhamos sido mais que veementes e talvez logo só nos

---

Falando de Michelangelo" tornou-se (em retradução livre) "No saguão escuta-se as mulheres / Falando de Marx e Lênin".

[2] Lionel Trilling, "T. S. Eliot's Politics", *Speaking of Literature and Society*. New York, Ed. Diana Trilling, 1980, p. 156. Esse ensaio foi publicado originalmente na *Partisan Review*, setembro/outubro de 1940, sob o título "Elements That Are Wanted".

reste o zelo; nossas relações com o futuro são obscuras e dúbias". Só poderíamos ter certeza de uma coisa relacionada ao futuro: de nosso "compromisso com a inteligência crítica".[3]

Esse compromisso fazia Trilling recordar-se não somente da evocação de Coleridge por Mill, mas também da "longa, mas recalcitrante" relação de discipulado que Eliot travara com Matthew Arnold. (Trilling não precisava recordar aos leitores a relação de discipulado que ele mesmo travara com Arnold, nesse caso menos recalcitrante; seu livro sobre Arnold, uma revisão de sua tese de doutorado, fora lançado no ano anterior.) Trilling citou Arnold ao falar da função da crítica: "Ela deve ser capaz de estudar e enaltecer os elementos que são desejados para lograr a plenitude da perfeição moral, ainda que pertençam a uma força capaz de ser maléfica na esfera prática".[4] É difícil reproduzir hoje o que torna essa proposta audaciosa: em primeiro lugar, o fato de haver elementos que eram desejados em seu próprio círculo intelectual; depois, que esses elementos fossem desejados "para lograr a plenitude da perfeição moral"; e, de modo mais provocador, que esses elementos fossem encontrados num intelectual como Eliot, cujas ideias poderiam muito bem ser maléficas na esfera prática. Ainda assim, era precisamente na esfera prática – não na condição de poeta, mas na condição de pensador político – que Trilling recomendava Eliot aos leitores da *Partisan Review*.

Embora tenha rompido com o partido comunista três anos antes, a *Partisan Review* ainda se via comprometida com a política radical e com uma filosofia marxista só levemente reformista (do tipo adotado, de modo mais memorável, por Sidney Hook). Ao mesmo tempo, ela também tinha compromissos com uma vanguarda literária modernista – Eliot, Joyce, Yeats, Pound, Proust – que muitas vezes adotava perspectivas conservadoras, e até reacionárias, acerca de questões políticas

---

[3] Ibidem, p. 157-58.
[4] Ibidem, p. 158.

e sociais. Os editores eram inteiramente claros quanto à disjunção entre literatura e política. Com efeito, foi a insistência dos comunistas na criação de uma agenda partidária no âmbito literário, tanto quanto no âmbito político, o que contribuiu para a cisão entre a revista e o partido. Essa disjunção gerava no periódico uma tensão que impunha constantes desafios às devoções ideológicas de seus leitores.

No entanto, o que Trilling agora propunha ia muito além da reafirmação da disjunção entre literatura e política. Se outros julgavam Eliot interessante apesar de sua política, Trilling o fazia *por causa* dela – de uma política não somente conservadora, mas também religiosa; não apenas religiosa, mas identificavelmente cristã. E isso para leitores que eram, nas palavras brandas que o caracterizavam, "provavelmente hostis à religião" (dos quais, poderia ser acrescido, muitos eram judeus como ele).[5] Se John Stuart Mill citara *On the Constitution of Church and State* como corretivo ao benthamismo, Lionel Trilling recomendava *The Idea of a Christian Society*, de Eliot, como corretivo ao marxismo. A esquerda, afirmou, passara a acreditar de maneira muito simplista que Eliot "fugira" da "Terra Desolada" rumo ao refúgio do anglocatolicismo. No entanto, ainda que fosse verdade, isso não seria "a pior coisa a ser contada sobre alguém em nossa época". Sem qualquer sombra de dúvida, observou ele, os intelectuais marxistas que haviam testemunhado o florescimento e a decadência do marxismo apreciariam a honorabilidade da conversão de Eliot. Eles não precisavam seguir o caminho de Eliot rumo à teologia, mas poderiam imitá-lo ao questionar a própria fé.[6]

O marxismo não era a única coisa que Trilling (por meio de Eliot) colocava em questão. Trilling desafiava também o liberalismo, que, em sua opinião, não oferecia qualquer defesa contra os regimes totalitários. O totalitarismo era inerentemente "pagão" e não reconhecia

---

[5] Ibidem, p. 157.
[6] Ibidem, p. 158.

qualquer autoridade ou princípio além do Estado. Longe de fornecer uma alternativa ao paganismo, o liberalismo trazia as sementes dele em seu materialismo e relativismo. Somente o cristianismo, defendia Eliot – a "Ideia" de cristianismo, e não suas expressões pietistas ou revivalistas –, era capaz de resistir aos regimes totalitários, visto que somente o cristianismo sustentava uma visão do homem e da sociedade que promovia o ideal da "perfeição moral" e da "boa vida". "Sinto-me inclinado", afirmou Trilling à maneira de Eliot, "a abordar as questões públicas do ponto de vista do moralista".[7]

Trilling apressou-se em qualificar a aprovação que dava a Eliot: para ele, a moralidade não era absoluta e a "política religiosa" não era desejável. Ao mesmo tempo, porém, a visão da moralidade e da política sustentada por Eliot lhe parecia superior à visão dos liberais e dos radicais, que desprezavam o passado e reverenciavam o futuro. Em nome do progresso, os liberais adiavam a concretização da boa vida para um futuro indefinido; os radicais faziam-no na expectativa de uma revolução que criaria não somente uma nova sociedade, mas também um novo homem – que seria "inteiramente mudado pelo socialismo". O marxismo era ainda mais perigoso, visto que combinava "uma espécie de nojo pela humanidade tal qual ela é com a plena fé na humanidade como ela deve ser".[8]

A filosofia de Eliot, por sua vez, apesar de seus defeitos e perigos, tinha a virtude de ensinar os homens a valorizarem "a humanidade do presente tanto quanto aquela do futuro", servindo assim como freio à trágica ambição de transcender a realidade. Era nesse sentido que Eliot corroborava a afirmação de Arnold. A política religiosa de Eliot, embora maléfica na esfera prática, trazia consigo os elementos que faltavam ao liberalismo, "elementos que uma filosofia racional e naturalista deve, para tornar-se adequada, abarcar".[9]

---

[7] Ibidem, p. 163.
[8] Ibidem, p. 168.
[9] Ibidem, p. 169.

Desconheço como os amigos radicais de Trilling reagiram a esse ensaio, mas recordo o impacto que o texto teve sobre alguns radicais da geração posterior. Para nós, tratava-se de uma revelação, de uma ruptura não somente com o radicalismo antistalinista que defendíamos, mas também com o próprio liberalismo. Trilling tem sido acusado (a afirmação é quase sempre feita em tom de crítica) de ser não um neoconservador, claro, mas um progenitor do conservadorismo. Há certa verdade nisso. Muito embora não tenha dito ou escrito nada notável sobre a "esfera prática" da política real (ele não era um "intelectual público" no sentido de hoje, tecendo comentários sobre tudo aquilo que se encontra nas manchetes), ele nos ofereceu um modo de pensar, uma sensibilidade moral e cultural, que subvertia inerentemente o liberalismo e, assim, convidava não ao conservadorismo, e sim a uma forma híbrida de neoliberalismo ou neoconservadorismo.

A Imaginação Liberal, volume de ensaios que Trilling publicou dez anos depois, talvez seja a sua obra mais conhecida. Curiosamente, quando há alguns anos fui procurar nesse volume "Os Elementos Que São Desejados", não o encontrei, muito embora o prefácio claramente fizesse alusão ao ensaio. (Ele também não foi incluído em *The Partisan Reader*, compilação de ensaios publicada em 1946 que abarca textos escritos para a *Partisan Review*.) Quando apontei essa omissão a Diana Trilling, ela não soube explicá-la. O ensaio, publicado sob o título "A Política de T. S. Eliot", só veio a ser lançado em livro no ano 1980, figurando no volume final, intitulado *Falando de Literatura e Sociedade*, das *Obras Completas* de Trilling.[10]

Uma frase muito citada do prefácio de *A Imaginação Liberal* pode ser interpretada como a tentativa, por parte de Trilling, de dissociar-se do conservadorismo: "Pois, de modo geral, sabe-se que hoje

---

[10] O ensaio tem sido publicado, desde então, em Trilling, *The Moral Obligation to Be Intelligent: Selected Essays*. New York, Ed. Leon Wieseltier, 2000.

não há ideias conservadoras em circulação".[11] O que em geral não se reproduz são as qualificações que se seguem, as quais quase contradizem essa afirmação. Ainda que não haja ideias conservadoras, temos ao menos "impulsos" conservadores, os quais são "certamente fortes, quiçá até mais fortes que muitos de nós pensamos". Além disso, o próprio liberalismo é mais uma "tendência" do que um conjunto de ideias. Goethe afirmara que não há "ideias liberais", mas apenas "sentimentos". No entanto, observou Trilling, os sentimentos tornam-se ideias de modo muito natural e imperceptível, as quais acabam por se imiscuir no mundo prático. "Tout commence en mystique", afirma Charles Péguy na declaração que ele reproduz, "et finit en politique": [tudo se inicia no misticismo e termina na política]. Desse modo, o liberalismo é tão pouco um partido de ideias quanto o conservadorismo; com efeito, sem as corretivas do conservadorismo, as ideias liberais se revestem "do desgaste, da obviedade e da inércia".[12] A função da crítica é restaurar aquela "imaginação essencial primeira" da "variedade e possibilidade, que implica na ciência da complexidade e da dificuldade". Aqui, a literatura desempenha um papel singular, visto ser a atividade humana que atenta de maneira mais plena e precisa "à variedade, à possibilidade, à complexidade e à dificuldade".[13]

Essas palavras e suas variantes – "complexidade", "dificuldade", "contingência", "ironia", "ambiguidade", "ambivalência" – aparecem como um refrão ao longo de toda a obra de Trilling; elas formam sua inconfundível assinatura.[14] Em sucessivos autores

---

[11] Trilling, *A Imaginação Moral: Ensaios Sobre Literatura e Sociedade*. São Paulo, 2015, p. 15.

[12] Ibidem, p. 16.

[13] Ibidem, p. 16.

[14] O título do volume, *A Imaginação Liberal*, é por si só ambíguo – talvez mesmo irônico – porque a crítica que Trilling lançou ao liberalismo se direcionava principalmente à sua incapacidade de imaginar, uma incapacidade que precisava ser retificada por uma grande dose de literatura.

– Eliot, Wordsworth, Keats, Austen, Dickens, James, Hawthorne, Tolstói, Joyce, Flaubert, Babel –, ele encontrou a corretiva para os "elementos que são desejados", os elementos que dão testemunho da humanidade essencial do homem e desafiam a maquinação política ou a engenharia social.

Sinceridade e Autenticidade, último livro que Trilling viu no prelo antes de falecer, em 1975, parece distanciar-se tanto em tom quanto em conteúdo de sua obra anterior: nela, são os filósofos – Rousseau, Diderot, Hegel, Nietzsche, Burke, Sartre, Marx, Freud – que desempenham um papel de destaque, misturando-se com seu elenco habitual de figuras literárias.[15] Essa justaposição de filosofia e literatura é revigorante e, às vezes, estarrecedora. Rousseau, por exemplo, sugere a conclusão: "Oratória e romance – o mesmo que dizer Robespierre e Jane Austen". Trilling justifica essa estranha união: "Essa, imagino, é a primeira vez que esses dois personagens aparecem lado a lado numa única frase, separados apenas por uma mera conjunção que os vincula". Não estavam, porém, "artificialmente reunidos: são consanguíneos, descendentes diretos de Rousseau, primos de primeiro grau em seu compromisso com a 'alma honesta' e com a sinceridade que lhes convém".[16] ("Alma honesta" remete a outra figura também presente nessa articulação: Hegel.)

O último capítulo de *Sinceridade e Autenticidade* retornou ao tema que há muito ocupara Trilling tanto pessoal quanto intelectualmente. Trilling, sua mulher e seu filho fizeram psicanálise por muitos anos, e ele dedicara longas reflexões à sua teoria e à sua prática.

---

[15] Em seus primeiros ensaios, há mais do que meras referências passageiras a alguns desses filósofos – às vezes em contextos improváveis, mas também reveladores. Rousseau e Diderot aparecem em "Os Elementos Que São Desejados", por exemplo, enquanto Hegel e Nietzsche surgem em ensaios dedicados a Wordsworth e Austen.

[16] Trilling, *Sincerity and Authenticity*. Cambridge, Mass., 1972, p. 68.

Agora, em seu exame da autenticidade, o freudismo impunha-lhe um desafio especial. Enquanto a maioria dos psicanalistas via a prática terapêutica como um esforço para identificar e superar a natureza inautêntica do homem, isto é, para tornar consciente o que se fazia inconsciente, Trilling enfatizava que o inconsciente possuía uma autenticidade própria – o "Inconsciente Autêntico", nas palavras que dão título ao capítulo. E, enquanto outros se inquietavam com o *Mal-estar da Civilização* de Freud porque a obra parecia adotar uma visão fria dos seres humanos e de suas potencialidades, Trilling a tratava como mais uma prova da "essencial impossibilidade de aplacarmos a condição do homem, [...] sua dificuldade, intratabilidade e irracionalidade".[17]

Mais do que Eliot, Arnold e seus outros heróis literários, talvez tenha sido Freud a inspiração primeira e duradoura de grande parte da obra de Trilling. No primeiro de seus ensaios sobre ele, publicado pouco antes de "Os Elementos Que São Desejados", o autor descreveu a peculiar síntese do antirracionalismo romântico e do Racionalismo positivista que dava ao freudismo o distinto caráter de um "realismo trágico clássico".[18] Outro ensaio, redigido dois anos depois, explicou que o modelo revisionista de psicanálise adotado por Karen Horney era popular nos círculos liberais porque postulava "uma psique progressista, como uma ação do New Deal que de fato almejasse algo bom, mas nem sempre fosse capaz de lidar com certas forças reacionárias". A visão da psique sustentada por Freud (e por Trilling) era menos "lisonjeira", porém estava mais de acordo com "as cruéis dificuldades da vida".[19]

"Freud: Dentro e Além da Cultura", versão mais provocadora desse tema, veio a público em forma de conferência no ano

---

[17] Ibidem, p. 156-57.
[18] Idem, "Freud and Literature", *The Liberal Imagination*, p. 57.
[19] Idem, "The Progressive Psyche", *Speaking of Literature and Society*, 1942, p. 185.

1955, sendo reimpresso no volume que tirou dele seu título: *Além da Cultura*. Aqui, Trilling formulou a questão como uma *oposição* entre cultura e biologia: esta representando o que é "fixo", a imutabilidade da natureza humana; aquela, as forças da sociedade (ou da "civilização", para usarmos o termo de Freud) que buscavam modificar e superar a biologia. Mais uma vez, Trilling desafiou a ortodoxia liberal e progressista que então predominava, dessa vez numa reunião da Sociedade Psicanalítica de Nova York, representante dessa própria ortodoxia. Ao contrário da maior parte de seu público, que considerava reacionária qualquer ideia de algo "fixo", Trilling insistia em que a fixidez de nossa condição biológica era na verdade "libertadora": ela libertava o homem de uma cultura que, de outro modo, seria absoluta e onipotente. "Nós acreditamos que, em algum lugar da criança, em algum lugar do adulto, existe um núcleo duro, irredutível e inflexível de urgência, necessidade e *razão* biológicas, um núcleo que a cultura é incapaz de alcançar e que reserva a si o direito, a que cedo ou tarde recorrerá, de julgar toda a cultura, de resistir a ela e modificá-la."[20]

A questão ultrapassou Freud e a psicanálise e chegou ao problema formulado por George Orwell em *1984*. Resenhando o livro quando de seu lançamento, em 1949, Trilling assinalou que, ao contrário do que achavam os liberais, Orwell não estava apenas atacando o comunismo soviético. "O que ele na verdade está dizendo é algo assaz abrangente: que a Rússia, tendo sua revolução social idealista hoje convertida em Estado policial, não é senão a imagem de um futuro iminente e que a ameaça definitiva à liberdade humana pode muito bem advir de um desenvolvimento semelhante, e até mais sólido, do idealismo social de nossa cultura democrática."[21] Alguns anos depois, resenhando outro livro de Orwell, Trilling

---

[20] Idem, "Freud: Within and Beyond Culture", *Beyond Culture: Essays on Literature and Learning*. New York, 1965, p. 115.

[21] Idem, "Orwell on the Future", *Speaking of Literature and Society*, p. 253.

retornou ao tema: "O idealismo social", trate-se de sua variedade comunista ou democrática, não era o único princípio passível de ser transformado em tirania; o mesmo podia acontecer com qualquer ideia "incondicionada" pela realidade. "O ponto crucial de *1984* é tão somente este: o perigo do poder supremo e absoluto que a mente pode desenvolver ao se libertar de suas condições, de seu vínculo com as coisas e a história."[22]

Trilling não anteciparia a perversão final dessa tendência, consolidada meio século depois: a transformação da engenharia social em engenharia genética. Hoje, a "mente" imperiosa anseia ainda mais por aquele "poder supremo e absoluto" que nasce quando ela tenta libertar-se de seu vínculo com todas as condições, com todas as coisas e com a história – de seu vínculo, na verdade, com a própria biologia. Pode-se imaginar um volume de ensaios publicado hoje, por Trilling, sob o título *Além da Biologia*.

Em "Os Elementos Que São Desejados", Trilling tratou Eliot como alguém que escrevia "do ponto de vista do moralista".[23] Ele poderia muito bem ter falado o mesmo sobre si, compreendendo "moralista" no sentido mais amplo do termo. Trilling não refletiu muito sobre os tipos de questões, ou "valores", morais que nos ocupam hoje: casamento, família, sexo, aborto. O que lhe interessava era a relação entre moralidade e realidade – o duradouro sentimento de moralidade que faz a humanidade ser o que é, tal como os imperativos de uma realidade que circunscreve necessária e propriamente a moralidade. A isso ele deu o nome de "realismo moral". Mesmo antes de o romance de Orwell ser lançado, Trilling escreveu sobre "os perigos da vida moral em si mesma", de uma "correção moral" que se orgulha de ser "progressista".

---

[22] Idem, "George Orwell and the Politics of Truth" (resenha de *Homage to Catalonia*, 1952), *The Opposing Self: Nine Essays in Criticism*. New York, 1978, p. 146.

[23] Idem, *A Imaginação Liberal*.

> Algum paradoxo de nossa natureza nos leva, uma vez que tenhamos feito de nossos companheiros objetos de um iluminado interesse, a fazer deles, primeiro, objetos de nossa piedade, depois, de nossa sabedoria e, por fim, de nossa coerção. É para prevenir esta corrupção, a mais trágica e irônica que o homem conhece, que nós seguimos na necessidade do realismo moral, que é produto do livre jogo da imaginação moral.[24]

"Realismo moral" é o legado que Trilling hoje deixa para nós, tanto conservadores quanto liberais. Os conservadores estão abertos a esse realismo, visto desconfiarem naturalmente de uma correção moral que, com muita frequência, tem sido mal concebida e direcionada, confundindo sentir-se bem com fazer o bem. Esse realismo deriva das disciplinas a que os conservadores costumam recorrer: da filosofia, da economia, da teoria política e, mais recentemente, das ciências sociais, as quais têm sido muito valiosas na luta contra grande parte da sabedoria convencional (isto é, liberal) referente aos problemas e às políticas sociais. O elemento, porém, que ainda está em falta tanto entre os conservadores quanto entre os liberais é o senso de variedade, complexidade e dificuldade que, como Trilling nos recorda, advém sobretudo da "experiência da literatura" – título que ele deu à monumental antologia que veio a organizar.[25] É isso o que concede paixão e realidade à imaginação moral, uma imaginação que, em sua melhor forma, modela tanto a imaginação política quanto a imaginação literária.

---

[24] Idem, "Manners, Morals, and the Novel", *Liberal Imagination*, 1947, p. 221-22.

[25] Idem (ed.), *The Experience of Literature: A Reader with Commentaries*. New York, 1967.

Índice

A

Acton, John E. E. D. (Lorde), 26, 119, 203, 207
Acton, *Lady* (esposa do neto do historiador), 202
Agostinho, Santo, 156, 172
Amberley, John (Lorde), 124, 189
Amberley, Kate, 189
Annan, Noel, 189-90, 211
Arnold, Matthew, 48, 119, 156, 187, 189-90, 263, 265, 269
Asquith, Raymond, 182, 203, 250, 253
Attlee, Clement, 259
Auden, W. H, 12
Austen, Jane, 10-11, 29, 39-40, 42, 44, 46-50, 191, 209, 211, 268

B

Babel, Isaac, 229, 268
Bagehot, Walter, 10-11, 54, 89, 149-57, 159-61, 163
Bain, Alexander, 146
Beckett, Samuel, 190
Bellow, Saul, 261
Bentham, Jeremy, 83, 87, 134-35, 142, 224, 262
Bentinck, George (Lorde), 93, 97, 100
Berlin, Isaiah, 101, 240
Best, Geoffrey, 239-40, 245, 249-51, 253-56, 259-60
Bismarck, Otto von, 117, 249
Blake, Robert, 92, 94-95, 97, 99, 100-01, 109, 115-17, 252
Bolingbroke, Henry St. John, 158
Brontë, Charlotte, 35
Browne, Thomas, 172
Browning, Elizabeth Barrett, 31, 35
Buchan, Alasdair, 151
Buchan, John, 10-12, 151, 165-87
Buckle, George E., 92, 99-100, 103, 108, 112-13
Bulwer-Lytton, Edward, 134
Bunyan, John, 53, 172
Burke, 9, 11, 15-22, 24, 49, 158, 224, 268

Burne-Jones, Edward, 209
Byatt, A. S., 211
Byron, George Gordon (Lorde), 98, 174

C
Calvino, João,, 172
Carlyle, Thomas, 92, 99, 103, 119, 121, 129, 131, 134, 189
Cassirer, Ernst, 119
Cazamian, Louis, 64-65
Chadwick, Edwin, 67
Chamberlain, Neville, 254
Channing, William, 104
Charmley, John, 238, 254
Chateaubriand, François, 172
Chesterton, G. K., 61
Churchill, Clementine Hozier (esposa, 249
Churchill, Jennie Lind (mãe), 244
Churchill, Mary (filha), 249
Churchill, Randolph (pai), 241-45, 249
Churchill, Randolph S. (filho), 238
Churchill, Winston, 10-11, 43, 45-47, 93, 112, 235-60
Churchill, Winston (neto), 237
Clough, Arthur, 156
Coleridge, Samuel Taylor, 12, 121, 132-33, 135, 137-38, 142, 148-49, 262-63
Comte, Auguste, 121, 128, 142

Conrad, Joseph, 175
Cowper, William, 156
Croker, J. Wilson, 103
Cromwell, Oliver, 170, 179-80, 182, 185-86
Cruikshank, George, 58, 73

D
Dante, 26, 52
Darwin, Charles, 126, 189, 247
Derby, 14o conde de, 94
Derby, 15o conde de, 94, 101, 112, 116
Dicey, Albert Venn, 189
Dickens, Charles, 10-11, 51-79, 83-90, 102-03, 268
Diderot, Denis, 268
Disraeli, Benjamin, 10-11, 64, 70, 83, 91-118, 159, 178-79, 241-42, 256, 259
D'Israeli, Isaac, 97
Disraeli, Mary Anne (esposa), 94
Disraeli, Sarah (irmã), 93, 97
Donne, John, 171
Dostoiévski, Fiódor, 52, 172

E
Eduardo VIII, 253
Eliot, George, 10-11, 25-29, 31-38
Eliot. T. S., 52, 171, 261-62, 266
Elton, Geoffrey, 43, 235, 237
Ésquilo, 182

F

Fagin, Bob, 57-61, 69
Fitzgerald, Penelope, 190-194, 196-97, 199-201, 203, 206-11
Flaubert, Gustave, 268
Foot, Michael, 84, 91
Fourier, François, 140
French, Thomas, 192, 242
Freud, Sigmund, 268-70

G

Galton, Francis, 189
Gandhi, Mohandas, 253
Gaskell, Elizabeth, 31, 35, 64, 86
Gibbon, Edward, 247
Gilbert, Martin, 237-38, 246, 256, 258
Gissing, George, 64, 89
Giuliani, Rudolph, 237
Gladstone, Mary, 26
Gladstone, William Ewart, 53, 92, 95, 110-11, 115-16, 161-62, 240-42, 244, 253, 258-59
Goethe, Johann Wolfgang von, 267
Gordon, George (Lorde), 16, 33, 35
Gordon, Mary, 28
Graham, James, 70
Griffith, Guy, 217
Grote, George, 189

H

Hakluyt, Richard, 172
Harrington, James, 182
Hawthorne, Nathaniel, 268
Hazlitt, William, 172
Headlam, Walter, 197
Hegel, Georg Wilhelm Friedrich, 268
Heródoto, 195
Herondas, 197
Hill, Octavia, 34
Hitler, Adolf, 176-77, 186, 238, 254
Hobbes, Thomas, 49-50, 216-17, 231
Homero, 172
Hook, Sidney, 263
Horne, Richard, 55, 57-58
Horney, Karen, 269
Hume, David, 226-27, 242
Hunt, Thornton, 31
Huxley, T. H., 30, 189

J

James, Henry, 25-27, 29, 72, 171, 211
James, William, 11, 149
Jefferson, Thomas, 261
Jeffrey, Francis (Lorde), 155
Jenkins, Roy, 239-41, 244, 248-51, 253-55, 257-59
Johnson, Samuel, 55, 100, 172, 181
Joyce, James, 263, 268

K

Kafka, Franz, 52

Kant, Immanuel, 119
Keats, John, 268
Keynes, John Maynard, 189, 196-97
Knox, Dillwyn (irmão), 193-200, 206
Knox, Edmund (bispo) (pai), 190, 207-08
Knox, Edmund (irmão), 11, 189-91, 207, 209
Knox, Ellen Penelope French (mãe), 192
Knox, Ethel (irmã), 194
Knox, Ethel Newton (madrasta), 193
Knox, George (avô), 192
Knox, Ronald (irmão), 193-95, 198, 200-05, 207
Knox, Winifred (irmã), 193-94

L
Lansbury, George, 198
Laski, Harold, 215-16
Lawrence, D. H., 52, 99
Lawrence, Guy, 200-01
Leavis, F. R., 25, 55, 56, 71
Lênin, Vladimir Ilitch, 262
Lewes, George, 28, 30-31, 34, 53, 78
Lewis, C. S., 29, 49
Lewis, Sinclair, 171
Lloyd George, David, 248, 250, 252

Lockhart, John, 98
Londonderry, Charles Stewart, 252
Lovat, Lorde, 201
Lukacs, John, 255, 259

M
Macaulay, Thomas Babington, 39, 89, 103, 157, 172, 189, 247
Macmillan, Harold, 100, 200
MacNeice, Louis, 12
Maimônides, 19
Malthus, Thomas, 247
Manchester, William, 106, 112, 195, 207, 238, 242, 256
Maria Antonieta, 22
Marlborough, John Churchill, 243-44
Marmontel, Jean-François, 121
Martineau, Harriet, 31, 89
Marx, Karl, 101, 262, 268
Maurice, F. D., 198
Mayhew, Henry, 53-54, 71-72
McCulloch, John Ramsay, 88
Melbourne, William (Lorde), 57, 93-94
Michelangelo, 262
Mill, Harriet, 122
Mill, James, 120
Mill, John Stuart, 11, 35, 93, 119-20, 123, 128, 133, 146, 262, 264
Milner, Alfred (Lorde), 172, 178, 181

Mirabeau, Honoré, 103
Montrose, James (Lorde), 170, 179, 182
Monypenny, William F., 92, 99-100, 103, 108, 112-13
Morley, John, 103-05, 111, 146
Morris, William, 117, 179
Moynihan, Daniel Patrick, 91
Muggeridge, Malcolm, 199, 206
Murray, John, 98
Mussolini, Benito, 166, 253

N
Newman, Francis, 149
Newman, John Henry (cardeal), 119, 200, 205
Nietzsche, Friedrich Wilhelm, 268
Nightingale, Florence, 34-35
Nixon, Richard, 91
Norton, Charles Eliot, 12, 26, 29, 69

O
Oakeshott, Michael, 10-11, 213-34
O'Brien, Conor Cruise, 15
O'Connell, Daniel, 99, 103
Orwell, George, 61, 63-64, 66, 75, 89, 270-71

P
Palmerston, Henry J. T., 113, 158
Peel, Robert, 103, 109, 161-63

Péguy, Charles, 267
Pelling, Henry, 238
Pitt, William, 158
Platão, 121, 195, 247
Plumb, John, 239
Ponting, Clive, 238
Pound, Ezra, 263
Proust, Marcel, 171, 263

R
Reynolds, George W. M., 56
Ricardo, David, 98
Roosevelt, Franklin Delano, 255
Rosenfeld, Isaac, 261
Rose, Norman, 37, 239
Rossetti, Christina, 31, 35
Rothschild, *Lady*, 97, 101
Rousseau, Jean-Jacques, 268
Ruskin, John, 56, 69, 88, 198
Russell, Bertrand, 189
Russell, John (Lorde), 189

S
Salisbury, 3o marquês de, 116, 244
Sartre, Jean-Paul, 268
Schopenhauer, Arthur, 247
Scott, Walter, 98, 167, 172-73
Shaftesbury, 1o conde de, 242
Shakespeare, William, 39, 156, 172
Shaw, George Bernard, 89
Shelley, Mary, 31
Shelley, Percy Bysshe, 121, 149, 152-56

Skinner, Quentin, 12-13
Smith, Adam, 158, 247
Smith, Sydney, 155
Solomons, Ikey, 59
Southey, Robert, 98, 153
Stalin, Josef, 186, 255, 257
Stanley, Arthur (conde de Derby), 94, 101
Stephen, Fitzjames, 146
Stephen, Leslie, 55, 153-54, 242
St. John-Stevas, Norman, 150, 159
Strachey, Lytton, 189, 197
Sue, Eugène, 56

T

Tarkington, Booth, 171
Taylor, Helen, 140, 146
Taylor, John, 40-41, 122-23, 126, 138, 140, 147, 240
Temple, William, 198
Tennyson, Alfred, 172
Thackeray, William Makepeace, 53, 57, 60, 77-78, 189
Thatcher, Margaret, 91
Thoreau, Henry David, 172
Tocqueville, Alexis de, 104
Tolstói, Liev, 172, 268
Toynbee, Arnold, 190
Toynbee, Philip, 189
Trevelyan, George Macaulay, 89, 189
Trilling, Diana, 262, 266
Trilling, James, 268

Trilling, Lionel, 9-11, 52, 70, 186-87, 213, 261-72
Trollope, Anthony, 53, 99, 191
Trollope, Frances, 31
Truman, Harry S, 257
Turgueniev, Ivan, 171

V

Vitória (rainha), 57, 257

W

Walton, Izaak, 172
Wallas, Graham, 215
Waugh, Evelyn, 200-03
Webb, Beatrice, 31, 36
Webb, Sydney, 189
Webster, Daniel, 90
Wedgwood, Josiah, 189
Wellington, Arthur, duque de, 258
Wells, H. G., 171
Whitman, Walt, 172
Wilberforce, Samuel, 189
Wilkes, John, 17
Woolf, Virginia, 25-26, 37-38
Wordsworth, William, 121, 155, 268
Worsthorne, Peregrine, 214

Y

Yeats, William Butler, 263

Você poderá interessar-se também por:

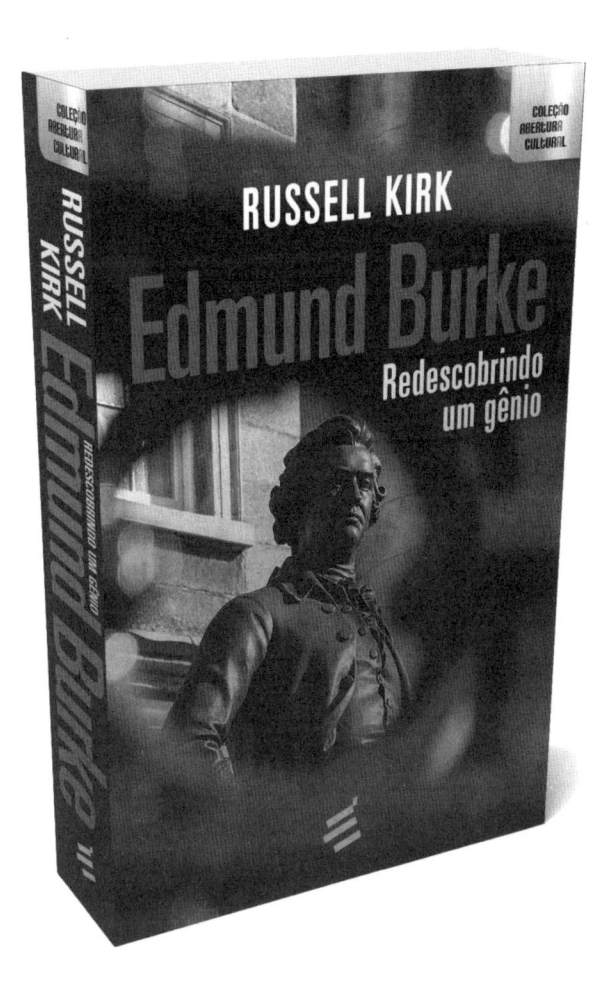

A mais completa obra sobre Edmund Burke e seu pensamento. Neste incrível volume, com textos inéditos, e especialmente elaborados para a versão brasileira do livro de Russell Kirk, os leitores descobrirão que Burke foi "o primeiro estadista a reconhecer que não há resposta coerente ao Iluminismo além do conservadorismo social e político". Um livro para todos que se interessam pelo pensamento burkiano, escrito por seu mais original discípulo americano.

Do mesmo autor, leia também:

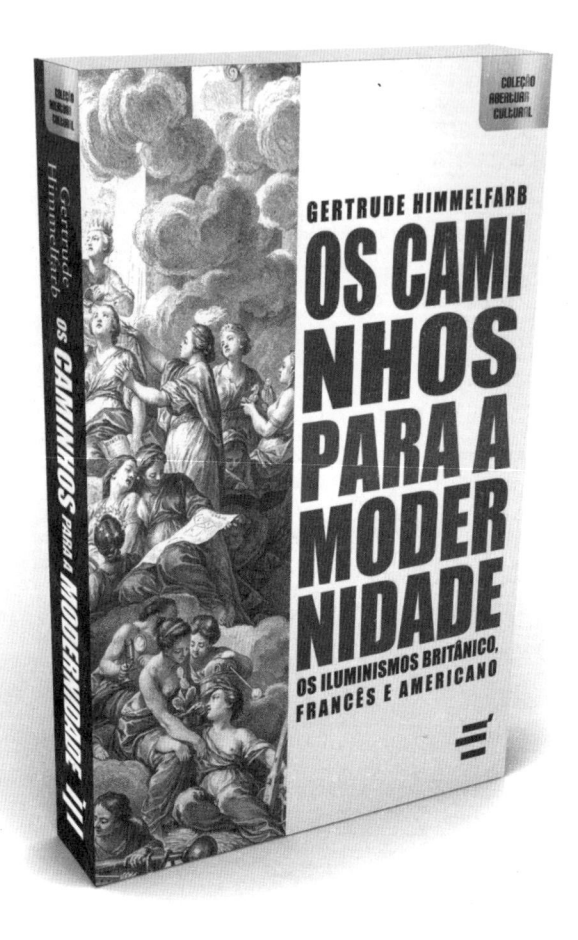

GERTRUDE HIMMELFARB
OS CAMINHOS PARA A MODERNIDADE
OS ILUMINISMOS BRITÂNICO, FRANCÊS E AMERICANO

O enquadramento teórico realizado aqui pela historiadora norte-americana Gertrude Himmelfarb permite compreender o fenômeno do Iluminismo britânico, francês e americano, e como as concepções de natureza humana e de princípios abstratos, como o da liberdade, eram divergentes entre eles, produzindo consequências completamente diversas.

facebook.com/erealizacoeseditora twitter.com/erealizacoes instagram.com/erealizacoes youtube.com/editorae

issuu.com/editora_e erealizacoes.com.br atendimento@erealizacoes.com.br